PRA

ISBN 975-471-048-1

ÖZAL MATBAASI
(0212) 565 25 99
İSTANBUL 2002

PRATİK
İNGİLİZCE
EL KİTABI

PRACTICAL
ENGLISH-TURKISH
HANDBOOK

Yazanlar

Şevket Serdar TÜRET - Ali BAYRAM

Katkıda bulunanlar

Şükrü MERİÇ - Gordon JONES - Linda HILLSIDE

ÖNSÖZ

Bu kitabın amacı, İngilizce öğrenmekte olan veya İngilizce'yi öğrenmeye yeni başlamış kişilere, yurt dışına gittiklerinde veya Türkiye'de bir yabancıyla konuşmaları gerektiğinde çeşitli konularda isteklerini anlatabilme ve söylenenleri bir dereceye kadar anlama yeteneği kazandırmaktır.

Bunun dışında, İngilizce'yi gramer olarak bildiği halde Türkiye'de bir yabancıyla konuşurken pratikte zorlanan kimselerin de kitaptaki cümleleri dikkatle inceleyerek, bunları her fırsatta yabancılarla pratik yaparak İngilizce konuşmalarını geliştirmeleri mümkündür. Bu onlara konuşma pratiği kazandıracak ve konuşma dilinin kendine özgü kalıplarını öğretecektir.

"**Pratik İngilizce El Kitabı**" hazırlanırken, dünyada bu tür konuşma kılavuzlarını kullananların eleştiri ve fikirlerinden yararlanılmıştır. Sonuç olarak, elinizdeki bu yeni **EL KİTABINDA;**

1) Konular, çeşitli yer ve durumlara göre düzenlenmiştir. Önce Türkçe cümle verilmiş, onun altında İngilizce karşılığı yer almıştır. İngilizce cümlenin okunuşu hemen altında ve / / işaretleri içinde bulunmaktadır.

Aranılan konunun hangi sayfada olduğu "**İÇİNDEKİLER**" bölümünde kolayca görülebilir.

2) Konularda, konuştuğunuz kişinin size verebileceği cevaplar göz önüne alınmıştır. Böylece, en zor durumda bile karşınızdaki kişiye kitabınızı uzatabilir ve onun size en uygun cümleyi göstermesini isteyebilirsiniz. Bu, özellikle belli zor durumlar (örneğin doktor, araba tamiri, müşteri şikâyetleri vb.) için son derece pratiktir.

3) Kitapta ayrıca, önemli İngilizce dilbilgisi konuları kısa bir özet halinde verilmiştir. Böylece gerektiği anlarda kısa bir dilbilgisi tekrarı da yapmak imkanı bulabilirsiniz. Kitaba İngilizce dilbilgisi özeti gibi, bir de Türkçe öğrenmekte olan yabancılar için Türkçe dilbilgisi özeti eklenmiştir.

4) "**Pratik İngilizce El Kitabı**"nı benzerlerinden ayıran en önemli özelliklerinden birisi de, Türkiye'de ilk defa olarak İngilizce'de en çok kullanılan **5000** sözcüğün "**TÜRKÇE-İNGİLİZCE SINIFLANDIRILMIŞ SÖZCÜKLER**" halinde gruplandırılarak okuyucunun yararına sunulmasıdır. (Unutmayınız: Bir dili orta seviyede konuşmak için 3000 adet sözcüğü etkili olarak bilmek yeterlidir.)

5) Konuşma örneklerinin bir kısmının yanında ☞ işareti bulunmaktadır. Bu işaretin gösterdiği (**Sınıflandırılmış Sözcükler Bölümü)**nde konudaki konuşmalarda geçebilecek sözcükler bulunmaktadır. Bunlar o bölümdeki cümlelerde diğer sözcüklerin yerinde kullanılarak isteğe göre pek çok cümle yapılabilir. Örneğin, **Otobüs durağı nerede?** (Where is

the bus-stop?) soru cümlesindeki otobüs durağı yerine **banka, istasyon, karakol, postane vs.** sözcüklerini getirerek değişik birçok cümle kurabilirsiniz.

ÇALIŞMA BİÇİMİ

"**Pratik İngilizce El Kitabı**"nızdan en iyi biçimde yararlanmanız için size önce "**İngilizce Okunuş/Söyleniş Kuralları**" ndan başlamanızı öneririz. Ardından "**Ana Konular**" başlıklı bölüme geçiniz ve çalışmalarınızı **SINIFLANDIRILMIŞ SÖZCÜKLER BÖLÜMÜ**'ne kadar sürdürünüz. Gerek duydukça sözcük listelerine bakınız. Bunu sık sık yapınız. Sözcüklerin okunuşunu bellemeye de özen gösteriniz. Bu size sadece iyi bir sözcük dağarcığı kazandırmakla kalmayacak, aynı zamanda telaffuzunuzun gelişmesine de yardımcı olacaktır.

Kitabınızın size hem gerekli anlarda yardımcı hem de, öğretici olmasını dileriz.

☞34.

Kitap boyunca göreceğiniz bu işaretin gösterdiği rakam o konuda diğer sözcüklerin bulunduğu bölümün numarasıdır. **(Sınıflandırılmış Sözcükler)** den yararlanarak temel cümlede değişiklik yapabilir, isteğe göre yüzlerce değişik cümle kurabilir veya sorulan sorulara değişik cevaplar verebilirsiniz.

▼

Bu cümledeki boşluğa aşağıdaki sözcüklerden herhangi birini getirebilir ve isteğe göre pek çok cümle kurabilirsiniz.

FOREWORD

This handbook is designed to help you get by in Turkey, to get what you want or need, to find what to say in any situation and understand some of the things that will be said to you, covering all the language you will need during your stay in Turkey. It concentrates on the simplest but most effective way you can express these needs in an unfamiliar language.

In preparing this new **English-Turkish Handbook**, a wealth of suggestions and critisms were taken into consideration. As a result, this new handbook features:

1) almost all the phrases and supplementary vocabulary you'll need during your stay in Turkey.

2) possible signs and questions that may be encountered.

3) sentences to help you in understanding what Turkish people say to **you** in reply to your questions and vice versa. Just hand him the book and let him point to the appropriate sentence. This is especially very useful and practical in certain difficult situations (complaints, garage, doctor etc.).

3) quick reference through numerical coding. The **CONTENTS** section gives you a good idea of

which section to consult for the phrase you need.

To make the best use of the **English-Turkish handbook**, we suggest that you start with the **Turkish Language and Grammar Summary (Section C)**. Then go on to the **Main Points** part of the **Situational Dialogues (Section A)** This not only gives you a minimum vocabulary; it helps you to pronounce the language.

After you become thoroughly familiar with the patterns recommended in this handbook, you can, if you wish, continue on your studies of the Turkish language. Such detailed treatment does not come with the scope of this book but readers who are interested in knowing more about the grammar and tenses of Turkish will find it useful to consult the self-study book (**TURKISH)** published amongst FONO Publications.

☞ 34.

Throughout this handbook, the symbol illustrated above indicates the appropriate **(Classified Words)** section where you will find almost all the necessary vocabulary you need.

▼

You can express yourself in different ways by using the words below for the blanks in the main sentence.

İÇİNDEKİLER - CONTENTS

İNGİLİZCE OKUNUŞ, SÖYLENİŞ KURALLARI

İngilizce birçok bakımdan öğrenilmesi kolay bir dildir. Ancak okunuşlara dikkat etmek gereklidir; çünkü İngilizce'de sözcükler yazıldıkları gibi okunmazlar. Elinizdeki kitapta her İngilizce sözcük veya cümlenin altına ne şekilde okunduğu yazılıdır. Bununla birlikte İngilizce okunuş/söyleniş kurallarını kısa biçimde gözden geçirmenizde yarar vardır.

26 harften meydana gelen İngiliz alfabesinde Türkçe alfabeden farklı olarak **Q, W** ve **X** harfleri bulunmakta, buna karşın Türk alfabesinde mevcut olan **Ç, Ğ, Ö, Ş, Ü** harfleri ile büyük harf **İ** ve küçük harf **ı** İngiliz alfabesinde yer almamaktadır.İngilizce'de ünsüzler (sessiz harfler)in birçoğu Türkçe'deki gibi ses verir.

Türkçeden farklı sesler

İngilizce'de sesli harfler bazı durumlarda Türkçe'dekinden farklı bir ses verirler. Bu farkı biz okunuşlarda siyah harflerle belirtmekteyiz.

Okunuşlarda görülen siyah **o, ı, e, ö, t** için kısaca bilgi verelim.

o Bu harf, Türkçe'deki o'ya yakın fakat biraz farklı bir ses gösterir. Bunu okumak için ağız normal o sesini çıkarırken yapıldığından biraz daha fazla açılmalıdır. Bu şekilde o ila a arası bir ses meydana gelir. İşte siyah **/o/** bu sesi göstermektedir. **Dog**, **not**, **wall**, **clock**, **what** sözcüklerinin okunuşu olan /d**o**g/, /n**o**t/, /w**o**:l/, /w**o**t/ sesleri açıklanan biçimde okunur.

ı Siyah /**ı**/ Türkçe'deki ı ile e arası bir sesle okunur. Ağız Türkçe'deki ı sesini çıkartırken olduğu gibi gergin ve az açık tutulmayıp gevşek ve biraz daha fazla açılmış durumdayken ı denecek olursa /**ı**/ ile gösterdiğimiz ses çıkartılmış olur. Okunuşlarda göreceğiniz siyah /**ı**/ seslerini bu biçimde okuyunuz. Siyah olmayan /ı/ ise Türkçe'deki ı'dan çok daha kısa ve belirsiz okunmalıdır. **Flower**, **woman**, **a**, **under** sözcüklerinin okunuşları olan /'flau**ı**/, /wum**ı**n/, /**ı**/, /and**ı**/ içindeki /**ı**/ açıkladığımız biçimde okunur.

e Ağız Türkçe'deki a sesini çıkartmak için açılmışken e denecek olursa siyah /**e**/ ile gösterdiğimiz ses elde edilmiş olur. **Bag**, **map**, **bad** sözcüklerinin okunuşları olan /b**e**g/, /m**e**p/, /b**e**d/ içindeki /**e**/ bu şekilde okunur.

ö Bu harf aslında siyah /**ı**/ ile gösterdiğimiz sesin uzunudur. Ancak bu Türkçe'deki ö sesine daha yakın olduğu için /**ö**/ ile göstermeyi uygun bulduk. **Girl**, **shirt**, **dirty** sözcüklerinin okunuşları olan /g**ö**:l/, /ş**ö**:t/, /'d**ö**:ti/ içindeki /**ö**:/ sesinin siyah **ı** sesinin uzunu olduğunu unutmayınız.

t Siyah /**t**/, t ile s seslerinin birleşmesinden meydana gelmiş bir ses gösterir. Bu sesi elde etmek için dil ucu, üst dişlerin ucuna dokunur durumdan geriye çekilirken t demelidir. Dilin dişlere değmesi sırasında söylenen t sesi s sesi ile karışmış olarak çıkar ki, siyah /**t**/ ile gösterilen ses işte budur. **Theatre**, **mouth**, **thin** sözcüklerinin okunuşu olan /'**tıı**t**ı**/, /mau**t**/, /**t**in/ içindeki /**t**/ sesleri açıkladığımız biçimde okunur.

d Siyah /**d**/ ile gösterilen ses Türkçe'deki d ile z seslerinin birleşmesinden oluşan bir sesi gösterir. Dil ucu üst dişlerin uç kısmına hafifçe dokunur durumdayken geriye çekilirken d denecek olursa siyah /**d**/ ile gösterdiğimiz ses çıkmış olur. Bu şekilde söylenecek olan **d** sesi, dilin dişlere teması nedeniyle z sesi ile karışmış olarak çıkar. **This**, **they**, **father**, **mother** sözcüklerinin okunuşları olan /**d**is/, /**d**ey/, /'fa:**dı**/, /'ma**dı**/ içindeki siyah /**d**/ sesleri bu biçimde okunur.

Okunuşlarda karşılaşılacak bu siyah /**ı**, **e**, **o**, **ö**, **t**, **d**/ sesleri Türkçe'deki /ı, e, o, ö, t, d/ gibi değil, yukarıda tarif edildiği gibi okunmalıdır.

/ng/
İngilizce sözcük sonlarındaki ng harflerinin okunuşu bu harfleri ayrı ayrı belirtmek suretiyle değil, dilin gerisi arka damakta dayalı haldeyken /n/ sesi çıkarmak suretiyle yapılır.

/w/
Bu ses, duvak ve duvar sözcüklerindeki gibi dudak yuvarlanarak söylenen /v/ sesine benzer.

/e**ı**/, /au/, /ou/, /i**ı**/
Okunuşlarda görülen /e**ı**/, /au/, /ou/, /i**ı**/ gibi yanyana iki sesli harfi okurken bir sesten diğerine kesiksiz şekilde, âdeta aralarında pek belirsiz ve kısa bir /ğ/ sesi varmış gibi geçmelidir.

: işareti
Sesli bir harfin yanında bulunan /**:**/ işareti o seslinin biraz uzunca okunucağını gösterir.

Vurgu

Vurgu, bir sözcükte hecelerden birinin diğerinden daha kuvvetli ve üstüne basılarak okunmasıdır. Örneğin (İstanbul) sözcüğünde vurgu (tan), (Ankara) sözcüğünde (an) üzerindedir.

Türkçe sözcüklerde vurgu daha çok son hecede olmasına karşın, İngilizcede özellikle iki heceli sözcüklerde birinci hecededir. Sözcüklerdeki vurgu, heceden hemen önce (') işareti ile gösterilmiştir. Örneğin **father** sözcüğü /'fa:**dı**/, **table** /'teybıl/ şeklinde, yani ilk hece vurgulanarak okunur.

PRATİK KONUŞMA ÖRNEKLERİ

SITUATIONAL DIALOGUES

1. ANA KONULAR - MAIN THINGS

1.1 TEMEL İFADELER / BASIC EXPRESSIONS

Evet.
Yes.
/yes/

Hayır.
No.
/nou/

Lütfen.
Please.
/pli:z/

Teşekkür ederim.
Thank you.
/'tenk yu/

Bir şey değil.
Not at all.
/not et o:l/

Tamam!
Okay!
/ou'key/

Hoş geldiniz.
Welcome.
/'welkım/

Allahaısmarladık.
Good-bye.
/gud 'bay/

Güle güle.
Good-bye.
/'gud'bay/

Güzel.
Good.
/gud/

Tabii.
Of course.
/ov ko:s/

Belki.
Perhaps.
/pı'heps/

Sahi mi?
Really?
/riıli/

Elbette.
Certainly.
/'sö:tnli/

Olamaz. (Mümkün değil.)
Impossible.
/im'posıbl/

Pekala.
All right.
/o:l rayt/

Olmaz.
Not possible.
/not 'posibıl/

Üzgünüm.
Sorry.
/'sori/

Affedersiniz.
Excuse me.
/ik'skyu:z mi/

İmdat!
Help!
/help/

Memnuniyetle.
With pleasure.
/wit 'plejı/

İyi şanslar.
Good luck.
/gud lak/

Fena değil.
Not bad.
/not bed/

Çok iyi.
Very good.
/'veri gud/

Nefis!
Delicious!
/'dilişıs/

Harika!
Wonderful!
/'wandıful/

Sessiz olun.
Be quiet.
/bi 'kwayıt/

Dinle!
Listen!
/'lisn/

Sus! (Kes sesini!)
Shut up!
/şat ap/

1.2 SELAMLAŞMALAR / GREETINGS

Merhaba.
Hello.
/hı'lou/

Selam.
Hi.
/hay/

Günaydın!
Good morning!
/gud 'mo:ning/

Tünaydın!
Good afternoon!
/gud 'a:ftınu:n/

İyi akşamlar!
Good evening!
/gud 'i:vning/

İyi geceler!
Good night!
/gud nayt/

Nasılsınız?
How are you?
/haw a: yu:/

İyiyim, teşekkür ederim.
I'm fine, thanks.
/aym fayn, 'tenks/

Ne var ne yok?
How's life?
/hawz layf/

Eh işte. (Şöyle böyle.)
So so.
/sou sou/

Nasıl gidiyor?
How's it going?
/hawz it gouing/

Fena değil.
Not bad.
/not bed/

Çoluk çocuk nasıl?
How's your family?
/hawz yo: 'femıli/

Çok iyiler, teşekkür ederim.
Very well, thank you.
/'veri wel 'tenk yu/

1.3 **KENDİMİZİ TANITMA** / INTRODUCING OURSELVES

Benim adım ... dır.
My name's ...
/may neymz .../

Sizin adınız nedir?
What's your name?
/wots yo: neym/

Soyadım ... dır.
My surname's ...
/may sö:neymz .../

Sizin soyadınız nedir?
What's your surname?
/wots yo: sö:neym/

1.4 **TANIŞTIRMALAR** / INTRODUCTIONS

Bu ...
This is ...
/dis iz .../

benim arkadaşım	my friend	/may 'frend/
benim oğlum	my son	/may 'san/
benim kızım	my daughter	/may 'do:tı/
benim karım	my wife	/may 'wayf/
benim kocam	my husband	/may 'hazbınd/

Memnun oldum. (Cevabı da aynı biçimdedir.)
How do you do.
/haw du yu du/

Tanıştığımıza sevindim.
Nice to meet you.
/nays tı mi:t yu/

Burada mı oturuyorsunuz?
Do you live near here?
/du yu liv hiı/

Burayı sevdiniz mi?
Do you like it here?
/du yu layk it hiı/

Çok sevdim.
I like it very much.
/ay layk it 'veri maç/

Nerede kalıyorsunuz?
Where are you staying?
/weı a: yu steying/

... otelinde kalıyorum.
I'm staying at ... Hotel.
/aym steying et ... hou'tel/

Burada yalnız mısınız?
Are you here alone?
/a: yu hiı ı'loun/

Tatildeyim.
I'm on holiday.
/aym on 'holıdi/

Nerelisiniz?
Where are you from?
/weı a: yu from/

İngilizim.
I'm English.
/aym 'ingliş/

Ne iş yapıyorsunuz?
What do you do?
/wot du yu du:/

Öğretmenim (İşçiyim ...).
I'm a teacher (worker ...).
/aym ı 'ti:çı (wö:kı ...)/

1.5 **SIHHAT SORMA /** ASKING ABOUT HEALTH

Nasılsınız?
How are you?
/haw a: yu/

Çok iyiyim, teşekkür ederim, ya siz?
Very well, thank you and you?
/'veri wel 'tenk yu end yu/

... nız bugünlerde nasıl?
How's your ... these days?
/hawz yo: ... di:z deyz/

anne	mother	/'madı/
baba	father	/'fa:dı/
oğul	son	/san/
kız çocuk	daughter	/'do:tı/
erkek kardeş	brother	/'bradı/
kız kardeş	sister	/'sistı/
anneanne	grandmother	/'grenmadı/
karı	wife	/wayf/
koca	husband	/'hazbınd/

Çok iyi.
Very well.
/'veri wel/

Fena değil.
Not bad.
/not bed/

Pek iyi değil.
He (She) isn't feeling very well.
/hi: (şi:) izınt fi:ling 'veri wel/

Nesi var?
What's wrong with him (her)?
/wots 'rong wit him (hö:)/

Başı (sırtı ...) ağrıyor. ☞10.
He (She) has got a headache (backache ...).
/hi: (şi:) hez got ı hedeyk ('bekeyk .../

... unda bir ağrı var.
He (She) has got a pain in his (her) ... ▼
/hi: (şi:) hez got ı peyn in hiz (hö:) .../

diz	knee	/ni:/
kol	arm	/a:m/
omuz	shoulder	/'şouldı/
bacak	leg	/leg/

Umarım yakında iyileşir.
I hope he (she) gets over it soon.
/ay houp hi: (şi:) gets ouvı it su:n/

1.6 **VEDALAŞMA** / SAYING GOOD-BYE

Allahaısmarladık.
Goodbye.
/gud'bay/

Güle güle.
Goodbye.
/gud'bay/

Hoşça kal.
So long.
/so long/

Görüşürüz.
See you.
/si: yu/

Sonra görüşürüz.
See you later.
/si: yu leytı/

Yakında (Yarın) görüşürüz.
See you soon (tomorrow).
/si: yu su:n (tı'morou)/

Pazartesi (Cuma ...) görüşürüz.
See you on Monday (Friday ...)
/si: yu on 'mandi ('fraydi ...)/

Geldiğiniz için sağ olun.
Thank you for coming.
/'tenk yu fı kaming/

İyi tatiller.
Have a nice holiday.
/hev ı nays 'holidı/

Yine buyrun.
Come again soon.
/kam ı'gen su:n/

İyi yolculuklar.
Have a nice journey.
/hev ı nays 'cö:ni/

... ya benden selam söyleyin.
Give my regards to ...
/giv may ri'ga:dz tu .../

Yarın sizi ararım. (telefon ederim.)
I'll ring you tomorrow.
/ayl ring yu tı'morou/

Yarın (gelecek hafta ...) görüşebilir miyiz?
Can we meet tomorrow (next week ...)? ☞75.
/ken wi mi:t tı'morou (nekst wi:k ...)/

Sizi ... ya bırakayım (götüreyim).
I'll take you to the ...
/ayl teyk yu tı dı .../

Tekrar ne zaman görüşeceğiz?
When shall we meet again?
/wen şel wi mi:t ı'gen/

Kendinize iyi bakın.
Take care.
/teyk keı/

Seni özleyeceğim.
I'll miss you.
/ayl mis yu/

Sizi özleyeceğiz.
We'll miss you.
/wil mis yu/

1.7 TEŞEKKÜR ETME / THANKING

Teşekkür ederim.
Thank you.
/'tenk yu/

Çok teşekkür ederim.
Thank you very much.
/'tenk yu 'veri maç/

Teşekkürler.
Thanks.
/'tenks/

Çok teşekkürler.
Thanks a lot.
/'tenks ı lot/

Yardımınız için teşekkür ederim.
Thank you for your help.
/'tenk yu fı yo: help/

Her şey için teşekkürler.
Thanks for everything.
/'tenks fı 'evriting/

Bir şey değil.
Not at all.
/not et o:l/

Mühim değil.
Don't mention it.
/dount 'menşın it/

Çok sağ olun.
Thank you ever so much.
/'tenk you evı sou maç/

Çok naziksiniz.
It's very kind of you.
/its 'veri kaynd ov yu/

Çok yardımcı oldunuz. Sağ olun.
You've been very helpful. Thank you.
/yuv bi:n 'veri helpful 'tenk yu/

Bir şey değil.
You're welcome.
/yo:r 'welkım/

1.8 **ÖZÜR DİLEME** / APOLOGIES

Affedersiniz (Özür dilerim.).
I'm sorry.
/aym 'sori/

Çok özür dilerim.
I'm very sorry.
/aym 'veri 'sori/

Rahatsız ettiğim için özür dilerim.
Sorry to trouble you.
/'sori tı 'trabıl yu/

Rica ederim.
That's all right.
/dets o:l rayt/

Önemli değil.
It's not important.
/its not im'po:tınt/

Beklettiğim için özür dilerim.
Sorry to have kept you waiting.
/'sori tı hev kept yu 'weyting/

Fark etmez.
It doesn't matter.
/it dazınt metı/

Efendim? (Ne dediniz?)
I beg your pardon?
/ay beg yo 'pa:dın/

Bağışlayın.
Do forgive me.
/du fı'giv mi/

Özür dilerim.
I do apologize.
/ay du ı'polıcayz/

Aldırma (Boş ver).
Never mind.
/nevı maynd/

Sizi kırmak istememiştim.
I didn't mean to hurt you.
/ay didınt mi:n tu hö:t yu/

Benim hatamdı.
It was my fault.
/it woz may fo:lt/

Endişelenmeyin.
Don't worry.
/dount wori/

1.9 **KABUL ETME, REDDETME /** ACCEPTING, REFUSING

Tamam.(Pekiyi.)
All right.
/o:l rayt/

Tamam! (Oldu!)
Okay.
/ou'key/

Tabii.
Of course.
/ov ko:s/

İyi.
Good.
/gud/

Çok isterim.
I'd love to.
/ayd lav tu/

Hayır. (Olmaz.)
No.
/nou/

Mümkün değil.
Impossible.
/im'posıbl/

Asla.
Never.
/nevı/

Sizinle tamamen hemfikirim.
I quite agree with you.
/ay kwayt ı'gri: wit yu/

Aynı fikirde değilim.
I don't agree.
/ay dount ıg'ri:/

Kabul edildi.
Agreed.
/ı'gri:d/

Bir itirazım var.
I have an objection.
/ay hev ın ıb'cekşın/

1.10 **ÜZÜNTÜ** / REGRET

Ne yazık! (Çok yazık!)
What a pity!
/wot ı piti/

Çok üzgünüm.
I'm so sorry.
/aym sou sori/

1.11 **KUTLAMALAR** / CONGRATULATING

Tebrikler!
Congratulations!
/kıngreçu'leyşınz/

En iyi dileklerimle!
With my best wishes!
/wit may best 'wişiz/

Doğum gününüz kutlu olsun!
Happy birthday!
/'hepi 'bö:tdey/

Mutlu yıllar!
Happy new year!
/'hepi nyu: yiı/

1.12 DİL BİLME, SÖYLENENİ ANLAMA / KNOWING THE LANGUAGE

İngilizce biliyor musunuz?
Do you speak English?
/du yu spi:k 'ingliş/

Biraz İngilizce biliyorum. (konuşuyorum.)
I speak English a little bit.
/ay spi:k 'ingliş ı litl bit/

Fazla İngilizce bilmem.
I don't speak much English.
/ay dount spi:k maç 'ingliş/

Beni anlıyor musunuz?
Do you understand me?
/du yu andı'stend mi/

Anlıyorum.
I understand.
/ay andı'stend/

Anlamıyorum.
I don't understand.
/ay dount andı'stend/

Sizi anlıyorum.
I understand you.
/ay andı'stend yu/

Sizi anlayamıyorum.
I can't understand you.
/ay ka:nt andı'stend yu/

Biraz daha yavaş konuşabilir misiniz, lütfen?
Could you speak a little more slowly, please?
/kud yu spi:k ı litıl mo: 'slouli pli:z/

Lütfen yavaş konuşun.
Please speak slowly.
/pli:z spi:k slouli/

Lütfen (onu) yazın.
Please write it down.
/pli:z rayt it daun/

Yazabilir misiniz, lütfen?
Could you write it down, please?
/kud yu rayt it daun pli:z/

... nın İngilizcesi nedir?
What's the English for ...?
/wots dı 'ingliş fo.../

... İngilizce'de nasıl söylenir?
How do you say ... in English?
/haw du yu sey ... in 'ingliş/

Bu kelime nasıl telaffuz edilir?
How is this word pronounced?
/haw iz dis wö:d prı'naunst/

Bu ne demektir? (Anlamı nedir?)
What does this mean?
/wot daz dis mi:n/

Efendim? (Ne dediniz?)
I beg your pardon?
/ay beg yo: 'pa:dın/

Bunu bana tercüme edebilir misiniz?
Can you translate this for me?
/ken yu trenz'leyt dis fı mi/

İngilizce'yi anlayabiliyorum ama konuşamıyorum.
I can understand English but I can't speak it.
/ay ken andı'stend 'ingliş bat ay ka:nt spi:k it/

İngilizcenizi nerede öğrendiniz?
Where did you learn your English?
/weı did yu lö:n yo: 'ingliş/

İngilizceyi okulda öğrendim.
I learnt English at school.
/ay lö:nt 'ingliş et sku:l/

İngilizceyi kendi kendime öğrendim.
I learnt English by myself.
/ay lö:nt 'ingliş bay may'self/

Ne kadar zamandır İngilizce öğreniyorsunuz?
How long have you been learning English?
/haw long hev yu bi:n lö:ning 'ingliş/

Altı (Yedi ...) aydır.
For six (seven ...) months.
/fo: siks ('sevın ...) mants/

İngilizce öğrenmeye yeni başladım.
I've just started learning English.
/ayv cast sta:tid lö:ning 'ingliş/

İngilizcemi nasıl buluyorsunuz?
What do you think of my English?
/wot du yu tink ıv may 'ingliş/

Fena değil.
Not bad.
/not bed/

İyi.
Good.
/gud/

Oldukça iyi.
Quite good.
/kwayt gud/

Biraz pratiğe ihtiyacım var.
I need some practice.
/ay ni:d sam 'prektis/

Lütfen hatalarımı düzeltiniz.
Please correct my mistakes.
/pli:z kırekt may 'misteyks/

1.13 **RİCA, İSTEK** / REQUESTS

Lütfen!
Please!
/pli:z/

Bana bir iyilikte bulunabilir misiniz?
Can you do me a favour?
/ken yu du mi ı 'feyvı/

Elbette.
Certainly.
/'sö:tınli/

Sizi rahatsız ettiğim için özür dilerim ama ...
Sorry to trouble you, but ...
/'sori tu 'trabıl yu bat .../

... alabilir miyim?
Can I have ....?
/ken ay hev ..../

... açabilir miyim?
Can I open ...?
/ken ay 'oupın .../

... söyleyebilir misiniz?
Can you tell ...?
/ken yu tel .../

... gösterebilir misiniz?
Can you show ...?
/ken yu şou: .../

Bana ... nın nerede olduğunu söyleyebilir misiniz?
Can you tell me where ... is ?
/ken yu tel mi weı ... iz/

... yı uzatabilir misiniz, lütfen?
Can you pass the ... please? ☞50.
/ken yu pa:s dı ... pli:z/

Kaleminizi ödünç alabilir miyim?
Can I borrow your pen?
/ken ay 'borou yo: pen/

Bir telefon edebilir miyim?
Can I make a telephone call?
/ken ay meyk ı teli'foun ko:l/

... istiyorum.
I want ...
/ay wont .../

... rica edecektim.
I'd like ....
/ayd layk .../

Bana yardım edebilir misiniz, lütfen?
Can you help me, please?
/ken yu help mi pli:z/

1.14 **BİLGİ EDİNME /** ASKING FOR INFORMATION

... nerede?
Where is the ..? ☞34.
/weı iz dı .../

En yakın ... nerede?
Where is the nearest ...?
/weı iz dı 'niırist .../

Nereden ... alabilirim?
Where can I get ...?
/weı ken ay get .../

... hakkında biraz bilgi istiyorum.
I want some information about ...
/ay wont sım infı'meyşın ı'baut .../

Bunun İngilizcesi nedir?
What's this in English?
/wots dis in 'ingliş/

... ne zaman açılır (kapanır)?
What time does ... open (close)?
/wot taym daz ... 'oupın (klouz)/

... için bir bilet kaç para?
How much is a ticket to ...?
/haw maç iz ı 'tikit tu .../

... ne kadar uzaklıkta?
How far is ...?
/haw fa: iz .../

1.15 **ZAMANI BİLDİRME** / TELLING THE TIME

Saat kaç?
What time is it? (What's the time?)
/wot taym iz it (wots **dı** taym)/

Saat 1 (2, 3 ...).
It's one (two, three ...) o'clock.
/its wan (tu: **tri**: ...) **ı'klok**/

Saat tam olarak 5.
It's exactly five o'clock.
/its ig'zektli fayv **ı'klok**/

İki (üç, sekiz ...) buçuk.
It's half past two (three, eight ...)
/its ha:f pa:st tu: (**tri**: ... eyt)/

Saat 9.30.
It's nine thirty.
/it's nayn '**tö**:ti/

Biri beş geçiyor.
It's five past one.
/its fayv pa:st wan/

Dördü yirmi geçiyor.
It's twenty past four.
/its 'twenti pa:st fo:/

Yediyi çeyrek geçiyor.
It's a quarter past seven.
/its **ı** 'kwo:tı pa:st 'sevın/

Bire on var.
It's five to one.
/its fayv tu wan/

Dörde yirmi var.
It's twenty to four.
/its 'twenti tu fo:/

Dokuza çeyrek var.
It's a quarter to nine.
/its ı 'kwo:tı tu nayn/

Üçe beş var.
It's five to three.
/its fayv tu tri:/

Bu saat doğru mu?
Is this clock right?
/iz dis 'klok rayt/

Saatiniz geri kalmış.
Your watch is slow.
/yo: woç iz slou/

Bankalar saat kaçta açılır (kapanır)?
What time do the banks open (close)?
/wot taym du dı benks 'oupın (klouz)/

Saat ... da açılır (kapanır).
They open (close) at ... o'clock.
/dey 'oupın (klouz) et ... ı'klok/

Film (Konser ...) saat kaçta başlıyor (bitiyor)?
What time does the film (concert) start (finish)?
/wot taym daz dı film ('konsıt) sta:t (finiş)/

Saat ... da gelebilir miyim?
Can I come at ...o'clock?
/ken ay kam et ... ı'klok/

Bugün erkencisiniz.
You're early today.
/yo:r ö:li tı'dey/

Geç kaldınız.
You're late.
/yo:r leyt/

Özür dilerim, geciktim.
I'm sorry, I'm late.
/aym sori aym leyt/

Çok erken (geç).
It's too early (late).
/its tu: 'ö:li (leyt)/

Dün neredeydiniz?
Where were you yesterday?
/weı wö: yu 'yestıdi/

1.16 **ZAMAN BİLDİREN SÖZCÜKLER /** TIME EXPRESSIONS

Sabahleyin.
In the morning.
/in dı ’mo:ning/

☞ 75.

Akşamleyin.
In the evening.
/in dı i:vning/

Geceleyin.
At night.
/et nayt/

Gece yarısı(nda).
At midnight.
/et ’midnayt/

Her gün.
Every day.
/’evri dey/

Bugün.
Today.
/tı’dey/

Dün.
Yesterday.
/’yestıdi/

Evvelsi gün.
The day before yesterday.
/dı dey bi’fo: ’yestıdi/

Yarın.
Tomorrow.
/tı’morou/

Bugün öğle vakti.
At noon today.
/et nu:n tı’dey/

Öbür gün.
The day after tomorrow.
/dı dey ’a:ftı tı’morou/

Bu sabah (akşam).
This morning (evening).
/dis ’mo:ning (i:vning)/

Bu gece.
Tonight.
/tı’nayt/

Dün sabah.
Yesterday morning.
/'yestıdi mo:ning/

Dün akşam.
Yesterday evening.
/'yestıdi i:vning/

Dün gece.
Last night.
/la:st nayt/

Geçen hafta (ay).
Last week (month).
/la:st wi:k (mant)/

Bir hafta (ay, yıl ...) önce.
A week (month, year ...) ago.
/ı wi:k (mant, yiı ...) ı'gou/

Bir saat önce.
An hour ago.
/ın 'auı ı'gou/

Yarın sabah.
Tomorrow morning.
/tı'morou mo:ning/

Yarın gece.
Tomorrow evening.
/tı'morou i:vning/

Gelecek hafta (ay, yıl).
Next week (month, year).
/nekst wi:k (mant, yiı)/

Son on gündür.
For the last ten days.
/fo: dı la:st ten deyz/

Bir hafta içinde.
Within a week.
/wi'tin ı wi:k/

Günlük.
Daily.
/'deyli/

Haftalık.
Weekly.
/'wi:kli/

Aylık.
Monthly.
/'mantli/

Yıllık.
Yearly.
/'yiı:li/

Her hafta (ay, yıl).
Every week (month, year).
/'evri wi:k (mant, yiı)/

Şu anda.
At the moment.
/et dı 'moumınt/

Bütün gün.
All day.
/o:l dey/

Günde bir kere.
Once a day.
/wans ı dey/

Gece gündüz.
Day and night.
/dey end nayt/

Saatlerce.
For hours.
/fo: auız/

Şimdi.
Now.
/nau/

Yakında.
Soon.
/su:n/

Şimdiye kadar.
Up to now.
/ap tu nau/

Yarına kadar.
Till tomorrow.
/til tı'morou/

Üç gün içinde.
In three days.
/in tri: deyz/

Bir hafta içinde.
In a week.
/in ı wi:k/

Bu arada.
Meanwhile.
/mi:n'wayl/

O zamandan beri.
Since then.
/sins den/

Bundan böyle.
From now on.
/from nau on/

Günden güne.
Day by day.
/dey bay dey/

Geçenlerde.
The other day.
/di 'adı dey/

Şimdilik.
For the moment.
/fo: dı mou'mınt/

O zamandan beri.
Since then.
/sins **d**en/

Günlerce.
For days.
/fo: deyz/

Geçmiş(te).
(In the) past.
/(in **d**ı) pa:st/

Gelecek(te).
(In the) future.
/(in **d**ı) fyu:çı/

1.17 **TARİH** / DATE

Bugünün tarihi ne?
What's the date?
/wots **d**ı deyt/

Nisan'ın onbeşi.
It's the fifteenth of April.
/its **d**ı 'fifti:**nt** ov 'eyprıl/

☞70,75.

Aralık'ın yirmi ikisi.
The twenty-second of December.
/**d**ı 'twenti'sekınd ov di'sembı/

Haziran'ın altısına kadar.
Until the sixth of June.
/an'til **d**ı 'sikst ov cu:n/

Bu (geçen) sene Mayıs'ın onunda.
On May the tenth of this (last) year.
/on mey **d**ı 'ten**t** ov **d**is (la:st) yiı/

Buraya bir şubatta vardık.
We arrived here on the first of February.
/wi ı'rayvd hiı on **d**ı fö:st ov 'februıri/

Eylülün beşinde ayrılıyoruz.
We're leaving on the fifth of September.
/wiı 'li:ving on dı 'fift ov sep'tembı/

2 Aralık tarihli mektubunuza (çok) teşekkür ederiz.
Thank you (very much) for your letter of December the 2nd.
/'tenk yu ('veri maç) fo yo: 'letı ov di'sembı dı sekınd/

1.18 **HAVA** / WEATHER

Bugün sıcaklık kaç derece?
What's the temperature today?
/wots dı 'tempriçı tıdey/

Paris (Londra ...) da sıcaklık kaç derece?
What's the temperature in Paris (London ...)?
/wots dı 'tempriçı in Peris ('Landın ...)/

... da hava nasıl?
What's the weather like in the...?
/wots dı 'wedı layk in dı .../

Kuzey	north	/no:t/
Güney	south	/saut/
Doğu	east	/i:st/
Batı	west	/west/

... da hava sıcak (soğuk) mu?
Is it hot (cold) in ...?
/iz it hot (kould) in .../

Bugün (Yarın) yağmur yağacak mı?
Will it rain today (tomorrow)?
/wil it reyn tı'dey (tı'morou)/

Hava açacak mı?
Will it clear up?
/wil it kliı ap/

Hava nasıl olacak?
What's the weather going to be like?
/wots dı 'wedı 'gouing tu bi layk/

Hava ... olacak.
The weather is going to be ....
/dı 'wedı iz 'gouing tu bi .../

kötü	bad	/bed/
yağmurlu	rainy	/reyni/
karlı	snowy	/snoui/
sisli	foggy	/fogi/
bulutlu	cloudy	/'klaudi/

Yağmur (kar) yağacak mı?
Is it going to rain (snow)?
/iz it 'gouing tu reyn (snou)/

Sis kalkacak mı?
Is the fog going to lift?
/iz dı fog 'gouing tu lift/

Fırtına çıkacak.
There's going to be a storm.
/deız 'gouing tu bi ı sto:m/

1.19 **SORU SÖZCÜKLERİ VE SORULAR**
QUESTION WORDS AND QUESTIONS

Ne?
What?
/wot/

Niçin?
Why?
/way/

Kim? (Kimler?)
Who?
/hu:/

Kime?
To whom?
/tu hu:m/

Hangisi?
Which?
/wiç/

Kaç yaşında?
How old?
/haw ould/

Ne kadar? (Kaç para?)
How much?
/haw maç/

Ne çeşit?
What kind?
/wot kaynd/

Nerede, nereye?
Where?
/weı/

Ne zaman?
When?
/wen/

Kimin?
Whose?
/hu:z/

Kim ile?
With whom?
/wit hu:m/

Nasıl?
How?
/haw/

Kaç tane?
How many?
/haw 'meni/

Saat kaçta?
What time?
/wot taym/

Sürati ne?
How fast?
/haw fa:st/

Ne kadar uzaklıkta?
How far?
/haw fa:/

Kaç kez? Ne kadar sık?
How often?
/haw ofın/

Ne kadar uzunlukta?
How long?
/haw long/

Ne kadar ağırlıkta?
How heavy?
/haw hevi/

Ne kadar süre için?
How long for? (For how long?)
/haw long fo: (fo: haw long)/

Kaç beden?
What size?
/wot sayz/

Ne oldu?
What happened?
/wot hepınd/

Ne istiyorsunuz?
What do you want?
/wot du yu wont/

Ne istersiniz? (Ne arzu edersiniz?)
What would you like?
/wot wud yu layk/

... nın anlamı ne?
What does ... mean?
/wot daz ... mi:n/

Soyadınız ne(dir)?
What is your surname?
/wot iz yo: sö:neym/

Ne arıyorsunuz?
What are you looking for?
/wot a: yu 'luking fo:/

Ne dediniz?
What did you say?
/wot did yu sey/

Ne gördünüz?
What did you see?
/wot did yu si:/

Şu kim?
Who's that?
/hu:z det/

Şuradaki kim?
Who's there?
/hu:z deı/

Bu kimin?
Whose is this?
/hu:z iz dis/

... nerede?
Where is ...?
/weı iz .../

Nerede oturuyorsunuz?
Where do you live?
/weı du yu liv/

Nerelisiniz?
Where are you from?
/weı a: yu from/

En yakın ... nerede?
Where's the nearest ...?
/weız dı 'niırist .../

Nerede bir ... var?
Where is there a ...?
/weı iz deı ı .../

Nereden ... alabilirim?
Where can I buy ...?
/weı ken ay bay .../

Neredeyiz?
Where are we?
/weı a: wi/

Nereye gidiyorsunuz?
Where are you going?
/weı a: yu gouing/

Bu yol nereye gidiyor?
Where does this road go to?
/weı daz diz roud gou tu/

... ne zaman açılır (kapanır)?
When does ... open (close)?
/wen daz ... 'oupın (klou:z)/

Doğum gününüz ne zaman?
When is your birthday?
/wen iz yo: 'bö:tdey/

... ya ne zaman gittiniz?
When did you go to ...?
/wen did yu gou tu .../

Ne zaman hazır olur?
When will it be ready?
/wen wil it bi 'redi/

Nasılsınız?
How are you?
/haw a: yu/

Bu nasıl çalışır?
How does this work?
/haw daz dis wö:k/

... ne kadar? (Kaç para?)
How much is ...?
/haw maç iz .../

Bu ... ya kaç para verdiniz?
How much did you pay for this ...?
/haw maç did yu pey fo: dis .../

Ne kadar istiyorsunuz?
How much do you want?
/haw maç du yu wont/

Kaç erkek kardeşiniz var?
How many brothers have you got?
/haw meni 'bradız hev yu got/

Niçin ağlıyorsunuz?
Why are you crying?
/way a: yu 'kra:ying/

Neden gülüyorsunuz?
Why are you laughing?
/way a: yu 'la:fing/

Niçin geciktiniz?
Why are you late?
/way a: yu leyt/

... ne kadar uzaklıkta?
How far is ...?
/haw fa: iz .../

Hangisi sizin bavulunuz?
Which is your bag?
/wiç iz yo: beg/

... ister misiniz?
Would you like ...?
/wud yu layk .../

... sever misiniz?
Do you like ...?
/du yu layk .../

Sizde ... var mı?
Have you got ...?
/hev yu got .../

... yı görebilir miyim?
Can I see ...?
/ken ay si: .../

Bu sizin mi?
Is this yours?
/iz dis yo:z/

Burada oturabilir miyim?
Can I sit here?
/ken ay sit hiı/

... da bulundunuz mu?
Have you been to ...?
/hev yu bi:n tu .../

Are you going to visit ...?
... yı ziyaret edecek misiniz?
/a: yu gouing tu vizit .../

Hangisini tercih edersiniz?
Which do you prefer?
/wiç du yu pri'fö:/

... hakkında ne düşünüyorsunuz?
What do you think of ...?
/wot du yu tink ov .../

1.20 **BAZI YARARLI DEYİŞLER** / SOME USEFUL EXPRESSIONS

Biliyorum.
I know.
/ay nou/

Bilmiyorum.
I don't know.
/ay dount nou/

Sanırım.
I think so.
/ay tink sou/

Sanmıyorum.
I don't think so.
/ay dount tink sou/

Eminim.
I'm sure.
/aym şuı/

Emin değilim.
I'm not sure.
/aym not şuı/

Umarım. (İnşallah.)
I hope so.
/ay houp sou/

Haklısınız.
You're right.
/yo:r rayt/

Yanlışınız var.
You're mistaken.
/yo:r mis'teykın/

Fark etmez.
It doesn't matter.
/it dazınt metı/

Anlıyorum. (Görüyorum.)
I see.
/ay si:/

Kabul ediyorum.
I agree.
/ay ıg'ri:/

Sizinle tamamen hemfikirim.
I quite agree with you.
/ay kwayt ıg'ri: wit yu/

Bunu demek istemiyorum.
I don't mean that.
/ay dount mi:n det/

Demek istiyorum ki ...
I mean ...
/ay mi:n .../

Benim için hiç fark etmez.
It makes no difference for me.
/it meyks nou dif'rıns fı mi/

Olabilir.
It's possible.
/its 'posibıl/

Olamaz. (Mümkün değil.)
Impossible.
/im'posibıl/

Göreceğiz.
We'll see.
/wi:l si:/

Bekle ve gör.
Wait and see.
/weyt end si:/

İyi haber!
That's good news!
/dets gud nyu:z/

Benim hatam.
My mistake.
/may mis'teyk/

İyi eğlenceler!
Have a nice time!
/hev ı nays taym/

İyi yolculuklar!
Have a nice trip!
/hev ı nays trip/

İnanıyorum ki ...
I believe ...
/ay bi'li:v .../

Sanıyorum ki ...
I think ...
/ay tink .../

Umarım ki ...
I expect ...
/ay ik'spekt .../

Korkarım ki ...
I'm afraid ...
/aym ı'freyd .../

Kısacası ...
In short ...
/in şo:t .../

İtiraz ediyorum.
I object.
/ay ıb'cekt/

Fikrimce ... (Bana göre ...)
In my opinion ...
/in may ı'pinyın .../

2. KENDİNİZ VE AİLENİZ HAKKINDA
ABOUT YOURSELF AND YOUR FAMILY

2.1 GENEL OLARAK / IN GENERAL

İngiliz misiniz?
Are you English?
/a: yu 'ingliş/

Alman mısınız?
Are you German?
/a: yu 'cö:mın/

Ben Türküm.
I'm Turkish.
/aym 'tö:kiş/

(Ben) ... yım.
I'm ...
/aym .../

Amerikalı	American	/ı'merikın/
Kanadalı	Canadian	/kı'neydiın/
Fransız	French	/frenç/
İsviçreli	Swiss	/swis/

Nerelisiniz?
Where are you from?
/weı a: yu from/

İstanbul'luyum.
I'm from İstanbul.
/aym from istanbul/

Adana (Kayseri, Sivas, Antalya ...) lıyım.
I'm from Adana (Kayseri, Sivas, Antalya ...).
/aym from adana (kayseri, sivas, antalya ...)/

Adana (Kayseri, Sivas, Antalya ...) Anadolu'da büyük bir şehirdir.
Adana (Kayseri, Sivas, Antalya ...) is a big city in Anatolia.
/adana (kayseri, sivas, antalya ...) iz ı big siti in enı'toliı/

İsveç'liyim.
I'm from Sweden. ☞80.
/aym from 'swi:dın/

İsveç (İngiltere ...) nin neresindensiniz?
Where in Sweden (England ...) are you from?
/weı in 'swi:dın ('inglınd...) a: yu from/

Dininiz nedir?
What's your religion?
/wots yo: ri'licın/

Ben Müslümanım.
I'm a Muslim.
/aym ı 'mazlım/

Kaç yaşındasınız?
How old are you?
/haw ould a: yu/

Ben ... yaşındayım.
I'm ... years old.
/aym ... yiız ould/

Nerede doğdunuz?
Where were you born?
/weı wö: yu bo:n/

İstanbul'da doğdum.
I was born in İstanbul.
/ay wız bo:n in istanbul/

Giresun'da doğdum ama İstanbul'da büyüdüm.
I was born in Giresun but I grew up in İstanbul.
/ay wız bo:n in giresun bat ay gru: ap in istanbul/

Aslen Sivas'lıyım ama İzmir'de büyüdüm.
Originally I'm from Sivas but I grew up in İzmir.
/ı'ricınıli aym from sivas bat ay gru: ap in izmir/

Ne zaman doğdunuz?
When were you born?
/wen wö: yu bo:n/

1978'de doğdum.
I was born in 1978.
/ay wız bo:n in naynti:n sevınti eyt/

İşiniz nedir?
What's your job? ☞32.
/wots yo: cob/

Ne iş yapıyorsunuz? (Ne işle meşgulsünüz?)
What do you do?
/wot du yu du/

Ben (bir) ... yım. ▼
I'm a ...
/aym ı .../

öğrenci	student	/'stiudınt/
öğretmen	teacher	/'ti:çı/
şoför	driver	/'drayvı/
memur	civil servant	/'sivil 'sö:vınt/
gazeteci	journalist	/'cö:nilist/
fotoğrafçı	photographer	/fı'togrıfı/

Nerede oturuyorsunuz?
Where do you live?
/weı du yu liv/

İstanbul'da oturuyorum.
I live in İstanbul.
/ay liv in İstanbul/

Kendi evinizde mi oturuyorsunuz?
Do you live in your own house?
/du yu liv in yo: oun haus/

Kendi evimizde oturuyoruz.
We live in our own house.
/wi: liv in auı oun haus/

Kirada oturuyoruz.
We live in a rented house.
/wi: liv in ı rentid haus/

Ne kadar kira veriyorsunuz?
How much do you pay for rent?
/haw maç du yu pey fo: rent/

Nerede kalıyorsunuz?
Where are you staying?
/weı a: yu 'steying/

... Otelinde kalıyorum.
I'm staying at ... Hotel.
/aym 'steying et ... hou'tel/

Ne zamandır buradasınız?
How long have you been here?
/haw long hev yu bi:n hiı/

... gündür (haftadır, aydır) buradayım.
I've been here ... days (weeks, months).
/ayv bi:n hiı ... deyz (wi:ks, mants)/

Burada ne kadar kalacaksınız?
How long will you be here?
/haw long wil yu bi: hiı/

Burada ..... gün (hafta, ay) kalacağım.
I'll be here for ... days (weeks, months).
/ayl bi hiı fo: ... deyz (wi:ks, mants)/

Evli misiniz?
Are you married? ☞5.
/a: yu 'merid/

Evliyim.
I'm married.
/aym 'merid/

Bekârım.
I'm single.
/aym 'singıl/

... yıllık evliyim.
I've been married for ... years.
/ayv bi:n 'merid fo: ... yiız/

Nişanlıyım.
I'm engaged.
/aym in'geycd/

Çocuklarınız var mı?
Have you got any children?
/hev yu got eni 'çildrın/

Bir oğlum var.
I've got one son.
/ayv got wan san/

İki kızım var.
I've got two daughters.
/ayv got tu: 'do:tız/

... yaşında bir oğlum (kızım) var.
I've got a ... year-old son (daughter).
/ayv got ı ... yiı ould san ('do:tı)/

... adında bir oğlum (kızım) var.
I've got a son (daughter) called ...
/ayv got ı san ('do:tı) ko:ld .../

2.2 **BOY, KİLO** / HEIGHT, WEIGHT

Boyunuz ne kadar?
How tall are you? ☞ 69.
/haw to:l a: yu/

Boyum 1 metre, 70 santimetredir.
I’m one metre, seventy centimetres tall.
/aym wan mi:tı ’sevınti ’sentimi:tız to:l/

Kilonuz ne kadar? (Kaç kilosunuz?)
How much do you weigh?
/haw maç du yu wey/

Ben 65 kiloyum.
I’m sixty-five kilos.
/aym ’siksti fayv ’ki:louz/

2.3 **AİLENİZ HAKKINDA** / ABOUT YOUR FAMILY

Babanızın (annenizin) adı ne?
What’s your father’s (mother’s) name?
/wots yo: ’fa:dız (’madız) neym/

Babamın (annemin) adı ... dır.
My father’s (my mother’s) name is ...
/may ’fa:dız (may ’madız) neym iz .../

Babanız (anneniz) nereli?
Where’s your father (your mother) from?
/weız yo: ’fa:dı (yo: ’madı) from/

Babam Trabzon'lu, annem Rize'lidir.
My father's from Trabzon, my mother's from Rize.
/my 'fa:dız from trabzon, may 'madız from rize/

Babanız (anneniz) ne iş yapıyor?
What does your father (your mother) do?
/wot daz yo: 'fa:dı (yo: 'madı) du/

Babam memur (işçi ...) dur.
My father's a civil servant (worker ...). ☞32.
/may 'fa:dız ı 'sivil 'sö:vınt ('wö:kı ...)/

Babam emeklidir.
My father's retired.
/may 'fa:dız ritayıd/

Annem ev hanımıdır.
My mother's a housewife.
/may 'madız ı hauswayf/

Babam özel bir şirkette çalışır.
My father works in a private company.
/may 'fa:dı wö:ks in ı 'prayvit 'kampıni/

Kardeşleriniz var mı?
Have you got any brothers or sisters?
/hev yu got eni 'bradız o: 'sistız/

Bir erkek kardeşim var.
I've got a brother.
/ayv got ı 'bradı/

İki kız kardeşim var.
I've got two sisters.
/ayv got tu: 'sistız/

Bir ağabeyim, bir ablam var.
I've got an elder brother and an elder sister.
/ayv got ın eldı 'bradı end ın eldı 'sistı/

Kardeşlerim yok.
I haven't got any brothers or sisters.
/ay hevınt got eni 'bradız o: 'sistız/

Annem (babam) ... yıl önce vefat etti.
My mother (father) died ... years ago.
/may 'madı ('fa:dı) dayd ... yiız ı'gou/

2.4 **EĞİTİM** / EDUCATION

Hangi okuldan mezunsunuz?
What school did you graduate from?
/wot sku:l did yu 'grecueyt from/

Liseyi bitirdim.
I finished the high school. ☞35.
/ay finişt dı hay sku:l/

Geçen yıl ... lisesinden mezun oldum.
I graduated from ... High School last year.
/ay 'grecueytid from ... hay sku:l la:st yiı/

En son hangi okulu bitirdiniz?
Which school did you finish last?
/wiç sku:l did yu finiş la:st/

Marmara Üniversite'sinden mezun oldum.
I graduated from Marmara University.
/ay grecueytid from marmara yuni'vö:siti/

Hangi okula gidiyorsunuz? (devam ediyorsunuz?)
What school are you attending?
/wot sku:l a: yu ı'tending/

Üniversiteye devam ediyorum.
I'm attending the university.
/aym ı'tending dı yuni'vö:siti/

Hangi üniversitedesiniz?
What university are you at?
/wot yuni'vö:siti :a yu et/

... üniversitesindeyim.
I'm at ... University.
/aym et .. yuni'vö:siti/

Hangi bölümdesiniz?
Which department are you in?
/wiç di'pa:tmınt a: yu in/

Fizik bölümündeyim.
I'm in the Physics Department.
/aym in dı fiziks di'pa:tmınt/

Çocuklarınız okula gidiyor mu?
Do your children go to school?
/du yo: çildrın gou tu sku:l/

Oğlum ortaokula gidiyor.
My son goes to junior high school.
/may san gouz tu 'cu:niı hay sku:l/

Okumuyorum, çalışıyorum.
I don't go to school, I work.
/ay dount gou tu sku:l, ay wö:k/

2.5 **BEĞENİLERDEN SÖZ ETME /** TALKING ABOUT LIKES AND DISLIKES

Boş zamanlarınızda ne yaparsınız?
What do you do in your spare time?
/wot du yu du in yo: speı taym/

Müzik dinlerim.
I listen to music. ☞55-60.
/ay 'lisn tu 'myu:zik/

Müziği (sporu, seyahati ...) çok severim.
I like music (sports, travelling ...) very much.
/ay layk myu:zik (spo:ts 'trevıling ...) 'veri maç/

... dan hoşlanır mısınız? ⬇
Do you like ...?
/du yu layk .../

futbol	football	/'futbo:l/
bale	ballet	/'beley/
müzik	music	/'myu:zik/
opera	opera	/'opırı/

Çok severim.
I like it very much.
/ay layk it 'veri maç/

Sevmem.
I don't like it.
/ay dount layk it/

... yı tercih ederim.
I prefer ... ☞55-60.
/ay pri'fö: .../

3. AİLE VE İŞ ZİYARETLERİ / FAMILY AND JOB VISITS

Affedersiniz, ... Bey (Hanım) evde mi?
Excuse me, is Mr. (Ms.) ... at home?
/iks'kyu:z mi iz 'mistı ('miz) ... et houm/

(İçeri) Buyrun, lütfen.
Come in, please.
/kam in pli:z/

Bay (Bayan) ... sizi bekliyor.
Mr. (Ms.) ... is expecting you.
/'mistı ('miz) ... iz ik'spekting yu/

Sizi görmek ne hoş!
How nice to see you!
/haw nays tu si: yu/

Geldiğinize sevindim.
I'm glad you could come.
/aym gled yu kud kam/

Paltonuzu alayım.
Let me take your coat.
/let mi teyk yo: kout/

Lütfen oturun.
Please do sit down.
/pli:z du: sit daun/

Size ne ikram edebilirim?
What can I offer you?
/wot ken ay 'ofı yu/

Ne içerdiniz?
What will you have?
/wot wil yu hev/

Çay (kahve ...) alır mıydınız?
Would you like some tea (coffee ...)?
/wud yu layk sım ti: (kofi ...)/

Sigara içiyor musunuz? (kullanıyor musunuz?)
Do you smoke?
/du yu smouk/

Sağ olun, kullanmıyorum. (Sigara içmiyorum.)
No, thank you. I don't smoke.
/nou 'tenk yu ay dount smouk/

Yolculuğunuz iyi geçti mi?
Did you have a good journey?
/did yu hev ı gud 'cö:ni/

Fena değildi.
It was okay.
/it woz ou'key/

Çok iyiydi.
It was very good.
/it woz 'veri gud/

Ne kadardır buradasınız?
How long have you been here?
/haw long hev yu bi:n hiı/

İki (üç, beş ...) gündür.
For two (three, five ...) days.
/fo: tu (tri: fayv ...) deyz/

Bu Londra (Ankara ...) 'ya ilk seyahatiniz mi?
Is this your first trip to London (Ankara ...)?
/iz dis yo: fö:st trip tu 'landın (ankara ...)/

Hayır, buraya ... yıl önce de gelmiştim.
No, I came here ... years ago.
/nou ay keym hiı ... yiız ı'gou/

Evet, bu ilk gelişim.
Yes, it's my first time.
/yes its may fö:st taym/

Burayı seviyor musunuz? Evet, (seviyorum.)
Do you like it here? Yes, I do.
/du yu layk it hiı/ /yes ay du:/

Nerede kalıyorsunuz?
Where are you staying?
/weı a: yu 'steying/

... Otelinde kalıyorum.
I'm staying at ... Hotel.
/aym 'steying et ... hou'tel/

Belki birlikte bir akşam yemeği yiyebiliriz.
Perhaps we can have dinner together.
/pı:heps wi ken hev dinı tı'gedı/

Yarın boş musunuz? Evet, boşum.
Are you free tomorrow? Yes, I'm free.
/a: yu fri: tı'morou/ /yes aym fri:/

Buyrun, size mağazamızı gezdireyim.
Let me show you round our store.
/let mi şou yu raund auı sto:/

Çok naziksiniz.
That's very kind of you.
/dets 'veri kaynd ov yu/

Ziyaretiniz için teşekkürler.
Thank you for your visit.
/'tenk yu fo yo: vizit/

4. SINIRDA - AT THE BORDER

4.1 GİRİŞ İŞLEMLERİ / ENTRY FORMALITIES

Sınıra ne zaman varıyoruz?
When do we reach the border?
/wen du wi ri:ç dı 'bo:dı/

Gümrük muayenesi nerede?
Where's the customs control?
/weız dı 'kastımz kın'troul/

Pasaport kontrolü nerede?
Where's the passport control?
/weız dı 'pa:spo:t kın'troul/

Pasaportlarınız, lütfen!
Your passports, please!
/yo: 'pa:spo:ts pli:z/

Kağıtlarınız, lütfen!
Your (travel) documents, please!
/yo: ('trevıl) 'dokyumınts pli:z/

İşte pasaportum.
Here's my passport.
/hiız may 'pa:spo:t/

Lütfen bu formu doldurun.
Please fill in this form.
/pli:z fil in dis fo:m/

adı	name	/neym/
soyadı	surname	/sö:neym/
kızlık soyadı	maiden name	/'meydın neym/
uyruğu	nationality	/neşı'neliti/
medeni durumu	marital status	/'meritl 'steytıs/
bekâr	single	/'singl/
evli	married	/'merid/
dul (bayan)	widow	/'widou/
dul (bay)	widower	/'widouı/
doğum tarihi	date of birth	/deyt ov bö:t/
doğum yeri	place of birth	/pleys ov bö:t/
mesleği	profession	/prı'feşın/
boy	height	/hayt/
kilo	weight	/weyt/
saç rengi	colour of hair	/'kalı ov heı/
göz rengi	colour of eyes	/'kalı ov ayz/
ikâmetgâhı	place of residence	/pleys ov 'rezidıns/
devamlı adresi	permanent address	/'pö:mınınt ı'dres/
pasaport no	passport number	/'pa:spo:t nambı/
imza	signature	/'signiçı/

Ben ... turist grubundanım.
I belong to the ... tourist group.
/ay bi'long tı dı ... 'turist gru:p/

Ailemle birlikte seyahat ediyorum.
I'm travelling with my family.
/aym 'trevling wit may 'femıli/

Çocuklar benim pasaportuma kayıtlı.
The children are entered in my passport.
/dı 'çildrın a: 'entıd in may 'pa:spo:t/

Ne kadar kalacaksınız?
How long are you going to stay?
/haw long a: yu 'gouing tu stey/

Birkaç gün (hafta) kalacağım.
I'm staying for a few days (weeks).
/aym 'steying fo: ı fyu: deyz (wi:ks)/

Buraya daha önce geldim. (bulundum.)
I've been here before.
/ayv bi:n hiı 'bifo:/

Ziyaretinizin amacı ne?
What's the purpose of your visit?
/wots dı pö:pıs ov yo: vizit/

Tatil (iş) için buradayım.
I'm here on holiday (business).
/aym hiı on holıdi ('biznis)/

Ticaret Fuarı için buradayım.
I'm here for the Trade Fair.
/aym hiı fo: dı treyd feı/

... yı ziyaret ediyorum.
I'm visiting ...
/aym viziting .../

İngiltere (Almanya ...) da çalışmayacağım.
I'm not going to work in England (Germany ...)
/aym not 'gouing tu wö:k in 'inglınd (cö:mıni ...)/

Aşı kağıdım yok.
I haven't got a vaccination certificate.
/ay hevınt got ı 'veksıneyşın sı'tifikıt/

Ne yapmam gerekir?
What do I have to do?
/wot du ay hev tu du/

Form doldurmam gerekir mi?
Do I have to fill in the form? ☞38.
/du ay hev tu fil in dı fo:m/

Vizeyi buradan alabilir miyim?
Can I get the visa here?
/ken ay get dı 'vi:zı hiı/

Konsolosluğuma telefon edebilir miyim?
Can I phone my consulate?
/ken ay foun may 'konsyulıt/

Konsolosluğuma telefon etmek istiyorum.
I want to phone my consulate.
/ay wont tu foun may 'konsyulıt/

İşte köpek (kedi) için aşı kağıdı.
Here's the vaccination certificate for the dog (cat).
/hiız dı 'veksıneyşın sı'tifikıt fo: dı dog (ket)/

4.2 **GÜMRÜK** / CUSTOMS

Gümrüğe tabi bir şeyiniz var mı?
Have you got anything to declare?
/hev yu got 'eniting tu di'kleı/

Gümrüğe tabi eşyam yok.
I have nothing to declare.
/ay hev 'nating tu di'kleı/

Yalnız şahsi eşyalarım var.
I've only got my personal things.
/ayv ounli got may 'pö:sınıl tingz/

Bu benim bavulum.
This is my suitcase.
/dis iz may 'su:tkeys/

Bu benim değil.
This isn't mine.
/dis izınt mayn/

Bavulunuzu açın, lütfen. Buradaki ne?
Open your suitcase, please. What's in here?
/'oupın yo: 'su:tkeys pli:z/ /wots in hiı/

Bunlar benim şahsi eşyalarım.
These are my personal belongings.
/di:z a: may 'pö:sınıl bi'longingz/

Hepsi kullanılmış şeylerdir.
They are all used things.
/dey a: o:l yu:zd tingz/

Bu bir hediye.
This is a present.
/dis iz ı 'prezınt/

Bu bir hatıralık eşya.
This is a souvenir.
/dis iz ı su:vı'niı/

Gümrüğe tabi bazı eşyalarım var.
I've got some things to declare.
/ayv got sam tings tu di'kleı/

Bir şişe viskim (şarabım, parfümüm ...) var.
I've got a bottle of whisky (wine, perfume ...).
/ayv got ı botl ov wiski (wayn, pı'fyu:m ...)/

Hepsi bu kadar.
That's all.
/dets o:l/

Bunun için gümrük ödemeniz gerekiyor.
You'll have to pay duty on this.
/yul hev tu pey 'dyu:ti on dis/

Kaç para ödemem lazım?
How much have I got to pay?
/haw maç hev ay got tu pey/

4.3 HAMAL ÇAĞIRMA / PORTERS

Hamal!
Porter!
/po:tı/

Eşyalarımı getiriniz lütfen.
Please bring my luggage.
/pli:z bring may 'lagic/

Eşyalarımı ... ya götürün.
Take my luggage to ...
/teyk may 'lagic tu .../

Eşyalarımı taksiye (otobüse ...) götürün.
Take my luggage to the taxi (bus ...)
/teyk may 'lagic tu dı 'teksi (bas ...)/

Bir bavul eksik.
There's a bag missing.
/deız ı beg mising/

Kayıp eşya bürosu nerede?
Where's the lost property office?
/weız dı lost 'pro:pıti 'ofis/

Eşyalarımı kaybettim.
I've lost my luggage.
/ayv loust may 'lagic/

5. BARINMA, KONAKLAMA / ACCOMMODATION

5.1 BİLGİ EDİNME / ASKING FOR INFORMATION

... oteli nerede?
Where's the ... hotel?
/weız dı ...hou'tel/

... oteline nasıl gidebilirim?
How can I go to the ... hotel?
/haw ken ay gou tu dı ... hou'tel/

İyi bir otel biliyor musunuz?
Do you know a good hotel?
/du yu nou ı gud hou'tel/

Ucuz bir otel tavsiye edebilir misiniz?
Could you recommend a cheap hotel?
/kud yu 'rekımend ı çi:p hou'tel/

Yakınlarda bir pansiyon (kamp yeri ...) var mı?
Is there a boarding-house (camping site ...) near here?
/iz deı ı 'bo:dinghaus ('kemping sayt ...) niı hiı/

Buraya uzak mı?
Is it far from here?
/iz it fa: from hiı/

Oraya nasıl gidebilirim?
How can I go there?
/haw ken ay gou **deı**/

(Orada) fiyatlar nasıl?
What are the prices like (there)?
/wot a: **dı** praysız layk (**deı**)/

5.2 **OTELDE** / AT THE HOTEL

(Benim) adım ...
My name's ...
/may neymz .../

Rezervasyonum var.
I've a reservation.
/ayv ı rezı'veyşn/

Burada bir oda ayırtmıştım.
I've reserved a room here.
/ayv ri'zö:vd ı rum hiı/

... hafta önce yer ayırtmıştım.
I reserved ... weeks ago.
/ay ri'zö:vd ... wi:ks ı'gou/

Boş odanız var mı?
Have you any vacant rooms?
/hev yu eni 'veykınt rumz/

... istiyorum. (rica ediyorum.)
I'd like ...
/ayd layk .../

Tek kişilik (çift kişilik) bir oda istiyorum.
I'd like a single (double) room.
/ayd layk ı 'singıl ('dabıl) rum/

... bir oda istiyorum.
I'd like a room ...
/ayd layk ı rum .../

İki yataklı	with twin beds	/wit twin bedz/
Duşlu	with a shower	/wit ı 'şauı/
Banyolu	with a bath	/wit ı ba:t/
Balkonlu	with a balcony	/wit ı 'belkıni/
Televizyonlu	with a television	/wit ı 'telivijn/
Telefonlu	with a telephone	/wit ı 'telifoun/
Denize bakan	facing the sea	/feysing dı si:/

Çift yataklı ve duşlu bir oda istiyorum.
I'd like a double room with a shower.
/ayd layk ı 'dabıl rum wit ı 'şauı/

... gece için çift yataklı bir oda istiyorum.
I want a double room for ... night(s).
/ay wont ı 'dabıl rum fo: ... nayt(s)/

Kahvaltı veriyor musunuz?
Do you serve breakfast?
/du yu sö:v 'brekfıst/

5.3 **ÜCRET** / COST

... ne kadar?
How much is ...?
/haw maç iz .../

Bir geceliği	for one night	/fo: wan nayt/
Bir günlüğü	per day	/pö: dey/
Bir haftalık	per week	/pö: wi:k/
Tam pansiyon	for full board	/fo: ful bo:d/

Yatak ve kahvaltı ne kadar?
How much is it for bed and breakfast?
/haw maç iz it fo: bed ınd 'brekfıst/

Her şey (kahvaltı) dahil mi?
Is everything (breakfast) included?
/iz 'evriting ('brekfıst) in'klu:dıd/

Çok pahalı.
That's too expensive.
/dets tu: 'ikspensiv/

Çok fazla.
That's too much.
/dets tu: maç/

Çocuklar için indirim var mı?
Is there a reduction for children?
/iz deı ı ri'dakşın fo: 'çildrın/

Odayı görebilir miyim?
Can I see the room?
/ken ay si: dı rum/

Bana odayı gösterir misiniz?
Can you show me the room?
/ken yu şou mi dı rum/

Elbette.
Certainly.
/'sö:tnli/

Beni takip edin, lütfen.
Follow me, please.
/folou mi pli:z/

Bu oda çok ...
This room is too ...
/dis rum iz tu: .../

küçük	small	/smo:l/
gürültülü	noisy	/noyzi/
karanlık	dark	/da:k/
sıcak	hot	/hot/
soğuk	cold	/kould/

Daha büyük (sessiz, ucuz) bir odanız var mı?
Have you a bigger (quieter, cheaper) room?
/hev yu ı bigı ('kwayıtı, çi:pı) rum/

5.4 **KAYIT** / REGISTRATION

Odayı tutmak istiyorum.
I'd like to register.
/ayd layk tu 'recistı/

Burayı imzalayın, lütfen.
Please sign, here.
/pli:z sayn hiı/

Ne kadar kalacaksınız?
How long will you be staying?
/haw long wil yu bi: 'steying/

Bu formu doldurur musunuz, lütfen?
Can you fill in this form, please?
/ken yu fil in dis fo:m pli:z/

adı	name	/neym/
soyadı	surname	/sö:neym/
uyruğu	nationality	/neşı'neliti/
medeni durumu	marital status	/'meritıl 'steytıs/
bekâr	single	/'singıl/
evli	married	/'merid/
doğum tarihi	date of birth	/deyt ov bö:t/
doğum yeri	place of birth	/pleys ov bö:t/
mesleği	profession	/prı'feşın/
ikâmetgâhı	place of residence	/pleys ov 'rezidıns/
devamlı adresi	permanent address	/'pö:mınınt ı'dres/

Pasaportunuz, lütfen.
Your passport, please.
/yo: 'pa:spo:t pli:z/

Pasaportunuzu görebilir miyim, lütfen?
Can I see your passport, please?
/ken ay si: yo: 'pa:spo:t pli:z/

Garajınız (otoparkınız) var mı?
Have you got a garage (car park)?
/hev yu got ı 'gera:j (ka: pa:k)/

Kahvaltı saat kaçta?
What time is breakfast?
/wot taym iz 'brekfist/

Eşyalarımı aldırtabilir misiniz?
Could you have my luggage collected?
/kud yu hev may 'lagic 'kılektid/

Eşyalarımı odama getirin, lütfen.
Bring my luggage to my room, please.
/bring may 'lagic tu may rum pli:z/

Eşyalarımı buraya bırakabilir miyim?
Can I leave my luggage here?
/ken ay li:v may lagic hiı/

Anahtarımı verin, lütfen.
My key, please.
/may ki: pli:z/

5.5 **RESEPSİYON** / RECEPTION

Beni arayan oldu mu?
Did anyone enquire for me?
/did 'eniwan in'kwayı fı mi/

Bana mesaj var mı?
Are there any messages for me?
/a: deı eni 'mesiciz fı mi/

Size bir not var.
There's a message for you.
/deiz ı 'mesic fı yu/

Sizi birisi görmek istiyor.
Someone wants to see you.
/samwan wonts tu si: yu/

Benim için mektup var mı?
Are there any letters for me?
/a: deı 'eni letız fı mi/

Posta ne zaman geliyor?
When does the post come?
/wen daz dı poust kam/

İngiltere'ye bir mektup kaç paradır?
What does a letter to England cost?
/wot daz ı 'letı tu 'inglınd kost/

Bunu benim için postaya verir misiniz?
Would you post this for me?
/wud yu poust dis fı mi/

Kartpostal satıyor musunuz?
Do you sell postcards?
/du yu sel 'poustka:dz/

İngiltere (Türkiye ...) den bir telefon bekliyorum.
I'm expecting a call from England (Turkey ...).
/aym iks'pekting ı ko:l from 'inglınd '(tö:ki) .../

İngilizce (Almanca ...) gazete nereden bulabilirim?
Where can I get an English (German ...) paper?
/weı ken ay get ın 'ingliş ('cö:mın ...) 'peypı/

Anahtarımı kaybettim.
I've lost my key.
/ayv lost may ki:/

... dakika sonra geri döneceğim.
I'll be back in ... minutes.
/ayl bi bek in ... 'minits/

Şehre iniyorum.
I'm going into town.
/aym gouing intu taun/

Lobide (barda, lokantada ...) olacağım.
I'll be in the lobby (bar, restaurant ...).
/ayl bi in dı lobi (ba: 'restront ...)/

Beni yarın saat ... da uyandırabilir misiniz, lütfen?
Could you wake me tomorrow at ... o'clock, please?
/kud yu weyk mi tımorou et ... ı'klok pli:z/

5.6 **ODA SERVİSİ** / ROOM SERVICE

Bana bir ... getirir misiniz?
Can you bring me a ...?
/ken yu bring mi ı .../

havlu	towel	/'tauıl/
gazete	newspaper	/'nyu:speypı/
battaniye	blanket	/'blengkit/
yastık	pillow	/'pilou/
askı	hanger	/'hengı/
başka havlu	another towel	/ı'nadı 'tauıl/

Odayı temizler misiniz?
Can you clean the room?
/ken yu kli:n dı rum/

Çamaşırlarımı çamaşırhaneye verir misiniz?
Can you give my washing to the laundry?
/ken yu giv may 'wo:şing tu dı 'lo:ndri/

Çamaşırlarım ne zaman gelir?
When will my laundry be back?
/wen wil may 'lo:ndri bi bek/

5.7 ŞİKAYETLER / COMPLAINTS

Bir sorun mu var?
Is there anything wrong?
/iz deı 'eniting 'rong/

Müdürle konuşmak istiyorum.
I'd like to speak to the manager.
/ayd layk tu spi:k tu dı 'menicı/

... çalışmıyor.
The ... doesn't work.
/dı ... dazınt wö:k/

Duş	shower	/'şauı/
Klima cihazı	air conditioner	/eı kın'dişını/
Kalorifer	heating	/hi:ting/
Musluk	tap	/tep/
Lamba	lamp	/lemp/
Telefon	telephone	/'telifoun/
Televizyon	television	/'telivijn/
Priz	socket	/'sokit/

... yok.
There is no ...
/deız nou .../

Su yok.
There is no water.
/deız nou wo:tı/

Odamda hiç ışık yok.
There's no light in my room.
/deız nou layt in may rum/

Sigorta atmış.
The fuse has blown.
/dı fyu:z hez bloun/

Tuvalet tıkalı.
The lavatory won't flush.
/dı 'levıtri wont flaş/

Priz kırılmış.
The wall socket is broken.
/dı wo:l 'sokit iz broukın/

Ampul yanmış.
The fuse has blown.
/dı fyu:z hez bloun/

İçeriye yağmur giriyor.
The rain's coming in.
/dı reynz 'kaming in/

Çarşaflar temiz değil.
The sheets aren't clean.
/dı şi:ts a:nt kli:n/

Musluk damlıyor.
The tap drips.
/dı tep drips/

Bu havluyu (yastığı ...) değiştirin, lütfen.
Change this towel (pillow ...), please.
/çeync dis 'tauıl ('pilou ...) pli:z/

Özür dilerim, hiç fark etmedim.
I'm sorry, I didn't notice that.
/aym 'sori ay didınt noutis det/

Size yeni bir tane getireyim.
I'll bring you a new one.
/ayl bring yu ı nyu: wan/

Oda numaranız kaç?
What's your room number?
/wots yo: rum nambı/

5.8 **KAHVALTI** / BREAKFAST

Kahvaltı saat kaçta?
What time is breakfast?
/wot taym iz 'brekfist/

Kahvaltı sekizde.
Breakfast is at eight.
/'brekfist iz et eyt/

Kahvaltı istiyorum.
I want breakfast.
/ay wont 'brekfist/

Kahvaltı rica edecektim.
I'd like breakfast.
/ayd layk 'brekfist/

Kahvaltıyı odamda yapabilir miyim?
Can I have breakfast in my room?
/ken ay hev 'brekfist in may rum/

Bir fincan çay (kahve ...) getirir misiniz?
Can you bring me a cup of tea (coffee ...)?
/ken yu bring mi ı kap ov ti: (kofi ...)/

Kahvaltıda tereyağı (bal ...) istiyorum.
I'd like butter (honey ...) at breakfast.
/ayd layk batı (hani ...) et 'brekfist/

Bana biraz ... getirir misiniz?
Can you get (bring) me some ...?
/ken yu get (bring) mi sım .../

portakal suyu	orange juice	/'orinc cu:s/
reçel	jam	/cem/
bal	honey	/'hani/
tereyağı	butter	/'batı/
zeytin	olives	/olivz/
ekmek	bread	/bred/
peynir	cheese	/çi:z/
çay	tea	/ti:/
süt	milk	/milk/

Biraz tereyağı, rafadan yumurta ve çay rica ediyorum.
I'd like some butter, boiled eggs and tea.
/ayd layk sım batı, 'boyld egz end ti:/

Yumurtalarınızı nasıl isterdiniz?
How would you like your eggs?
/haw wud yu layk yo: egz/

... lütfen.
..., please.
/...pli:z/

katı	hard boiled	/'ha:d 'boyld/
az pişmiş	soft boiled	/'soft 'boyld/
tavada	fried	/frayd/
çırpma (omlet)	scrambled	/'skrembıld/

5.9 **OTELDEN AYRILMA** / CHECKING OUT

... günü ayrılıyorum.
I'm leaving on ...
/aym li:ving on .../

Yarın ayrılıyorum.
I'm leaving tomorrow.
/aym li:ving tı'morou/

... ayrılıyorum.
I'm leaving ...
/aym li:ving .../

bu akşam	this evening	/dis i:vning/
saat onda	at ten o'clock	/et ten ı'klok/
bu gece	tonight	/tı'nayt/
cumartesi günü	on Saturday	/on 'setıdi/

Lütfen hesabımı hazırlayın.
Please have my bill ready.
/pli:z hev may 'bil 'redi/

Hesabı verir misiniz (lütfen)?
May I have the bill, (please)?
/mey ay hev dı 'bil pli:z/

Hesabım hazır mı?
Is my bill ready?
/iz may 'bil 'redi/

Hesaplarımız ayrı olsun.
We would like to have separate bills.
/wi wud layk tu hev 'sepırıt bilz/

Kredi kartı kabul ediyor musunuz?
Do you accept credit cards?
/du yu ık'sept 'kredit ka:dz/

Ödemeyi seyahat çeki ile yapacağım.
I'll pay by traveller's cheques.
/ayl pey bay 'trevlız çeks/

Sanırım bir yanlışlık var.
I think there's a mistake.
/ay tink deız ı mis'teyk/

Eşyalarımı aşağı indirtiniz, lütfen.
Have my luggage taken downstairs, please.
/hev may 'lagic teykın daun'steız, pli:z/

Taksi çağırır mısınız, lütfen?
Can you call a taxi, please?
/ken yu ko:l ı 'teksi pli:z/

İşte gideceğimiz yerin adresi.
Here's the forwarding address.
/hiız dı fo:wıding ı'dres/

Bavullarımı burada bırakabilir miyim?
Can I leave my cases here?
/ken ay li:v may keysiz hiı/

Her şey için çok teşekkür ederim.
Thank you very much for everything.
/tenk yu 'veri maç fo: 'evriting/

6. YOLCULUK - TRAVEL

6.1 OTOGARDA / AT THE BUS TERMINAL

Otogar nerede?
Where's the bus terminal?
/weız dı bas 'tö:minıl/

Otogara gitmek istiyorum.
I want to go to the bus terminal.
/ay wont tu gou tu dı bas 'tö:minıl/

En yakın otobüs durağı nerede?
Where's the nearest bus stop?
/weız dı 'niırist bas stop/

Pamukkale (Edirne ...) 'ye otobüs nereden kalkıyor?
Where do the buses for Pamukkale (Edirne ...) leave?
/weı du dı basiz fo: pamukkale (edirne ...) li:v/

İzmir'e (Ankara'ya ...) ne zaman otobüs var?
When is there a bus to İzmir (Ankara ...)?
/wen iz deı ı bas tu izmir (ankara ...)/

İzmir'e son otobüs ne zaman?
When is the last bus to İzmir?
/wen iz dı 'la:st bas tu izmir/

Antalya'ya hangi otobüs gidiyor?
Which bus goes to Antalya?
/wiç bas gouz tu antalya/

Bu otobüs nereye gidiyor?
Where does this bus go to?
/weı daz dis bas gou tu/

Otobüs saat kaçta kalkıyor?
What time does the bus leave?
/wot taym daz dı bas li:v/

Yolculuk ne kadar sürüyor?
How long does the journey take?
/haw long daz dı 'cö:ni teyk/

Otobüs ... da duruyor mu?
Does the bus stop at ...?
/daz dı bas stop et .../

... otobüsü hangi perondan kalkıyor?
Which platform does the bus to ... leave from?
/wiç 'pletfo:m daz dı bas tu ... li:v from/

... bileti ne kadar?
How much is a ticket to ...?
/haw maç iz ı 'tikit tu .../

... da aktarma yapmanız lâzım.
You have to change at ...
/yu hev tu çeync et .../

Tren istasyonuna nasıl gidebilirim?
How can I go to the train station?
/haw ken ay gou tu dı treyn 'steyşın/

6.2 **TREN İSTASYONUNDA** / AT THE TRAIN STATION

Münih'e (Ankara'ya ...) ne zaman tren var?
What time is the train to Munich (Ankara ...)?
/wot taym iz **dı** treyn tu 'myu:nik (ankara ...)/

Bu ... treni mi?
Is this the train to ...?
/iz **dis dı** treyn tu .../

Tren ne zaman kalkıyor?
What time does the train leave?
/wot taym daz **dı** treyn li:v/

Tren ... da duruyor mu?
Does the train stop at ...?
/daz **dı** treyn stop **et** .../

Bu tren ... dan geçiyor mu?
Does this train go via ...?
/daz **dis** treyn gou vayı .../

... dan gelen trenin rötarı var mı?
Is the train from ... late?
/iz **dı** treyn from ... leyt/

Kaç dakika?
How many minutes?
/haw meni minits/

Aktarma yapacak mıyız?
Do we have to change?
/du wi hev tı çeync/

Nerede?
Where?
/weı/

... da aktarma yapmanız lâzım.
You have to change at ...
/yu hev tu çeync et .../

...ya gidecek tren hangi perondan kalkıyor?
What platform does the train to ... leave from?
/wot 'pletfo:m daz dı treyn tu ... li:v from/

... den gelecek tren hangi perona girecek?
What platform does the train from ... arrive at?
/wot 'pletfo:m daz dı treyn from ... ı'rayv et/

Trende yemekli vagon var mı?
Is there a dining car on the train?
/iz deı ı 'dayning ka: on dı treyn/

6.3 **BİLET GİŞESİ** / TICKET OFFICE

Ankara'ya bir ... bileti, lütfen.
A ... ticket to Ankara, please.
/ı ... 'tikit tu ankara pli:z/

gidiş	single	/'singıl/
gidiş dönüş	return	/ri'tö:n/
birinci mevki	first class	/fö:st kla:s/
ikinci mevki	second class	/'sekınd kla:s/

... ya bir gidiş (bileti), lütfen.
A single to ... please.
/ı 'singıl tu ... pli:z/

... ya bir tane ikinci mevki gidiş, lütfen.
A second class single to ..., please.
/ı 'sekınd kla:s singıl tu ... pli:z/

... ya bir gidiş dönüş bileti istiyorum.
I want a return ticket to ....
/ay wont ı ri'tö:n 'tikit tu .../

... bileti ne kadar?
How much is a ticket to ...?
/haw maç iz ı 'tikit tu .../

Bilet ne kadar zaman için geçerli?
How long is the ticket valid?
/haw long is dı 'tikit 'velid/

Tren hangi perondan kalkıyor?
What platform does the train leave from?
/wot 'pletfo:m daz dı treyn li:v from/

Birmingham'dan gelecek tren hangi perona girecek?
What platform does the train from Birmingham arrive at?
/wot 'pletfo:m daz dı treyn from 'bö:mingım ı'rayv et/

Birinci (ikinci) mevki kompartımanlar nerede?
Where are the first (second) class compartments?
/weı a: dı fö:st ('sekınd) kla:s kım'pa:tmınts/

Kuşetli (yataklı) vagonlar nerede?
Where are the couchettes (sleepers)?
/weı a: dı ku:'şets ('sli:pız)/

Ön (tarafta).
At the front (portion).
/et **dı** frant ('po:şın)/

Arka (tarafta).
At the rear (portion).
/et **dı** riı ('po:şın)/

Orta (kısımda).
In the middle (portion).
/in **dı** 'midıl ('po:şın)/

Tren ne zaman gelir?
When does the train get in?
/wen daz **dı** treyn get in/

6.4 **YOLCULUK ESNASINDA /** WHILE TRAVELLING

Affedersiniz, bu yer boş mu?
Excuse me, is this seat free?
/ik'syu:z mi iz **d**is si:t fri:/

Burada birisi oturuyor mu?
Is anybody sitting here?
/iz 'enibodi siting hiı/

Burası benim yerim.
This is my seat.
/**d**is iz may si:t/

Şuna göz kulak olabilir misiniz, lütfen?
Would you keep an eye on that, please?
/wud yu ki:p ın ay on **d**et pli:z/

Pencereyi açabilir (kapayabilir) miyim?
May I open (shut) the window?
/mey ay 'oupın (şat) **dı** 'windou/

Sigara içmem sizi rahatsız eder mi?
Do you mind my smoking?
/du yu maynd may smouking/

Şimdi nerelerdeyiz?
Where are we now?
/weı a: wi nau/

Yer değiştirebilir miyiz?
Could we change places?
/kud wi çeync 'pleysiz/

Daha ne kadar gideceğiz?
How much further have we to go?
/haw maç fö:dı hev wi tu gou/

Burası hangi istasyon (şehir)?
What station (town) is this?
/wot steyşın (taun) iz dis/

... ya varmamıza kaç istasyon var?
How many stops are there before we get to ...?
/haw 'meni stops a: deı bi'fo: wi get tu ... /

Oraya zamanında varacak mıyız?
Are we going to be there on time?
/a: wi 'gouing tı bi deı on taym/

... için burada mı aktarma yapacağım?
Do I change here for ...?
/du ay çeync hiı fo: .../

Lütfen nerede ineceğimi söyleyin.
Please tell me where to get off.
/pli:z tel mi weı tu get of/

Burada inecek miyim?
Do I get off here?
/du ay get of hiı/

Burada inmek istiyorum.
I want to get off here.
/ay wont tu get of hiı/

... dakika buradayız.
We're here for .. minutes.
/wiı hiı fo: ... 'minits/

Burada aktarma yapacaksınız.
You change here.
/yu çeync hiı/

Burada inin.
You get off here.
/yu get of hiı/

6.5 EŞYALAR, VALİZ / BAGGAGE

Hamal!
Porter!
/'po:tı/

Eşyalarımı getiriniz, lütfen.
Bring my luggage, please.
/bring may 'lagic pli:z/

Lütfen eşyalarımı kompartımana götürünüz.
Please take my luggage to the compartment.
/pli:z teyk may 'lagic tu dı kım'pa:tmınt/

Bu benim eşyam (bavulum) değil.
This isn't my luggage (suitcase).
/dis izınt may 'lagic ('su:tkeys)/

Bir bavul kayıp.
There is a suitcase missing.
/deı iz ı 'su:tkeys mising/

Bavulumu alabilir miyim, lütfen?
Can I have my suitcase, please?
/ken ay hev may 'su:tkeys pli:z/

Bavulum nerede?
Where is my suitcase?
/weı iz may 'su:tkeys/

Bir şikâyette bulunmak istiyorum.
I want to make a complaint.
/ay wont tu meyk ı 'kımpleynt/

Eşyalarımı kaybettim.
I've lost my luggage.
/ayv lost may 'lagic/

... da kaybettim.
I lost it in ...
/ay lost it in .../

6.6 DENİZ YOLCULUĞU / SEA TRAVEL

...'ya vapur (arabalı vapur) nereden kalkıyor?
Where does a boat (the ferry) leave for ...?
/weı daz ı bout (dı 'feri) li:v fı .../

... ya arabalı vapur ne kadar sıklıkta var?
How often does the car ferry to ... run?
/haw 'ofn daz dı ka: 'feri tu ... ran/

İzmir (Mersin ...)'e gemi ne zaman kalkıyor?
When does the boat to İzmir (Mersin ...) depart?
/wen daz dı bout tu izmir (mersin ...) di'pa:t/

Yol ne kadar sürüyor?
How long does the crossing take?
/haw long daz dı 'krosing teyk/

Hangi limanlara uğranıyor?
What ports do we call at?
/wot po:ts du wi ko:l et/

... ya ne zaman gireceğiz? (varacağız)?
When do we dock (land) at ...?
/wen du wi dok (lend) et .../

... da karaya çıkılabilir mi? Ne kadar süre için?
Can one go ashore at ...? For how long?
/ken wan gou ı'şo: et .../ /fo: haw long/

Karada çevre gezileri var mı?
Are there any sight-seeing tours on land?
/a: deı eni 'saytsi:ing tuız on lend/

Ne zaman gemide olmamız gerekiyor?
When do we have to be on board?
/wen du wi hev tu bi on bo:d/

Araba ve ... yolcu ne kadar?
How much is it for the car and ... passengers?
/haw maç iz it fo: dı ka: end ...'pesincız/

Tek kişilik bir kamara istiyorum.
I'd like a single cabin.
/ayd layk ı 'singıl 'kebin/

Bir dış (iç) kamara istiyorum.
I'd like an outside (inside) cabin.
/ayd layk ın aut'sayd (in'sayd) 'kebin/

6.7 **GEMİDE** / ON THE SHIP

... numaralı kamarayı arıyorum.
I'm looking for no ... cabin. ☞69.
/aym 'luking fı 'nambı ... 'kebin/

Kamaramı değiştirebilir misiniz?
Can you change my cabin?
/ken yu çeync may 'kebin/

Gemide bir doktor var mı?
Is there a doctor on board?
/iz deı ı 'doktı on bo:d/

... nerede?
Where's the ...?
/weız dı .../

yüzme havuzu	swimming pool	/'swiming pu:l/
kuaför	hairdresser's	/'heıdresız/
balo salonu	ball room	/'bo:lrum/
revir	sick bay	/sik bey/
telsiz odası	wireless room	/'wayılis rum/
bar	bar	/ba:/

Kaptan (Baş kamarot ...) ile konuşmak istiyorum.
I want to speak to the captain (chief steward ...).
/ay wont tu spi:k tu dı 'keptin (çi:f 'styu:ıd ...)/

Kamarot, bana ... getirir misiniz, lütfen?
Steward, would you bring me ..., please?
/'styu:ıd wud yu bring mi ... pli:z/

Gemi doktorunu çağırın, lütfen.
Fetch the ship's doctor, please.
/feç **dı** şips 'doktı pli:z/

Bana deniz tutmasına karşı bir ilaç verin.
Give me a drug for seasickness.
/give mi **ı** drag fo: si:siknis/

6.8 **HAVAALANINDA** / AT THE AIRPORT

Londra (Ankara ...) ya ne zaman uçak var?
When is there a flight to London (Ankara ...)?
/wen iz **deı ı** flayt tu 'landın (ankara ...)/

Frankfurt'a direkt uçak var mı?
Are there direct flights to Frankfurt?
/a: **deı** di'rekt flayts tu 'frengkfurt/

Roma'ya bağlantılı sefer var mı?
Is there a connecting flight to Rome?
/iz **deı ı** kı'nekting flayt tu 'roum/

Çarter uçağı var mı?
Is there a charter flight?
/iz **deı ı** ça:tı flayt/

İstanbul'a bugün ne zaman kaçta uçak var?
When is there a flight to İstanbul today?
/wen iz **deı ı** flayt tu istanbul tı'dey/

İzmir'e bir sonraki uçak ne zaman?
When is the next plane to İzmir?
/wen iz **dı** nekst pleyn tu izmir/

Yer var mı?
Are there seats available?
/a: deı si:ts ı'veylıbıl/

... ya gidiş (gidiş dönüş) bileti ne kadar?
How much is a single (return) ticket to ...?
/haw maç iz ı 'singıl ('ri'tö:n) 'tikit tu .../

Pencere kenarında bir koltuk rica ediyorum.
I'd like a seat by the window.
/ayd layk ı si:t bay dı 'windou/

Uçuş sırasında yemek servisi var mı?
Is there a meal served during the flight?
/iz deı ı mi:l sö:vd dyu:ring dı flayt/

Ücretsiz bagaj hakkı ne kadardır?
What's the free luggage allowance?
/wots dı fri: 'lagic ı'launs/

Fazla bagaj ücreti ne kadar?
What does excess luggage cost?
/wot daz ik'ses 'lagic kost/

Havaalanına nasıl gidebilirim?
How do I get to the airport?
/haw du ay get tu di 'eıpo:t/

Uçuş sefer sayısı kaç?
What's the flight number?
/wots dı flayt nambı/

Uçak değiştirmem gerekir mi?
Do I have to change planes?
/du ay hev tu çeync pleynz/

Uçak ne zaman kalkıyor?
When does the plane take off?
/wen daz dı pleyn teyk ov/

Ne zaman iniyor?
When does it land? ☞ 75.
/wen daz it lend/

Saat kaçta havaalanında olmam gerekiyor?
What time do I have to be at the airport?
/wot taym du ay hev tu bi et di 'eıpo:t/

Yarın için Ankara'ya bir yer ayırtmak istiyorum.
I'd like to book a seat for Ankara for tomorrow.
/ayd layk tu buk ı si:t fo: ankara fo: tımorou/

6.9 UÇAĞA BİNERKEN / BOARDING THE PLANE

Bagaj kaç kilo geliyor?
How much does the luggage weigh?
/haw maç daz dı 'lagic wey/

... kilo fazla eşyanız var.
You have ... kilos excess baggage.
/yu hev ... kilouz ik'ses 'begic/

Bunu el çantası olarak yanıma alabilir miyim?
Can I take this as hand luggage?
/ken ay teyk dis ez hend 'lagic/

Bekleme salonu (B çıkışı ...) nerede?
Where is the waiting room (Exit B ...)?
/weı iz dı 'weyting rum ('eksit bi: ...)/

Uçak zamanında gelecek mi?
Is the plane on time?
/iz dı pleyn on taym/

Uçak ... dakika gecikecek.
The plane will be ... minutes late.
/dı pleyn wil bi ... 'minits leyt/

... dan gelen uçak indi mi?
Has the plane from ... landed?
/hez dı pleyn from ... 'lendid/

6.10 UÇAKTA / ON THE PLANE

Lütfen sigaralarınızı söndürünüz.
Please put out your cigarettes.
/pli:z put aut yo: sigı'rets/

Kemerlerinizi bağlayınız, lütfen.
Fasten your seat belts, please.
/'fa:sın yo: si:t belts, pli:z/

Kemerimi çözebilir miyim?
Can I unfasten my seat belt?
/ken ay 'anfa:sın may si:t belt/

Hangi yükseklikte uçuyoruz?
What altitude are we flying at?
/wot 'eltityu:d a: wi 'flaying et/

Şu nehir hangisidir?
Which river is that?
/wiç 'rivı iz det/

Şu dağlar ne dağları?
Which mountains are those?
/wiç 'mauntinz a: douz/

Şu anda ... dağı (nehri) üzerinde uçuyoruz.
Now we are flying over ... mountain (river).
/nau wi a: 'flaying ouvı ... 'mauntin ('rivı)/

Kendimi iyi hissetmiyorum.
I don't feel well.
/ay dount fi:l wel/

Midem bulanıyor.
I feel sick.
/ay fi:l sik/

Ne zaman iniyoruz?
When do we land?
/wen du wi lend/

... da hava nasıl?
What's the weather like in ...? ☞ 67.
/wots dı 'wedı layk in .../

7. ARABAYLA YOLCULUK
MOTORING

7.1 YOL TARİFLERİ / DIRECTIONS

... nerede?
Where is ...?
/weı iz .../

Fethiye'ye giden yol bu mu?
Is this the road to Fethiye?
/iz dis dı roud tu fethiye/

... ya nasıl gidebilirim?
How do I get to ...? ☞34.
/haw du ay get tu .../

Mersin'e giden otoyola nasıl çıkabilirim?
How can I get to the highway to Mersin?
/haw ken ay get tu **dı** 'ha:ywey tu mersin/

Sağda. (Sağdan.)
On (To) the right.
/on (tu) **dı** rayt/

Solda. (Soldan.)
On (To) the left.
/on (tu) **dı** left/

Sağa (sola) dönün.
Turn right (left).
/tö:n rayt (left)/

Dosdoğru devam edin.
Go straight ahead.
/gou streyt **ı**'hed/

Dümdüz. (Doğru.)
Straight on.
/streyt on/

Şu istikamette.
In that direction.
/in **det** di'rekşın/

Uzak mı?
Is it far?
/iz it fa:/

Uzak değil.
It isn't far.
/it izınt fa:/

... buradan ne kadar uzaklıkta?
How far is ... from here?
/haw fa: iz ... from hiı/

En yakın kasaba ne kadar uzaklıkta?
How far is it to the nearest town?
/haw fa: iz it tu **dı** 'niırist taun/

Önümüzdeki kasabaya kaç kilometre var?
How many kilometres is it to the next town?
/haw meni 'kiloumi:tız iz it tu **dı** nekst taun/

Yol iyi mi?
Is the road good?
/iz **dı** roud gud/

7.2 **PARK ETME** / PARKING

Arabayı nereye park edebilirim?
Where can I park the car?
/weı ken ay pa:k **dı** ka:/

Buraya park edebilir miyim?
Can I park here?
/ken ay pa:k hiı/

Arabayı buraya bırakabilir miyim?
Can I leave the car here?
/ken ay li:v **dı** ka: hiı/

En yakın otopark nerede?
Where's the nearest car park?
/weız **dı** 'niırist ka: pa:k/

Park bekçisi var mı?
Is there a park attendant?
/iz **deı ı** pa:k ı'tendınt/

Burada ne kadar kalabilirim?
How long can I park here for?
/haw long ken ay pa:k hiı fo:/

7.3 **BENZİN İSTASYONU** / PETROL STATION

En yakın benzin istasyonu nerede?
Where's the nearest filling-station?
/weız dı 'niırist 'petrıl steyşın/

Benzin istasyonuna nasıl gidebilirim?
How can I go to the petrol station?
/haw ken ay gou tu dı 'petrıl steyşın/

a) **BENZİN** / PETROL

Benzinin litresi kaça?
How much is petrol per litre?
/haw maç iz 'petrıl pö: li:tı/

... litre süper benzin, lütfen.
... litres of super petrol, please.
/... litız ov 'su:pı 'petrıl pli:z/

Depoyu ful yapın, lütfen. (Depoyu doldurun, lütfen.)
Fill it up, please.
/fil it ap pli:z/

... liralık benzin verir misiniz?
Can you give me ... liras worth of petrol?
/ken yu giv mi ... liırız wö:t ov 'petrıl/

Lütfen bu bidonu benzinle doldurun.
Please fill this can with petrol.
/pli:z fil dis ken wit 'petrıl/

b) YAĞ / OIL

Yağı kontrol edin, lütfen.
Check the oil, please.
/çek di oyl pli:z/

Yeterli yağ var mı?
Is there enough oil?
/iz deı i'naf oyl/

Yağı değiştirir misiniz, lütfen?
Will you change the oil, please?
/wil yu çeync di oyl pli:z/

c) LASTİKLER / TYRES

Bu lastiği değiştirir misiniz, lütfen?
Would you change this tyre, please?
/wud yu çeync dis 'tayı pli:z/

Bu lastiği tamir edebilir misiniz?
Can you repair this tyre?
/ken yu ri'peı dis 'tayı/

Lastiklerden biri patladı.
One of the tyres has burst.
/wan ov dı 'tayız hez bö:st/

Bu lastik patlak.
This tyre is flat.
/dis 'tayı iz flet/

Bu patlağı tamir edebilir misiniz?
Can you mend this puncture?
/ken yu mend **d**is 'pangçı/

İç lastik yamanabilir mi?
Can the inner tube be patched?
/ken **d**i 'inı tyu:b bi peçt/

Yedek lastiğe hava basar mısınız, lütfen?
Would you pump up the spare tyre, please?
/wud yu pamp ap **d**ı speı 'tayı pli:z/

Lastik basıncını kontrol eder misiniz?
Would you check the tyre pressure?
/wud yu çek **d**ı 'tayı 'preşı/

d) **ARABA YIKAMA** / CARWASH

Ön camı temizler misiniz, lütfen?
Would you clean the windscreen, please?
/wud yu kli:n **d**ı 'windskr:in pli:z/

Arabayı yıkatmak istiyorum.
I'd like to have the car washed.
/ayd layk tu hev **d**ı ka: wo:şd/

Arabanın içini de temizler misiniz?
Would you clean the car inside as well?
/wud yu kl:in **d**ı ka: in'sayd ez wel/

7.4 KAZALAR / ACCIDENTS

Bir kaza geçirdim (geçirdik).
I've (We've) had an accident.
/ayv (wiv) hed ın 'eksidınt/

Bir kaza oldu.
There's been an accident.
/deız bi:n ın 'eksidınt/

Telefonunuzu kullanabilir miyim?
May I use your phone?
/mey ay yu:z yo: foun/

Polise haber verir misiniz, lütfen?
Would you get in touch with the police, please?
/wud yu get in taç wit dı pı'li:s pli:z/

Lütfen bir doktor (ambulans ...) çağırın.
Please call for a doctor (an ambulance ...).
/pli:z ko:l fo: ı 'doktı (ın 'embyulıns ...)/

Yol benimdi.
I had the right of way.
/ay hed dı rayt ov wey/

Suç sizindi.
It was your fault.
/it woz yo: fo:lt/

Dönüş sinyali vermediniz.
You didn't give a turn signal.
/yu didınt giv ı tö:n signıl/

Hızlı sürmüyordum.
I wasn't driving fast.
/ay wozınt 'drayving fa:st/

Hasardan siz sorumlusunuz.
You are responsible for the damage.
/yu a: ri'sponsıbıl fo: dı demic/

Arabanız sigortalı mı?
Is your car insured?
/iz yo: ka: in'şuıd/

Arabam sigortalıdır.
My car is insured.
/may ka: iz in'şuıd/

Bana yardım edin, lütfen.
Help me, please.
/help mi pli:z/

Kımıldamayın!
Don't move!
/dount mu:v/

7.5 ARIZALAR / CAR PROBLEMS

Arabam bozuldu.
My car has broken down.
/may ka: hez broukın daun/

... çalışmıyor (bozuldu).
... isn't working (is out of order). ☞ 47.
/... izınt 'wö:king (iz aut ov 'o:dı/

Bir tamirci gönderebilir misiniz?
Can you send a mechanic?
/ken yu send ı mi'kenik/

Arabamı çekebilir misiniz?
Could you take my car in tow?
/kud yu teyk may ka: in tou/

Nerede bir servis (tamirci) var?
Where is there a service garage (repair shop)?
/weı iz **d**eı ı 'sö:vis 'gera:j (ri'peı şop)/

7.6 **TAMİRHANEDE** / AT THE GARAGE

Ne oldu?
What's the matter?
/wots **d**ı metı/

Nesi var?
What's wrong with it?
/wots 'rong wit it/

Araba gitmiyor.
The car won't go.
/**d**ı ka: wont gou/

Marş basmıyor.
It won't start.
/it wont sta:t/

Radyatör su sızdırıyor.
The radiator is leaking.
/**d**ı 'reydieytı iz li:king/

Akü boşalmış.
The battery is flat.
/**d**ı 'betıri iz flet/

Vites kutusundan yağ sızıyor.
Oil is leaking from the gear-box.
/oyl is li:king from **d**ı 'giıboks/

Karbüratör ayar istiyor.
The carburettor needs adjusting.
/dı ka:byu'reytı ni:dz ı'casting/

... bozuk.
There's something wrong with the ...
/deız 'samting 'rong wit dı .../

balata	brake lining	/'breyk layning/
buji	spark plug	/'spa:k plag/
debriyaj	clutch	/klaç/
karter	crankcase	/'krankkeys/
radyatör	radiator	/'reydieytı/
segmanlar	piston rings	/pistın ringz/

Sizde yedek parça bulunur mu?
Do you have spare parts?
/du yu hev speı pa:ts/

Bu arabayı tamir edebilir misiniz?
Can you repair this car?
/ken yu ri'peı dis ka:/

Gereken neyse yapın, lütfen.
Just do the essentials, please.
/cast du: di i'senşılz pli:z/

Tamiri ne kadar sürer?
How long will it take to fix?
/haw long wil it teyk tu fiks/

Ne zaman hazır olur?
When will it be ready? ☞ 75.
/wen wil it bi 'redi/

... gün içinde
in ... days.
/in ... deyz/

Gelecek hafta.
Next week.
/nekst wi:k/

Şimdi tamir edebilir misiniz?
Can you repair it now?
/ken yu ri'peı it nau/

Nerede tamir ettirebilirim?
Where can I get it fixed?
/weı ken ay get it fikst/

Kaça çıkar?
What will it cost?
/wot wil it koust/

8. YİYECEK VE İÇECEK
FOOD AND DRINK

8.1 LOKANTA, YER AYIRTMA / RESTAURANT, RESERVATIONS

Buralarda iyi bir balık (et ...) lokantası var mı?
Is there a good fish (meat ...) restaurant here?
/iz deı ı gud fiş (mi:t ...) 'restront hiı/

Saat ... için iki kişilik bir masa ayırabilir misiniz?
Will you reserve a table for two for ... o'clock?
/wil yu ri'zö:v ı tcybıl fo: tu: fo: ... ı'klok/

Rezervasyon kimin için olacak?
Who's the reservation for?
/hu:z dı rezı'veyşn fo:/

Bay ... adına.
For Mr ...
/fo: 'mistı .../

Saat kaç için?
For what time?
/fo: wot taym/

Özür dilerim, bu akşam doluyuz.
I'm sorry, we're full this evening.
/aym 'sori wiı ful dis 'i:vning/

8.2 **SERVİS** / SERVICE

Rezervasyonunuz var mı?
Have you got a reservation?
/hev yu got ı rezı'veyşın/

Hoş geldiniz.
Welcome.
/welkım/

İyi akşamlar, efendim.
Good evening, sir (madam).
/gud 'ivning sö: ('medım)/

Beni takip ediniz, lütfen.
Follow me, please.
/'folou mi pli:z/

Bu taraftan, lütfen.
This way, please.
/dis wey pli:z/

Nerede oturmak istersiniz?
Where would you like to sit?
/weı wud yu layk tu sit/

Boş masa var mı?
Is there a table free?
/iz deı ı 'teybıl fri:/

Bu masa boş mu?
Is this table free?
/iz dis 'teybıl fri:/

İki (dört ...) kişilik bir masa istiyorum.
I'd like a table for two (four ...).
/ayd layk ı 'teybıl fo: tu: (fo: ...)/

Pencere kenarında bir masa istiyorum.
I want a table near the window.
/ay wont ı 'teybıl niı dı 'windou/

Bu masa iyi mi?
Will this table be all right?
/wil dis 'teybıl bi o:l rayt/

Size yemek listesini getireyim.
I'll bring you the menu. ☞ 50.
/ayl bring yu dı 'menyu:/

8.3 **YEMEK SİPARİŞİ** / ORDERING

Garson Bey!
Waiter!
/'weytı/

Buyrun, (efendim.)
Yes, sir (madam).
/yes sö:(medım)/

Siparişinizi alabilir miyim?
Can I take your order?
/ken ay teyk yo: o:dı/

Ne alırdınız?
What would you like?
/wot wud yu: layk/

Ne arzu edersiniz?
What would you like?
/wot wud yu: layk/

Ne(yiniz) var?
What do you have?
/wot du yu hev/

Yemek listesi, lütfen.
A menu, please.
/ı men'yu: pli:z/

Ne tavsiye edersiniz?
What do you recommend?
/wot du yu rekı'mend/

Bugünün özel yemeği ... dir.
Today's special is ...
/'tıdeyz 'speşıl iz .../

... yı tavsiye edebilirim.
I can recommend ...
/ay ken rekı'mend .../

Sizde ... var mı?
Have you got ...?
/hev yu got .../

... istiyorum.
I want ...
/ay wont .../

... rica edeceğim.
I'd like ...
/ayd layk .../

patates tava	french fries	/frenç frayz/
tavuk söğüş	cold chicken	/kould 'çikın/
karışık ızgara	mixed grill	/mikst gril/
az pişmiş biftek	rare steak	/reı steyk/
kuzu çevirme	roastlamb	/'roustlem/
ızgara köfte	grilled meatballs	/'grild 'mi:tbolz/

Özür dilerim, ... kalmadı.
I'm sorry, there isn't ... left.
/aym 'sori deı izınt ... left/

Salata alır mıydınız?
Would you like a salad?
/wud yu layk ı 'selıd/

Yeşil salata mı yoksa domates salatası mı alırdınız?
Would you like green salad or tomato salad?
/wud yu layk gri:n selıd o: tı'ma:tou selıd/

Ne içmek isterdiniz?
What would you like to drink?
/wot wud yu layk tu drink/

... alacağım.
I'll have ...
/ayl hev .../

bira	beer	/biı/
kırmızı şarap	red wine	/red wayn/
meyve suyu	fruit juice	/fru:t cu:s/

Başka bir şey ister miydiniz?
Would you like anything else?
/wud yu layk 'eniting els/

Hayır, teşekkürler.
No, thanks.
/nou 'tenks/

Bana bir ... getirebilir misiniz?
Could you get me a ...?
/kud yu get mi ı .../

çatal	fork	/fo:k/
kaşık	spoon	/spu:n/
bıçak	knife	/nayf/
peçete	serviette	/sö:vi'et/
bardak	glass	/gla:s/
kadeh	glass	/gla:s/

Biraz daha ... getirir misiniz?
Can you bring some more ...?
/ken yu bring sım mo: .../

Biraz daha ... lütfen.
Some more ... please.
/sım mo: ... pli:z/

ekmek	bread	/bred/
su	water	/'wo:tı/
şarap	wine	/wayn/
buz	ice	/ays/

Bu yemeğin adı ne?
What's this dish called?
/wots dis diş ko:ld/

Biraz daha ... alır mıydınız?
Would you like some more ...?
/wud yu layk sım mo: .../

salata	salad	/'selıd/
meyve	fruit	/fru:t/
şarap	wine	/wayn/
kahve	coffee	/'kofi/
neskafe	instant coffee	/'instınt 'kofi/

Evet, lütfen.
Yes, please.
/yes pli:z/

Azıcık, lütfen.
Just a little, please.
/cast ı litıl pli:z/

Kâfi, sağ olun.
That's enough, thank you.
/dets i'naf 'tenk yu/

Hayır, teşekkür ederim. Yeterince aldım.
No, thank you. I have had enough.
/nou 'tenk yu ay hev hed i'naf/

Biraz daha ... alabilir miyim?
Can I have some more ...?
/ken ay hev sım mo: .../

... yı uzatabilir (verebilir) misiniz, lütfen?
Would you pass the ..., please?
/wud yu pa:s dı ... pli:z/

tuz	salt	/so:lt/
karabiber	black pepper	/'blek pepı/
hardal	mustard	/'mastıd/
acı biber	hot pepper	/hot 'pepı/
kırmızı biber	red pepper	/red 'pepı/

Şerefe! (Kadeh kaldırırken)
Cheers!
/çiız/

... nın sağlığına! (Kadeh kaldırırken)
To the health of ...
/tu dı helt ov .../

Yemeği beğendiniz mi? Mükemmeldi.
Did you enjoy the meal? It was excellent.
/did yu in'coy dı: mi:l/ /it woz 'eksılınt/

Afiyet olsun! (Yemeğe başlarken)
Good appetite!
/gud 'epitayt/

8.5 ŞİKAYETLER / COMPLAINTS

Bu temiz (taze, sıcak ...) değil.
This isn't clean (fresh, hot ...).
/dis izınt kli:n (freş, hot ...)/

Bu (çok) ...
This is (very) ...
/dis iz (veri) .../

soğuk	cold	/kould/
sıcak	hot	/hot/
acılı	hot (spicy)	/hot (spaysi)/
çok pişmiş	overcooked	/'ouvıkukt/
az pişmiş	rare	/reı/
tuzlu	salty	/solti/
ekşi	sour	/sauı/
bayat	stale	/steyl/
tatlı	sweet	/swi:t/

Bu ... yı değiştirir misiniz, lütfen?
Can you change this ... please?
/ken yu çeync dis ... pli:z/

8.6 YANLIŞ SİPARİŞ / WRONG ORDER

Bir dakika, yanlışlık olmuş.
Just a moment, there's been a mistake.
/cast ı 'moumınt deız bi:n ı mis'teyk/

Bize yanlış yemek getirmişsiniz.
You've brought us the wrong order.
/yuv bro:t as dı 'rong o:dı/

Biz bunları ısmarlamamıştık.
This isn't what we ordered.
/dis izınt wot wi o:dıd/

... istememiştim.
I didn't ask for ...
/ay didınt a:sk fo: .../

beyin tava	fried brain	/frayd 'breyn/
et sote	saute meat	/soutey mi:t/
yeşil salata	green salad	/gri:n 'selıd/
karides	shrimp	/şrimp/
limonata	lemonade	/'lemıneyd/
kahve	coffee	/'kofi/

... istemiştim.
I ordered ...
/ay o:dıd .../

midye tava	fried mussels	/frayd masılz/
piliç kızartma	roast chicken	/'roust 'çikin/
amerikan salatası	Russian salad	/'raşın 'selıd/
midye dolma	stuffed mussels	/staft 'masılz/
dondurma	ice cream	/ays kri:m/
meyve suyu	fruit juice	/fru:t cu:s/

8.7 **HESAP ÖDEME** / PAYING

Hesap, lütfen.
The bill, please.
/dı bil pli:z/

Hesaplar ayrı olsun, lütfen.
Separate bills, please.
/'sepırıt bilz pli:z/

(Hesap) birlikte olsun, lütfen.
All together, please.
/o:l tı'gedı pli:z/

Hesabı verir misiniz, lütfen?
Can I have the bill, please?
/ken ay hev dı bil pli:z/

Sanırım hesap yanlış.
I think the bill is wrong.
/ay tink dı bil iz 'rong/

Hesap çok fazla.
The bill is too much.
/dı bil iz tu: maç/

Tuvaletler nerede?
Where are the toilets?
/weı a: dı toy'lits/

Ellerimi nerede yıkayabilirim?
Where can I wash my hands?
/weı ken ay woş may hendz/

Üstü kalsın. (Bahşiş olarak)
Keep the change.
/ki:p dı çeync/

8.8 **AYRILMA** / LEAVING

Güle güle, efendim.
Goodbye, sir (madam).
/gudbay sö: ('medım)/

Yine bekleriz.
We hope to see you again.
/wi houp tu si: yu ı'gen/

8.9 **PASTANE'DE, BÜFE'DE /** AT THE PASTRY SHOP, BUFFET

Siparişinizi alabilir miyim?
May I take your order?
/mey ay teyk yo: o:dı/

Bir çay, bir Türk kahvesi, lütfen.
One tea, one Turkish coffee, please.
/wan ti: wan 'tö:kiş kofi pli:z/

Kahveniz nasıl olsun? (Kahvenizi nasıl isterdiniz?)
How would you like your coffee?
/haw wud yu layk yo: kofi/

Az şekerli.
With a little sugar.
/wit ı 'litıl 'şu:gı/

Çok şekerli.
With lots of sugar.
/wit lots ov 'şu:gı/

Bir ... lı sandviç, lütfen.
One ... sandwich, please.
/wan ... 'senwic pli:z/

kaşarlı	cheese sandwich	/çi:z 'senwiç/
salamlı	salami sandwich	/'sıla:mi 'senwiç/
yumurtalı	egg sandwich	/eg 'senwiç/
tavuklu	chicken sandwich	/çikın 'senwiç/
sucuklu	turkish sausage	/'tö:kiş sosic/

Başka bir şey?
Anything else?
/eni'ting els/

Hayır, sağ olun.
No, thank you.
/nou 'tenk yu/

9. GENEL HİZMETLER
GENERAL SERVICES

9.1 BANKADA / AT THE BANK

Buralarda bir yerde banka var mı?
Is there a bank near here?
/iz deı ı benk niı hiı/

En yakın banka nerede?
Where is the nearest bank?
/weı iz dı 'niırist benk/

Bankalar ne zaman açılıyor (kapanıyor)?
When do the banks open (close)?
/wen du dı benks 'oupın (klouz)/

Bu çeki nerede bozdurabilirim?
Where can I cash this cheque?
/weı ken ay keş dis çek/

Seyahat çeki bozdurmak istiyorum.
I want to change some traveller's cheques.
/ay wont tu çeync sım 'trevlız çeks/

Para değiştirmek istiyorum.
I want to change money. ☞45.
/ay wont tu çeync mani/

Bugünkü kur ne?
What's the rate of exchange?
/wots dı reyt ov iks'çeync/

Bana biraz bozuk para verebilir misiniz?
Can you give me some small change?
/ken yu giv mi sım smo:l çeync/

Vezne nerede?
Where's the cashier's office?
/weız dı keşiız 'ofis/

... dan para bekliyorum.
I'm expecting some money from ...
/aym ik'spekting sım 'mani from .../

Pasaportunuz, lütfen!
Your passport, please!
/yo: 'pa:spo:t pli:z/

Pasaportunuzu görebilir miyim, lütfen?
Could I see your passport, please?
/kud ay si: yo: 'pa:spo:t pli:z/

Kimliğiniz var mı?
Have you any identification?
/hev yu eni ay'dentifikeyşın/

Lütfen buraya imzalayın.
Please sign here.
/pli:z sayn hiı/

Lütfen vezneye gidin.
Go to the cashier, please.
/gou tu dı ke'şiı pli:z/

9.2 **POSTANEDE** / AT THE POST OFFICE

a. **POSTA** / POST

En yakın postane nerede?
Where's the nearest post-office?
/weız dı 'niırist poust 'ofis/

... ya mektup ne kadar?
How much is a letter to ...?
/haw maç iz ı 'letı tu .../

İngiltere	England	/'inglınd/
Almanya	Germany	/'cö:mıni/
İsviçre	Switzerland	/'switzılınd/
Belçika	Belgium	/'belcım/
Finlandiya	Finland	/'finlınd/

... istiyorum.
I want ... ☞ 43.
/ay wont .../

Dört tane ... liralık pul istiyorum.
I want four ... lira stamps.
/ay wont fo: ... liırı stemps/

Bu ... yı göndermek istiyorum.
I want to send this ...
/ay wont tu send dis .../

mektup	letter	/'letı/
paket	package	/'pekic/
koli	parcel	/'pa:sıl/

Bunu ... ya göndermek istiyorum.
I want to send this to ...
/ay wont tu send **d**is tu .../

Bunu taahhütlü göndermek istiyorum.
I want to send this registered.
/ay wont tu send **d**is 'recistıd/

Bunu ... göndermek istiyorum.
I want to send this by ...
/ay wont tu send **d**is bay ../

uçakla	airmail	/eımeyl/
ekspres	express	/'ikspres/
taahhütlü	registered mail	/'recistıd meyl/

Ne zaman varır?
When will it arrive?
/wen wil it ı'rayv/

Bir posta havalesi, lütfen.
A postal (money) order, please.
/ı 'poustıl ('mani) 'o:dı pli:z/

Bana mektup var mı?
Is there any mail for me?
/iz **d**eı eni meyl fı mi/

(Benim) adım ...
My name is ...
/may neym iz .../

İşte pasaportum.
Here's my passport.
/hiız may 'pa:spo:t/

b) **TELEFON ETME** / TELEPHONING

Nereden telefon edebilirim?
Where can I make a phone call?
/weı ken ay meyk ı 'foun ko:l/

Üç (tane) jeton rica ediyorum.
I'd like three telephone tokens.
/ayd layk tri: 'telifoun 'toukınz/

Bana bir telefon rehberi verebilir misiniz?
Could you give me a telephone directory?
/kud yu giv mi ı 'telifoun di'rektıri/

... ya telefon ücreti ne kadar tutar?
What does a call to ... cost?
/wot daz ı ko:l tu ... kost/

Hangi kabini kullanacağım?
Which box should I use?
/wiç boks şud ay yu:z/

Ödemeli konuşmak istiyorum.
I want to reverse the charge.
/ay wont tu 'rivö:s dı ça:c/

Telefon numaranız kaç?
What's your phone number?
/wots yo: foun 'nambı/

Ayrılmayın, lütfen.
Hold the line, please.
/hould dı layn pli:z/

Bir dakika, lütfen.
Just a minute, please.
/cast ı minit pli:z/

Hat meşgul.
The line is busy.
/dı layn iz bizi/

Numaranız cevap vermiyor.
Your number isn't answering.
/yo: nambı izınt 'a:nsıring/

Bir dakika bekleyebilir misiniz, lütfen?
Could you hang on a moment, please?
/kud yu heng on ı mou'mınt pli:z/

Bağlıyorum.
I'm putting you through.
/aym puting yu tru:/

Alo, ben ...
Hello, this is ... speaking.
/hı'lou dis iz ... spi:king/

... ile görüşmek istiyorum.
I'd like to speak to ...
/ayd layk tu spi:k tu .../

Dahili ... numarayı istiyorum.
I want extension ... please.
/ay wont 'ikstenşın ... pli:z/

Size telefon var.
There's a call for you.
/deız ı ko:l fo yu/

Kiminle görüşüyorum? (Kim arıyor?)
Who's calling?
/hu:z ko:ling/

Kiminle görüşmek istiyorsunuz?
Who do you want to speak to?
/hu du yu wont tu spi:k tu/

Maaselef, kendisi şu anda burada yok.
Sorry, he (she) isn't here at the moment.
/'sori hi (şi) izınt hiı et dı 'moumınt/

Numara şu anda meşgul.
The number is engaged at the moment.
/dı 'nambı iz 'ingeycd et dı 'moumınt/

Bir notunuz var mı?
Do you have a message?
/du yu hev ı 'mesic/

Bir not bırakmak ister misiniz?
Do you want to leave a message?
/du yu wont tu li:v ı 'mesic/

Kendisine söylememi istediğiniz bir şey var mı?
Is there anything you want me to tell him (her)?
/iz deı 'eniting yu wont mi tu tel him (hö:)/

Ben daha sonra yine telefon ederim.
I'll phone back later.
/ayl foun bek leytı/

... dakika sonra arayabilir misiniz?
Can you call after ... minutes?
/ken yu ko:l a:ftı ... 'minits/

Lütfen ona ... aradı der misiniz?
Could you tell him ... called, please?
/kud yu tel him ... kold pli:z/

9.3 **KARAKOLDA** / AT THE POLICE STATION

Polis karakolu nerede?
Where is the police station?
/weı iz dı pı'li:s 'steyşın/

Benim adım ...
My name's ...
/may neymz .../

Ben Amerikalı (İngiliz ...) im.
I'm American (English ...).
/aym 'ımerikın ('ingliş ...)/

Ben turistim.
I am a tourist.
/ay em ı 'tuırist/

Ben ... da kalıyorum.
I'm staying at ...
/aym 'steying et .../

İşte pasaportum.
Here's my passport.
/hiız may 'pa:spo:t/

Benim ... im çalındı.
My ... was stolen.
/may ... woz stoulın/

saat	watch	/woç/
çanta	bag	/beg/
para	money	/'mani/
cüzdan	wallet	/'wolit/
pasaport	passport	/pa:spo:t/
hüviyet	identity card	/ay'dentiti ka:d/

Ben masumum.
I'm innocent.
/aym 'inısınt/

(Onu) Ben yapmadım.
I didn't do that.
/ay 'didınt du: det/

Onunla (olayla) ilgim yok.
I have nothing to do with it (the affair).
/ay hev 'nating tu du: wit it (di ı'feı)/

Tercüman istiyorum.
I want an interpreter.
/ay wont ın intö:'pritı/

... Elçiliğini aramak istiyorum.
I want to call the ... Embassy.
/ay wont tu ko:l dı ... embısi/

9.4 **KUAFÖRDE** / AT THE HAIRDRESSER'S

Cumartesi günü için bir randevu alabilir miyim?
Can I make an appoinment for Saturday?
/ken ay meyk ın ı'pointmınt fı 'setıdi/

Ne kadar bekleyeceğim?
How long must I wait?
/haw long mast ay weyt/

Acelem var. Çok bekleyecek miyim?
I'm in a hurry. Must I wait long?
/aym in ı hari mast ay weyt long/

Akşam için saçımı yaptırmak istiyorum.
I'd like a hairdo for the evening.
/ayd layk ı 'heıdu fı di 'i:vning/

Saçımı boyatmak istiyorum, lütfen.
I want my hair dyed, please.
/ay wont may heı dayd pli:z/

Saçımı ... boyatmak istiyorum.
I want my hair dyed ...
/ay wont may heı dayd .../

siyaha	black	/blek/
sarıya	blonde	/blond/
aynı renge	the same colour	/dı seym 'kalı/
bu renge	this colour	/dis 'kalı/

... istiyorum. (rica ediyorum.)
I'd like .../
/ayd layk .../

Perma yaptırma	perm	/pö:m/
Hafif boya	tint	/'tint/
Meç	highlights	/'ha:ylayts/
Jöle	gel	/cel/

Yıkama ve mizampli, lütfen.
A shampoo and set, please.
/ı şem'pu: ınd set pli:z/

Saçımı kestirmek istiyorum.
I'd like to have may hair cut.
/ayd layk tu hev may heı kat/

Nasıl bir model istiyorsunuz?
What style do you want?
/wot stayl du yu wont/

Kısa bir saç modeli istiyorum.
I'd like a short hair style.
/ayd layk ı şo:t stayl/

Biraz daha kısa kesebilir misiniz, lütfen?
Could you cut it a bit shorter, please?
/kud yu kat it ı bit 'şo:tı pli:z/

Lütfen biraz uçlarından alın.
Just trim the ends, please.
/cast trim di endz pli:z/

Yanlardan biraz alır mısınız?
Could you thin out the sides a little?
/kud yu tin aut dı saydz ı 'litıl/

(Saçımı) yukarda toplar mısınız, lütfen?
Would you pin it up, please?
/wud yu pin it ap pli:z/

Üstten geriye tarar mısınız?
Would you back-comb it on top?
/wud yu 'bekkoum it on top/

Sprey istemiyorum.
No hair spray.
/nou heı sprey/

Manikür (pedikür) yapar mısınız, lütfen.
Can you give me a manicure (pedicure), please?
/ken yu giv mi ı 'menikyuı ('pedikyuı) pli:z/

Yalnızca cila sürün.
Just polish them.
/cast 'poliş dem/

Kaşlarımı düzeltir misiniz (alır mısınız), lütfen?
Could you tidy up (shave) my eyebrows, please?
/kud yu 'taydi ap (şeyv) may 'aybrauz pli:z/

9.5 **BERBERDE (ERKEK)** / AT THE BARBER'S

Saç tıraşı olmak istiyorum.
I want to have a haircut.
/ay wont tu hev ı heıkat/

Çok kısa kesmeyin, lütfen.
Not too short, please.
/not tu: şo:t pli:z/

(Çok) Kısa olsun, lütfen.
(Very) Short, please.
/(veri) şo:t pli:z/

... kısaltın.
Make it short ...
/meyk it şo:t .../

önden	in front	/in frant/
arkadan	at the back	/et dı bek/
yandan	at the sides	/et dı saydz/
üstten	on top	/on top/

Bu kadar yeter.
That's enough.
/dets 'inaf/

Sakal tıraşı olmak istiyorum.
I'd like a shave.
/ayd layk ı şeyv/

... düzeltir misiniz? ▼
Can you trim .../
/ken yu trim .../

sakalımı	my beard	/may biıd/
bıyığımı	my moustache	/may mı'sta:ş/
favorilerimi	my sideboards	/may 'saydbo:dz/

9.6 KURU TEMİZLEMECİDE / AT THE DRY CLEANER'S

En yakın kuru temizlemeci nerede?
Where is the nearest dry cleaner's?
/weı iz dı 'niırist dray kli:nız/

Bunu ... istiyorum. ▼
I want this .../
/ay wont dis .../

temizletmek	dry cleaned	/dray kli:nd/
ütületmek	ironed	/'a:yınd/
yıkatmak	washed	/woşd/
boyatmak	dyed	/dayd/

Ne zaman hazır olur?
When will it be ready?
/wen wil it bi 'redi/

Bu benimki değil.
This isn't mine.
/dis izınt mayn/

Bir parça eksik.
There's one piece missing.
/deız wan pi:s mising/

Borcum ne kadar?
How much do I owe you?
/haw maç du ay ou yu/

10. ALIŞVERİŞ - SHOPPING

10.1 GENEL / GENERAL

Nerede bir ... bulabilirim?
Where can I buy a ...?
/weı ken ay bay ı .../

... nerede satılır?
Where do they sell ...? ☞ 19-25
/weı du dey sel .../

Buralarda bir eczane (kitapçı ...) var mı?
Is there a chemist's (bookstore ...) near here?
/iz deı ı 'kemists (buksto: ...) niı hiı/

Alışveriş merkezi neresi?
Where's the main shopping area?
/weı iz dı meyn 'şoping eırii/

Yardımcı olur musunuz?
Can you help me?
/ken yu help mi/

Ne arzu edersiniz?
What would you like?
/wot wud yu layk/

... var mı?
Have you got ...?
/hev yu got .../

... istiyorum.
I'd like ....
/ayd layk .../

Buraya kim bakıyor?
Who's serving here?
/hu:z sö:ving hiı/

Yardımcı olabilir miyim?
Can I help you?
/ken ay help yu/

Kâfi.
That's enough.
/dets i'naf/

Biraz daha, lütfen.
A little more, please.
/ı 'litıl mo: pli:z/

Bana ... gösterebilir misiniz, lütfen?
Can you show me ... please? ☞ 19-20.
/ken yu şou mi ... pli:z/

Kaç tane olsun? (Kaç tane istiyorsunuz?)
How many do you want?
/haw meni du yu wont/

Ne kadar olsun? (Ne kadar istiyorsunuz?)
How much do you want?
/haw maç du yu wont/

Şunlardan bir tane istiyorum.
I want one of these.
/ay wont wan ov di:z/

Bunlardan başka var mı?
Do you have more of these?
/du yu hev mo: ov di:z/

Rengi (biçimi) hoşuma gitmedi.
I don't like the colour (shape).
/ay dount layk dı 'kalı (şeyp)/

Bu çok ...
This is too ...
/dis iz tu: .../

büyük	big	/big/
küçük	small	/smo:l/
pahalı	expensive	/iks'pensiv/

... bir şeyiniz var mı?
Have you got anything ...?
/hev yu got 'eniting .../

daha büyük	bigger	/bigı/
daha küçük	smaller	/smo:lı/
daha ucuz	cheaper	/'çi:pı/
daha iyi	better	/'betı/
daha dar	tighter	/taytı/

Başka renkleri var mı?
Have you got it in other colours?
/hev yu got it in a:dı 'kalız/

Maalesef yok.
I'm sorry we haven't any.
/aym 'sori wi hevınt eni/

Bu kaça? (Bu ne kadar?) Fiyatı ne?
How much is it? What's the price?
/haw maç iz it/ /wots dı prays/

Bu son fiyat mı?
Is this the last price?
/iz **dis dı** last prays/

Size ... vereyim.
I'll give you ...
/ayl give yu .../

Biraz indirim yapamaz mısınız?
Can't you make a little reduction?
/kant yu meyk ı litıl ri'dakşın/

Bu son fiyatımız.
This is our last price.
/**dis** iz auı la:st prays/

Tamam, alıyorum.
Okay, I'll take it.
/ou'key ayl teyk it/

Hepsi bu kadar mı?
Is that all?
/iz **det** o:l/

Hepsi bu kadar, teşekkür ederim.
That's all, thank you.
/**dets** o:l **'tenk** yu/

Kasa nerede?
Where's the cashier?
/weız **dı** ke'şiı/

Kasa şu tarafta.
The cashier's over there.
/**dı** ke'şiız ouvı **deı**/

Kredi kartı (Seyahat çeki) kabul ediyor musunuz?
Do you accept credit cards (traveller's cheques)?
/du yu 'ıksept 'kredit ka:dz ('trevılız çeks)/

10.2 **GİYİM MAĞAZASINDA /** AT THE CLOTHING STORE

Ne arzu edersiniz?
What would you like?
/wot wud yu layk/

Yardımcı olabilir miyim?
Can I help you?
/ken ay help yu/

Bir ... istiyorum.
I want a ...
/ay wont ı .../

gömlek	shirt	/şö:t/
ceket	jacket	/'cekit/
bluz	blouse	/blauz/
kemer	belt	/belt/

Kahverengi bir elbise istiyorum.
I want a brown dress.
/ay wont ı braun dres/

Beyaz (mavi ...) bir gömlek istiyorum.
I want a white (blue ...) shirt. ☞68.
/ay wont ı wayt (blu: ...) şö:t/

10 yaşında bir erkek çocuk için bir ... istiyorum.
I want a ... for a 10 year-old boy.
/ay wont ı ... fo: ı ten yiı ould boy/

Bunun gibi bir şey istiyorum.
I want something like this.
/ay wont 'samting layk dis/

Vitrindeki ceketi rica ediyorum.
I'd like the jacket in the window.
/ayd layk dı 'cekit in dı 'windou/

Bana birkaç kravat (kemer ...) gösterebilir misiniz?
Can you show me some ties (belts ...)?
/ken yu şou mi sım tayz (belts ...)/

Vitrindekini beğendim.
I like the one in the window.
/ay layk dı wan in dı 'windou/

a) **BEDEN, BOY** / SIZE

Kaç beden giyiyorsunuz?
What size do you wear?
/wot sayz du yu weı/

Kırk beden giyiyorum.
I wear size forty.
/ay weı sayz fo:ti/

b) **RENK** / COLOUR

Ne renk düşünüyorsunuz?
What colour do you have in mind?
/wot 'kalı du yu hev in maynd/

Ne renk arzu etmiştiniz?
What colour would you like?
/wot kalı wud yu layk/

... (renkte) olsun.
I want something in ...? ☞68.
/ay wont 'samting in .../

Rengi hoşuma gitmedi.
I don't like the colour.
/ay dount layk dı 'kalı/

Bu rengi nasıl buluyorsunuz?
What do you think of this colour?
/wot du yu tink ov dis 'kalı/

Başka renkleri var mı?
Have you got it in other colours?
/hev yu got it in adı 'kalız/

Maalesef kalmadı.
I'm sorry we haven't any left.
/aym 'sori wi hevınt eni left/

Daha koyu (açık) bir renk ister miydiniz?
Would you like a darker (lighter) colour?
/wud yu layk ı da:kı (laytı) kalı/

c) **MALZEME** / MATERIAL

... bir şey var mı?
Have you got anything in ...?
/hev yu got 'eniting in .../

pamuklu	cotton	/'kotın/
deri	leather	/'ledı/
keten	linen	/'linın/
kadife	velvet	/'velvit/
ipek	silk	/silk/
yünlü	wool	/wul/

Bu neden (hangi malzemeden) yapılmış?
What's it made of?
/wots it meyd ov/

Hakiki deriden yapılmıştır.
It's made of genuine leather.
/its meyd ov 'cenyuin ledı/

Daha iyi kalitesi var mı?
Do you have any better quality?
/du you hev eni betı 'kwoliti/

d) DESEN, BİÇİM / DESIGN, STYLE

... bir gömlek (elbise ...)istiyorum.
I want a ... shirt (dress).
/ay wont ı ... şö:t (dres)/

çizgili	striped	/'straypt/
düz	plain	/'pleyn/
puanlı	dotted	/'dotid/
ekose	checked	/çekt/
desenli	patterned	/'petınd/

e) **UYGUNLUK** / FITTING

Bir prova etmek ister miydiniz?
Would you like to try it on?
/wud yu layk tu tray it on/

Üstümde deneyebilir miyim?
Can I try it on?
/ken ay tray it on/

Bu çok (fazla) ...
This is too ...
/dis iz tu: .../

dar	tight	/tayt/
bol	wide	/wayd/
uzun	long	/long/

Bir ayna var mı?
Is there a mirror?
/iz deı ı 'mirı/

Bu elbise bana uymuyor.
This dress doesn't fit me.
/dis dres dazınt fit mi/

Kollar çok uzun (kısa).
The sleeves are too long (short).
/dı sli:vz a: tu: long (şo:t)/

Başka bedenlerimiz de var.
We've got different sizes, too.
/wi:v got 'difrınt sayzis tu:/

Bu üzerinizde çok iyi duruyor.
This looks very well on you.
/dis luks veri wel on yu/

Bunu beğendim. Alıyorum.
I like this. I'll buy it.
/ay layk dis ayl bay it/

Lütfen paket yapın.
Please wrap it up.
/pli:z rep it ap/

Borcum ne kadar?
How much do I owe?
/haw maç du ay ou/

Hepsi ne kadar tutuyor?
How much is it altogether?
/haw maç iz it o:l'tıgedı/

Ödemeyi nereye yapacağım?
Where do I pay?
/weı du ay pey/

Fatura rica ediyorum, lütfen.
I'd like an invoice, please.
/ayd layk ın 'invoys pli:z/

f) **ŞİKAYETLER** / COMPLAINTS

Lütfen bu ... değiştirin.
Please change this ...?
/pli:z çeync dis .../

Rengi attı (değişti).
The colour has run.
/dı 'kalı hez ran/

Fermuar bozuldu.
The zip has broken.
/dı zip hez broukın/

Pantalon çekti (daraldı).
The trousers have shrunk.
/dı 'trauzız hev şrank/

Makbuzunuz var mı?
Do you have the receipt?
/du yu hev dı ri'si:t/

Buyrun.
Here you are.
/hiı yu a:/

Hemen değiştirelim.
We'll replace it immediately.
/wil ri'pleys it i'mi:dyıtli/

Özür dilerim, yapabileceğim bir şey yok.
I'm sorry, there's nothing I can do.
/aym 'sori deız 'nating ay ken du/

10.3 AYAKKABI MAĞAZASINDA / AT THE SHOE STORE

Bir çift ... istiyorum.
I'd like a pair of ...
/ayd layk ı peı ov .../

ayakkabı	shoes	/şu:z/
çizme	boots	/bu:ts/
terlik	slippers	/'slipız/
sandalet	sandals	/'sendılz/
lastik ayakkabı	gym shoes	/cim şu:z/

Kaç numara ayakkabı giyiyorsunuz?
What size shoes do you wear?
/wot sayz şu:z du you weı/

Kırk numara.
Size forty.
/sayz fo:ti/

Ne renk istiyorsunuz?
What colour do you want? ☞68.
/wot 'kalı du yu wont/

Bunlar çok dar (bol).
These are too narrow (wide).
/di:z a: tu: 'nerou (wayd)/

Burası sıkıyor.
They pinch me here.
/dey pinç mi hiı/

Daha büyük boyu var mı?
Have you got a larger size?
/hev yu got ı la:cı sayz/

Bu modelin siyahı var mı?
Do you have this model in black?
/du yu hev dis modıl in blek/

Bu ayakkabıları tamir edebilir misiniz?
Can you repair these shoes?
/ken yu ri'peı di:z şu:z/

Çocuk ayakkabısı satıyor musunuz?
Do you sell children's shoes?
/du yu sel 'çildrınz şu:z/

10.4 **ECZANEDE** / AT THE CHEMIST'S

En yakın eczane nerede?
Where's the nearest chemist's?
/weız dı 'niırist 'kemists/

Bu gece hangi eczane nöbetçi (açık)?
Which chemist's is open tonight?
/wiç 'kemists iz oupın 'tınayt/

... rica ediyorum. ⬇
I'd like ...
/ayd layk .../

aspirin	aspirin	/'espirin/
kulak damlası	ear drops	/'iı drops/
pamuk	cotton	/'kotın/
göz damlası	eye drops	/ay drops/

Bu ilacı (bu hapları) rica ediyorum, lütfen.
I'd like this medicine (these pills), please.
/ayd layk dis 'medsin (di:z pilz) pli:z/

Bana ... için bir şey verebilir misiniz? ⬇
Can you give me something for a ...?
/ken yu giv mi 'samting fo: ı .../

soğuk algınlığı	cold	/'kould/
öksürük	cough	/ kof/
diş ağrısı	toothache	/'tu:teyk/
ishal	diarrhoe	/dayı'riı/

Bana bu ilacı hazırlayabilir misiniz?
Can you get this medicine for me?
/ken yu get dis 'medsin fo mi/

Bu ilacı reçetesiz alabilir miyim?
Can I get this medicine without a prescription?
/ken ay get dis 'medsin wi'daut ı pri'skripşın/

Bu reçeteyi hazırlar mısınız?
Will you make up this prescription?
/wil yu meyk ap dis pri'skripşın/

Ne zaman hazır olur?
When will it be ready?
/wen wil it bi 'redi/

10.5 **SAATÇİDE /** AT THE WATCH REPAIRER'S

Bir kol saati satın almak istiyorum.
I want to buy a watch.
/ay wont tu bay ı woç/

Şu saate bakabilir miyim, lütfen?
Could I see that watch, please?
/kud ay si: det woç pli:z/

Bu saati tamir edebilir misiniz?
Can you repair this watch?
/ken yu ri'peı dis woç/

Saatimi tamir ettirmek istiyorum.
I want to have my watch repaired.
/ay wont tu hev may woç ri'peıd/

Saatim çalışmıyor.
My watch isn't working.
/may woç izınt wö:king/

Saatim aniden durdu.
My watch stopped suddenly.
/may woç stopt 'sadınli/

Bu saat ileri gidiyor.
This watch is fast.
/dis woç iz fa:st/

Bu saat geri kalıyor.
This watch is slow.
/dis woç iz slou/

Tamir masrafı ne kadar olacak?
How much will the repair cost?
/haw maç wil dı ri'peı kost/

Ne zaman hazır olur?
When will it be ready?
/wen wil it bi redi/

10.6 KUYUMCUDA / AT THE JEWELLER'S

Bir ... almak istiyorum.
I'd like a ...
/ayd layk ı .../

bilezik	bracelet	/'breyslit/
zincir	chain	/çeyn/
küpe	earrings	/'iıringz/
kolye	necklace	/'neklis/
yüzük	ring	/ring/

Kaç ayar?
How many carats?
/haw meni 'kerıts/

Kaç gram?
How many grams?
/haw meni gremz/

... için ufak bir hediye istiyorum.
I want a small present for ...
/ay wont ı smo:l 'prezınt fo: .../

Çok pahalı bir şey istemiyorum.
I don't want anything too expensive.
/ay dount wont 'eniting tu: 'ikspensiv/

Ucuz (basit) bir şey istiyorum.
I want something cheap (simple).
/ay wont 'samting çi:p ('simpıl)/

18 ayar altın bir yüzük istiyorum.
I'd like an 18 carat gold ring. ☞26.
/ayd layk ın ey'ti:n 'kerıt gould ring/

... bir yüzük (kolye) istiyorum.
I'd like a ... ring (necklace).
/ayd layk ı ... ring ('neklis)/

elmas	diamond	/'dayımınd/
altın	gold	/gould/
yakut	ruby	/'ru:bi/
gümüş	silver	/'silvı/
zümrüt	emerald	/'emırıld/

Bu hakiki gümüş mü?
Is this real silver?
/iz dis riıl 'silvı/

10.7 **FOTOĞRAFÇIDA /** AT THE PHOTOGRAPHER'S

Vesikalık resim çektirmek istiyorum.
I want to have a passport picture taken.
/ay wont tu hev ı 'pa:spo:t 'pikçı teykın/

Birkaç değişik poz çekiniz, lütfen.
Take some different poses, please.
/teyk sam 'difrınt pouziz pli:z/

Resimleri ne zaman alabilirim?
When can I get the pictures?
/wen ken ay get dı 'pikçız/

Bu filmi banyo edebilir misiniz, lütfen?
Could you develop this film, please?
/kud yu di'velıp dis film pli:z/

Her pozdan ... tane istiyorum.
I want ... prints of each negative.
/ay wont ... prints ov i:ç 'negıtiv/

Bu resmi büyüttürmek istiyorum.
I want to have this picture enlarged.
/ay wont tu hev dis 'pikçı in'la:cd/

35 mm'lik bir film istiyorum.
I'd like a 35 mm film.
/ayd layk ı 'tö:ti'fayv 'milimi:tı film/

... tane fotoğraf ne kadar?
How much are ... photos?
/haw maç a: ... 'foutouz/

16 mm'lik film var mı?
Have you got 16 mm film?
/hev yu got siks'ti:n 'milimi:tı film/

renkli film	colour film	/'kalı film/
flaş lambası	flash bulb	/fleş balb/
filtre	filtre	/filtı/

Renkli film istiyorum.
I want a colour film.
/ay wont ı kalı film/

Bu fotoğraf makinasını tamir edebilir misiniz?
Can you repair this camera?
/ken yu ri'peı dis kemırı/

Film sıkışmış.
The film is jammed.
/dı film iz cemd/

... da bir bozukluk var.
There's something wrong with the ...
/deız 'samting 'rong wit dı .../

objektif kapağı	shutter	/'şatı/
mercekler	lens	/lenz/
telemetre	range finder	/reync fayndı/
fotometre	light meter	/layt mi:tı/

Borcum ne kadar?
How much do I owe?
/haw maç du ay ou/

10.8 **KİTAPÇIDA** / AT THE BOOK SHOP

İngilizce kitaplar hangi tarafta?
Where do you keep the English books?
/weı du yu ki:p di 'ingliş buks/

İngilizce (Türkçe ...) kitap var mı?
Have you got any books in English (Turkish ...)?
/hev yu got eni buks in 'ingliş ('tö:kiş ...)/

Nerede İngilizce gazete alabilirim?
Where can I buy an English newspaper?
/weı ken ay bay ın 'ingliş 'nyu:zpeypı/

İngilizce (Almanca ...) gazete satıyor musunuz?
Do you sell English (German ...) newspapers?
/du yu sel 'ingliş ('cö:mın ...) nyu:zpeypız/

İstanbul'u (Ankara'yı ...) tanıtan bir kitap var mı?
Is there a guide book of Istanbul (Ankara ...)?
/iz deı ı gayd buk ov istanbul (ankara ...)/

Bir Türkiye haritası istiyorum.
I'd like a map of Turkey.
/ayd layk ı mep ov tö:ki/

... istiyorum.
I'd like ...
/ayd layk .../

şehir planı	city map	/siti mep/
rehber kitabı	guide book	/gayd buk/
mektup kağıdı	note paper	/nout peypı/

10.9 **KASAPTA** / AT THE BUTCHER'S

... kilo biftek, lütfen.
... kilo(s) of steak, please.
/... 'ki:lou(z) ov steyk pli:z/

Bir kilo ... istiyorum. ⬇
I want a kilo of .../
/ay wont ı 'kilou ov .../

sığır eti	beef	/bi:f/
kuzu eti	lamb	/lem/
koyun eti	mutton	/'matın/
dana eti	veal	/vi:l/
böbrek	kidney	/kidni/
karaciğer	liver	/livı/
kıyma	minced meat	/minsd mi:t/

Keser misiniz, lütfen?
Can you cut it, please?
/ken yu kat it pli:z/

Beş (altı ...) parça olsun, lütfen.
Five (six ...) pieces, please.
/fayv (siks ...) pi:siz pli:z/

Bir kilo parça ..., lütfen. ⬇
A kilo of chopped ..., please.
/ı 'kilou ov 'çopt ... pli:z/

sığır	beef	/bi:f/
koyun	mutton	/'matın/
dana	veal	/vi:l/

Bir tane büyük (küçük) tavuk, lütfen.
A big (small) chicken, please.
/ big (smo:l) çikin pli:z/

Bunu, lütfen.
This one, please.
/dis wan pli:z/

Şunu lütfen.
That one, please.
/det wan pli:z/

Onu ... istiyorum.
I want to ... it.
/ay wont tu ... it/

kaynatmak	boil	/boyl/
hafif ateşte kaynatmak	stew	/styu:/
yağda kızartmak	fry	/fray/
fırınlamak	roast	/roust/
ızgarada pişirmek	grill	/gril/

10.10 MANAVDA / AT THE GREENGROCER'S

Bir kilo (iki kilo) ... istiyorum.
I want a kilo (two kilos) of ....
/ay wont ı 'kilou (tu: 'kilouz) ov .../

armut	pears	/peız/
elma	apples	/epılz/
muz	bananas	/bına:nız/
domates	tomatoes	/tı'ma:touz/
patates	potatoes	/pı'teytouz/
üzüm	grapes	/greyps/

Hepsi bu kadar, teşekkür ederim.
That's all, thank you.
/dets o:l tenk yu/

Şu ne kadar?
How much is that?
/haw maç iz det/

10.11 **BAKKALDA, MARKETTE /** AT THE SUPERMARKET

Sizde ... var mı?
Have you got ...?
/hev yu got .../

... istiyorum.
I want ...
/ay wont .../

ekmek	bread	/'bred/
yumurta	egg	/eg/
peynir	cheese	/çi:z/
un	flour	/'flauı/
deterjan	detergent	/di'tö:cınt/
pirinç	rice	/rays/
salça	tomato paste	/tı'ma:tou peyst/
makarna	macaroni	/ mekı'rouni/
tereyağı	butter	/'batı/
margarine	margarine	/ma:cı'ri:n/
süt	milk	/milk/

11. SAĞLIK HİZMETLERİ
HEALTH SERVICES

11.1 DOKTOR'DA / AT THE DOCTOR'S

a. GENEL / GENERAL

Lütfen hemen bir doktor çağırın.
Please get a doctor, quickly.
/pli:z get ı 'doktı 'kwikli/

Nerede bir doktor var?
Where is there a doctor?
/weı iz deı ı 'doktı/

Nerede bir.... var?
Where is there a ...?
/weı iz deı ı .../

çocuk doktoru	child specialist	/çayld 'speşılist/
operatör (cerrah)	surgeon	/'sö:cın/
ürolog	urologist	/yuı'rolıcist/
cilt doktoru	dermatologist	/dö:'mı'tolıcist/

Buraya gelebilir mi?
Can he come here?
/ken hi kam hiı/

Nerede bir hastane var?
Where is there a hospital?
/weı iz deı ı 'hospitıl/

Doktorun muayene saatleri ne zaman?
What time does the doctor have his (her) surgery?
/wot taym daz dı 'doktı hev hiz (hö:) 'sö:cıri/

... ya gelebilir misiniz?
Could you come to ...?
/kud yu kam tu .../

... ya karşı alerjim var.
I'm allergic to ...
/aym ı'lö:cik tu .../

... için bir reçete istiyorum.
I need a prescription for ... ☞ 36.
/ay ni:d ı pri'skripşın fo:/

... için bir reçete yazar mısınız?
Can you prescribe something for ...?
/ken yu pri'skrayb 'samting fo .../

ishal	diarrhoea	/dayı'riı/
ülser	ulcer	/'alsı/
kabızlık	constipation	/konsti'peyşın/
astım	asthma	/'esmı/
hemoroit	hemorrhoid	/'hemıroidz/

Şeker hastasıyım.
I'm a diabetic.
/aym ı dayı'betik/

Hamileyim.
I'm pregnant.
/aym 'pregnınt/

Saralıyım.
I'm an epileptic.
/aym ın epi'leptik/

Normal olarak ... alıyorum.
Normally I take ...
/no:mıli ay teyk .../

b) **ARAZLAR** / SYMPTOMS

Başım dönüyor.
I feel dizzy.
/ay fi:l dizi/

Bunalıyorum.
I feel depressed.
/ay fi:l di'prest/

Kendimi yorgun hissediyorum.
I feel tired.
/ay fi:l 'tayıd/

Midem bulanıyor.
I feel sick.
/ay fi:l sik/

Yemek yiyemiyorum.
I can't eat.
/ay ka:nt i:t/

Uyuyamıyorum.
I can't sleep.
/ay ka:nt sli:p/

Eğilemiyorum.
I can't bend.
/ay ka:nt bend/

Hareket edemiyorum.
I can't move.
/ay ka:nt mu:v/

... ım ağrıyor.
My ... hurts.
/may ... hö:ts/

boğaz	throat	/trout/
mide	stomach	/'stamık/
gözler	eyes	/ayz/

Başım (sırtım, kulağım ...) ağrıyor.
I've got a headache (backache, earache ...).
/ayv got ı 'hedeyk (bekeyk, iıreyk ...)/

Buramda korkunç bir ağrı var.
I've got a severe pain here.
/ayv got ı si'viı peyn hiı/

Sağ (sol) tarafta.
On the right (left) side.
/on dı rayt (left) sayd/

Bıçak gibi bir ağrı.
It's a sharp pain.
/its ı şa:p peyn/

Sürekli ağrıyor.
It hurts all the time.
/it hö:ts o:l dı taym/

Arada sırada ağrıyor.
It hurts now and then.
/it hö:ts nau end den/

... gündür devam ediyor.
I've had it for ... days.
/ayv hed it fo: ... deyz/

... umda bir ağrı var.
I've got a pain in my ...
/ayv got ı peyn in may .../

kol	arm	/a:m/
omuz	shoulder	/'şouldı/
diz	knee	/ni:/
bacak	leg	/leg/
göğüs	chest	/çest/

Düştüm.
I fell.
/ay fel/

Ayak bileğimi burktum.
I've sprained my ankle.
/ayv spreynd may 'enkıl/

c) MUAYENE / EXAMINATION

Şuraya uzanın, lütfen.
Please lie down here.
/pli:z ley daun hiı/

Gömleğinizi (pantalonunuzu ...) çıkarın, lütfen.
Please take off your shirt (trousers ...).
/pli:z teyk of yo: şö:t ('trauzız ...)/

Lütfen soyunur musunuz?
Would you get undressed, please?
/wud yu get 'andresd pli:z/

Derin nefes alın.
Breathe deeply.
/bri:t 'di:pli/

Acıyor mu?
Does that hurt?
/daz det hö:t/

Ağzınızı açın.
Open your mouth.
/'oupın yo: maut/

Dilinizi çıkartın.
Put out your tongue.
/put aut yo: tang/

"Aa" deyin.
Say "Aa".
/sey aa/

Öksürün!
Cough!
/kof/

d) AĞRI / PAIN

Nereniz ağrıyor?
Where does it hurt?
/weı daz it hö:t/

Ne zamandır ağrıyor?
How long has it hurt?
/haw long hez it hö:t/

En kötüsü ne zaman? (En çok ne zaman ağrıyor?)
When is it worst?
/wen iz it wö:st/

e) **TESTLER** / TESTS

Kan (idrar ...) örneği istiyorum.
I want a sample of blood (urine ...).
/ay wont ı 'sa:mpıl ov blad ('yu:ırin ...)/

Röntgen istiyorum.
I want an X-ray.
/ay wont ın 'iksrey/

Diğer testler için hastaneye gitmelisiniz.
You must go to hospital for other tests.
/yu mast gou tu 'hospitıl fı adı tests/

f) **TEŞHİS** / DIAGNOSIS

... olmuşsunuz.
You've got ...
/yuv got .../

grip	flu	/flu:/
bronşit	bronchitis	/brong'kaytıs/
kabakulak	mumps	/mamps/
kızamık	measles	/'mi:zılz/

Tansiyonunuza bakacağım.
I'll take your blood pressure.
/ayl teyk yo: 'blad 'preşı/

Size bir iğne yapacağım.
I'll give you an injection.
/ayl giv yu ın 'incekşın/

Size bir ... vereceğim.
I'll give you a (an) ...
/ayl giv yu ı (ın) .../

reçete	prescription	/ pri'skripşın/
hap	pill	/ pil/
şurup	syrup	/ sirıp/
merhem	ointment	/ 'oyntmınt/
tablet	tablet	/ 'teblit/

Bundan günde iki defa (üç defa ...) alın.
Take this twice (three times ...) a day.
/teyk dis 'tways (tri: taymz ...) ı dey/

Yemeklerden önce (Aç karnına).
Before meals.
/bi'fo: mi:lz/

Yemeklerden sonra. (Tok karnına).
After meals.
/'a:ftı miılz/

Sabahları.
In the morning.
/in dı 'mo:ning/

Geceleri.
At night.
/et nayt/

Fazla önemli değil.
It's nothing serious.
/its 'nating 'sıırııs/

Çok ciddi.
It's very serious.
/its 'veri 'sıırııs/

Bir hafta sonra tekrar gelin.
Come back in a week ('s time).
/kam bek in ı wi:k(s taym)/

Ameliyat olmanız gerek.
You have to have an operation.
/yu hev tu hev ın 'opıreyşın/

Sizi ... ya göndereceğim.
I'm going to send you to ...
/aym gouing tu send yu tu .../

g) TAVSİYE / ADVICE

Sigara içmemelisiniz.
You mustn't smoke.
/yu masınt smouk/

Alkol almayın.
You mustn't drink.
/yu masınt drink/

Birkaç gün dinlenmelisiniz.
You must rest for a few days.
/yu mast rest fo ı fyu: deyz/

... gün yataktan çıkmamalısınız.
You will have to stay in bed for ... days.
/yu wil hev tu stey in bed fo ... deyz/

Kesinlikle rejim yapmalısınız.
You will have to keep to a strict diet.
/yu wil hev tu ki:p tu ı strikt 'dayıt/

11.2 **DİŞÇİDE** / AT THE DENTIST'S

Buralarda bir yerde dişçi var mı?
Is there a dentist near here?
/iz **deı ı** 'dentist **niı** hiı/

Bir randevu alabilir miyim?
Can I make an appointment?
/ken ay meyk **ın ı**'pointmınt/

Burası ağrıyor.
It hurts here.
/it hö:ts hiı/

Bu dişim ağrıyor.
This tooth aches.
/**d**is 'tu:**t** eyks/

Yukarısı (üst dişler).
Up here (the top teeth).
/ap hiı (**dı** top ti:**t**)/

Aşağısı (alt dişler).
Down here (the bottom teeth).
/daun hiı (**dı** 'botım ti:**t**)/

Diş sallanıyor.
The tooth is loose.
/**dı** 'tu:**t** iz lu:s/

Diş kırıldı.
The tooth has broken off.
/**dı** 'tu:**t** hez 'broukın of/

Dolgu düştü.
The filling has fallen out.
/**dı** filing hez fo:lın aut/

Dolguyu şimdi yapabilir misiniz?
Can you fill it now?
/ken yu fil it nau/

Bu protezi tamir edebilir misiniz?
Can you repair this denture?
/ken yu ri'peı dis 'dençı/

Ağzınızı iyice açın, lütfen.
Open your mouth wide, please.
/'oupın yo: maut wayd pli:z/

Apse yapmış.
You have an abscess.
/yu hev ın 'ebsis/

Ağzınızı çalkalayın.
Rinse your mouth.
/rins yo: maut/

Dolgu yapmam gerekiyor.
I have to put in a filling.
/ay hev tu put in ı filing/

Birazcık acıtacak.
This will hurt a bit.
/dis wil hö:t ı bit/

Bu dişi çekmem gerekiyor.
I have to extract this tooth.
/ay hev tu iks'trekt dis 'tu:t/

İki üç saat bir şey yemeyin.
Do not eat anything for two or three hours.
/du not i:t 'eniting fo tu: o: tri: 'auız/

Salı (Cuma ...) tekrar gelebilir misiniz?
Can you come back on Tuesday (Friday ...)?
/ken yu kam bek on 'tyu:zdi ('fraydi ...)/

12. ŞEHİRDE - IN THE CITY

12.1 YOL SORMA / ASKING THE WAY

Otobüs durağı nerede?
Where is the bus-stop?
/weı iz dı bas stop/

Postane nerede?
Where is the post-office?
/weı iz dı poust 'ofis/

.... nerede ?
Where is the ...?
/weı iz dı .../

istasyon	station	/'steyşın/
banka	bank	/benk/
otogar	bus terminal	/bas 'tö:mınıl/
belediye binası	town hall	/taun ho:l/
karakol	police station	/pı'li:s 'steyşın/

Bana yardım edebilir misiniz?
Can you help me?
/ken yu help mi/

Yolumu kaybettim.
I've lost my way.
/ayv lost may wey/

En yakın eczane (banka ...) nerede?
Where's the nearest chemist's (bank ...)?
/weı iz dı 'niırist 'kemists (benk ...)/

... ne kadar uzaklıkta?
How far is it to the ...?
/haw fa: iz it tu dı .../

Oraya nasıl gidebilirim?
How can I get there?
/haw ken ay get deı/

Uzak mı?
Is it far?
/iz it fa:/

Uzak değil.
It's not far.
/its not fa:/

Buraya yakın.
It's near here.
/its niı hiı/

Yanlış yoldasınız.
You're on the wrong way.
/yo:r on dı rong wey/

Size yardım edebilir miyim?
Can I help you?
/ken ay help yu/

Nereye gitmek istiyorsunuz?
Where do you want to go?
/weı du yu wont tu gou/

... hangi yönde?
What direction is ... in?
/wot di'rekşın iz ... in/

... hangi caddede?
What street is .... in?
/wot stri:t iz ... in/

Sağda.
To the right.
/tu dı rayt/

Solda.
To the left.
/tu dı left/

Sağa dönün.
Turn right.
/tö:n rayt/

Sola dönün.
Turn left.
/tö:n left/

Dümdüz yürüyün.
Walk straight ahead.
/wo:k streyt ıhed/

Geri dönün.
Turn back.
/tö:n bek/

Sağ (Sol) tarafınızda göreceksiniz.
You'll see it on your right (left) side.
/yu:l si: it on yo: rayt (left) sayd/

Sağdan birinci (ikinci ...) sokağa sapınız.
Turn right at the first (second ...) road.
/tö:n rayt et dı fö:st ('sekınd ...) roud/

Oraya yürüyerek gidebilir miyim?
Can I walk there?
/ken ay wo:k deı/

Yürüyerek ne kadar sürer?
How long does it take on foot?
/haw long daz it teyk on fut/

... dakika sürer.
It takes ... minutes.
/it teyks ... 'minits/

Yirmi dakika sürer.
It takes twenty minutes.
/it teyks 'twenti 'minits/

12.2 **OTOBÜS, TAKSİ** / BUS, TAXI

Otobüsle gidebilir miyim?
Can I go by bus?
/ken ay gou bay bas/

Otobüse (taksiye) binmelisiniz.
You must take a bus (taxi).
/yu mast teyk ı bas (teksi)/

... ya hangi otobüs gidiyor?
Which bus goes to the ...?
/wiç bas gouz tu dı .../

Kaç durak sonra?
How many stops is it?
/haw 'meni stops iz it/

Aktarma yapmam gerekir mi?
Do I have to change?
/du: ay hev tu çeync/

Nerede inmem lâzım?
Where do I have to get off?
/weı du ay hev tu get of/

Bu otobüs ... ya gider mi?
Does this bus go to ...?
/daz dis bas gou tu .../

... ya kaç numaralı otobüs gider?
What number bus goes to ...?
/wot nambı bas gouz tu .../

... nolu otobüse binin.
Take number ... bus.
/teyk nambı ... bas/

Son durakta inin.
Get off at the last stop.
/get of et dı last stop/

Üçüncü (dördüncü, beşinci ...) durakta inin.
Get off at the third (fourth, fifth ...) stop.
/get of et dı tö:d (fo:t, 'fift ...) stop/

Otobüs bileti almalısınız.
You must buy a bus-ticket.
/yu mast bay ı bas 'tikit/

Bir tane bilet, lütfen.
A ticket, please.
/ı 'tikit pli:z/

Burada mı ineceğim?
Do I get off here?
/du ay get of hiı/

... da inmek istiyorum.
I want to get off at ...
/ay wont tu get of et .../

Lütfen nerede ineceğimi söyleyin.
Please tell me where to get off.
/pli:z tel mi weı tu get of/

Nereden taksi bulabilirim?
Where can I get a taxi? ☞34.
/weı ken ay get ı teksi/

... ya gitmek istiyorum.
I want to go to ...
/ay wont tu gou tu .../

Beni ... ya götürün.
Take me to ...
/teyk mi tu .../

Daha hızlı sürünüz.
Drive faster.
/drayv fa:stı/

Hızlı sürmeyiniz.
Don't drive fast.
/dount drayv fa:st/

Daha gelmedik mi?
Haven't we arrived yet?
/hevınt wi ı'rayvd yet/

Acelem var.
I'm in a hurry.
/aym in ı hari/

Lütfen burada durun.
Please stop here.
/pli:z stop hiı/

Köşede durun.
Stop at the corner.
/stop et dı 'ko:nı/

Burada bir dakika durabilir misiniz, lütfen?
Would you stop here for a minute, please?
/wud yu stop hiı fo ı 'minit pli:z/

Borcum ne kadar?
How much do I owe you?
/haw maç du ay ou yu/

Ne kadar?
How much is it?
/haw maç iz it/

12.3 **DOLAŞMA, GEZME** / SIGHTSEEING

Şehir turu yapabilir miyiz?
Çan we make a sightseeing tour?
/ken wi meyk ı 'saytsi:ing tuı/

Sizi gezdireyim mi?
Shall I take you around?
/şel ay teyk yu ı'raund/

Sevinirim.
I'd love to.
/ayd lav tu/

Boş zamanınız var mı?
Have you got some free time?
/hev yu got sam fri: taym/

Nerede buluşalım?
Where shall we meet?
/weı şel wi mi:t/

... nın önünde buluşalım.
Let's meet in front of ... ☞34.
/lets mi:t in frant ov .../

Saat kaçta buluşalım?
What time shall we meet?
/wot taym şel wi mi:t/

Saat ... da.
At ... o'clock.
/et ... ı'klok/

Uygun mu?
Is it okay?
/iz it 'oukey/

Bu şehirde görülecek nereleri var?
What's there to see in this city?
/wots deı tu si: in dis siti/

... yı da ziyaret edecek miyiz?
Are we going to visit ... too?
/a: wi 'gouing tu 'vizit ... tu:/

Ne zaman geri geliriz?
When do we come back?
/wen du wi kam bek/

Biraz alışveriş yapabilir miyiz?
Can we do some shopping?
/ken wi du sam 'şoping/

Buranın ilginç yerleri nelerdir?
What are the places of interest here?
/wot a: dı pleysiz ov 'intrist hiı/

... ne zaman açılıyor (kapanıyor)?
When does ... open (close)? ☞75.
/wen daz ... 'oupın (klouz)/

Giriş ücreti ne kadar?
How much is the entrance fee?
/haw maç iz di 'entrıns fi:/

... yı görmek isterim.
I'd like to see ...
/ayd layk tu si: .../

sergi	exhibition	/eksi'bişın/
cami	mosque	/mosk/
kilise	church	/çö:ç/
kale	castle	/'ka:sıl/
harabeler	ruins	/'ruinz/
kule	tower	/'tauı/

Bugün ... 'yı ziyaret edebilir miyiz?
Can we visit the ... today?
/ken wi vizit dı ... tı'dey/

Bugün açık.
It's open today.
/its 'oupın tı'dey/

Bugün kapalı.
It's closed today.
/its klouzd tı'dey/

Sizi oraya götürmemi ister misiniz?
Do you want me to take you there?
/du yu wont mi tu teyk yu deı/

Tur ne zaman başlıyor?
When does the tour begin?
/wen daz dı tuı bi'gin/

Şu bina (anıt) nedir?
What building (monument) is that?
/wot 'bilding ('monyumınt) iz det/

Bu ... hangi döneme ait?
What period does this ... date from?
/wot 'piırııd dız dis ... deyt from/

Bu cami l8.nci yüzyılda yapılmıştır.
This mosque was built in the eighteenth century.
/dis 'mosk wız bilt in dı ey'ti:nt 'sençıri/

Mimarı (Heykeltraşı ...) kim?
Who's the architect (sculptor ...)?
/hu:z dı 'a:kitekt ('skalptı)/

... ne zaman inşa edildi? **... nci yüzyılda.**
When was ... built? In the ... century.
/wen wız ... bilt/ /in dı ... 'sençıri/

Bu stadın (camiin ...) adı ne?
What's the name of this stadium (mosque ...)?
/wots dı neym ov dis 'steydiım (mosk ...)/

Bu camiyi (anıtı ...) kim yaptı?
Who built this (mosque ...) monument?
/hu: bilt dis mosk ('monyumınt ...)/

Bu kale (cami, kule) ...tarafından yaptırılmıştır.
This castle (mosque, tower) was built by ...
/dis 'ka:sl (mosk, 'tauı) wız bilt bay .../

... burada yaşadı (doğdu, öldü).
... lived (was born, died) here.
/... livd (wız bo:n, dayd) hiı/

Burada duralım mı? **Geri dönelim mi?**
Shall we stop here? Shall we go back?
/şel wi stop hiı/ /şel wi gou bek/

Manzarayı nasıl buldunuz?
What do you think of the view?
/wot du yu tink ov dı vyu:/

13. EĞLENCE - LEISURE

13.1 SİNEMA, TİYATRO, KONSER / CINEMA, THEATRE, CONCERT

Bu akşam sinemada ne var?
What’s on at the cinema this evening?
/wots on et dı ’sinımı dis ’i:vning/

Film (konser ...) ne zaman başlıyor?
When does the film (concert ...) begin?
/wen daz dı film (’konsıt ...) bi’gin/

Film ne kadar sürüyor?
How long does the film last?
/hau long daz dı film la:st/

... için bilet var mı?
Are there tickets for ...?
/a: deı ’tikits fo .../

bu akşam	this evening	/dis ’i:vning/
yarın	tomorrow	/tı’morou/
perşembe	Thursday	/’tö:sdey/
gelecek hafta	next week	/nekst wi:k/

Ön sıralardan iki bilet, lütfen.
Two tickets in the front stalls, please.
/tu: ’tikits in dı frant sto:lz pli:z/

... dan iki bilet, lütfen.
Two tickets ..., please.
/tu: 'tikits ... pli:z/

orta	in the middle	/in dı 'midıl/
kenar	at the side	/et dı sayd/
arka koltuklar	rear stalls	/riı sto:lz/
ön koltuklar	front stalls	/frant sto:lz/

... haricinde her yer ayırtıldı.
Everything's reserved except ...
/evri'ting ri'zö:vd ik'sept .../

Hiç bilet kalmadı.
There aren't any tickets left.
/deı a:nt eni 'tikits left/

Matine saat ... da başlıyor.
The matinee starts at ... o'clock.
/dı 'metiney sta:ts et ... ı'klok/

13.2 **RADYO, TELEVİZYON /** RADIO, TELEVISION

Bu akşam televizyonda ne var?
What's on television tonight?
/wots on 'telivijın tı'nayt/

Bir belgesel film var.
There's a documentary film.
/deız ı dokyu'mentri film/

Haberler (Film ...) saat kaçta?
What time is the news (film ...)? ☞ 59
/wot taym iz dı nyu:z (film ...)/

Film saat 8.30'da.
The film is on at 8.30.
/dı film iz on et eyt 'tö:ti/

Bu hangi kanal (istasyon)?
What channel (station) is this?
/wot 'çenıl ('steyşın) iz dis/

Neden radyo dinlemiyorsun?
Why don't you listen to the radio?
/way dount yu 'lisın tu dı 'reydiou/

13.3 DANS, ARKADAŞLIK / DANCE, FRIENDSHIP

Size katılabilir miyim?
May I join you?
/mey ay coyn yu/

Yanınıza oturabilir miyim?
May I sit near you?
/mey ay sit niı yu/

Gelin, bize katılın.
Come and join us.
/kam end coyn as/

Bu akşam bir şey yapıyor musunuz?
Are you doing anything this evening?
/a: yu 'duing 'eniting dis 'i:vning/

Bu akşam için bir programınız var mı?
Have you got a programme for tonight?
/hev yu got ı 'prougrem fı tınayt/

Sizi ... ya davet edebilir miyim?
May I invite you to ...?
/mey ay in'vayt yu tu .../

Buraya daha önce geldiniz mi?
Have you been here before?
/hev yu bi:n hiı bi'fo:/

Hayır, bu ilk ziyaretim.
No, this is my first visit.
/nou dis iz may fö:st vizit/

Evet, buraya daha önce iki kere gelmiştim.
Yes, I've been here twice before.
/yes ayv bi:n hiı tways bi'fo:/

Birlikte bir şeyler içelim mi?
Shall we drink something together?
/şel wi drink 'samting tı'gedı/

... da buluşalım.
Let's meet at ... ☞34.
/lets mi:t et .../

Nerede buluşalım?
Where shall we meet?
/weı şel wi mi:t/

... da buluşalım mı?
Shall we meet at ...?
/şel wi mi:t et .../

... nın önünde buluşalım.
Let's meet in front of ...
/lets mi:t in frant ov .../

Sizi otelden alırım.
I'll pick you up at the hotel.
/ayl pik yu ap et dı hou'tel/

Saat kaçta buluşalım? **Saat ... da.**
What time shall we meet? At ... o'clock.
/wot taym şel wi mi:t/ /et ... ı'klok/

Buralarda bir diskotek var mı?
Is there a disco here?
/iz deı ı 'diskou hiı/

Dans edelim mi? **Çok iyi dansediyorsunuz.**
Shall we dance? You dance very well.
/şel wi da:ns/ /yu da:ns 'veri wel/

Eğleniyor musunuz? **Eğlenmenize bakın!**
Are you enjoying yourself? Enjoy yourself!
/a: yu in'coying yo:self/ /in'coy yo:self/

Yemek nefis. (Çok lezzetli.)
The meal is delicious.
/dı mi:l iz di'lişıs/

Bu elbise size yakışıyor.
This dress suits you.
/dis dres syu:ts yu/

Bu akşam çok şıksınız.
You are very smart this evening.
/yu a: 'veri sma:t dis 'i:vning/

Size eve bırakabilir miyim?
May I take you home?
/mey ay teyk yu houm/

Nerede oturuyorsunuz?
Where do you live?
/weı du yu liv/

Tekrar ne zaman görüşebiliriz?
When can we meet again?
/wen ken wi mi:t ı'gcn/

Bu güzel akşam için çok teşekkür ederim.
Thank you very much for the pleasant evening.
/'tenk yu 'veri maç fo: dı 'plezınt 'i:vning/

13.4 **YÜZME** / SWIMMING

Burada nerede yüzebiliriz?
Where can we swim here?
/weı ken wi swim hiı/

En yakın plaj nerede?
Where is the nearest beach?
/weı iz dı 'niırist bi:ç/

Burada kapalı (açık) yüzme havuzu var mı?
Is there an indoor (open-air) swimming pool here?
/iz deı ın 'indo: ('oupınei) 'swiming pu:l hiı/

Burada yüzebilir miyim?
Can I swim here?
/ken ay swim hiı/

Su derin mi?
Is the water deep?
/iz dı wo:tı di:p/

Akıntı var mı?
Is there a current?
/iz deı ı 'karınt/

Bir şezlong (güneş şemsiyesi ...), lütfen.
A deckchair (sunshade ...), please.
/ı 'dekçeı ('sanşeyd ...) pli:z/

Bir sandal kiralamak istiyorum.
I'd like to hire a boat.
/ayd layk tu 'hayı ı bout/

... nın fiyatı nedir?
How much does ... cost?
/haw maç daz ... kost/

Su kayağı yapmak istiyorum.
I'd like to go water-skiing.
/ayd layk tu gou 'wo:tıski:ing/

Nerede balık avlayabilirim?
Where can I go fishing?
/weı ken ay gou 'fişing/

Eşyalarıma gözkulak olur musunuz?
Would you mind keeping an eye on my things?
/wud yu maynd 'ki:ping en ay on may tingz/

13. 5 **SPOR** / SPORTS

Bugün ... takımı ... takımı ile oynuyor.
Today ... team is playing ... team. ☞ 55.
/tı'dey ... ti:m iz pleying ... ti:m/

Maçı (yarışı ...) seyretmek istiyorum.
I'd like to watch the match (race ...).
/ayd layk tu woç dı meç (reys ...)/

Futbol (basketbol ...) maçı ne zaman?
When is the football (basketball ...) match?
/wen iz dı 'futbo:l ('ba:skitbo:l...) meç/

Maç kaç kaç?
What's the score?
/wots dı sko:/

Kim yeniyor?
Who is winning?
/hu: iz wining/

Hangi sporlarla uğraşıyorsunuz?
What sport do you go in for?
/wot spo:t du yu gou in fo:/

... oynarım.
I play ...
/ay pley .../

... ya meraklıyım.
I'm keen on ...
/aym ki:n on .../

Hangi takımı tutuyorsunuz?
Which team do you support?
/wiç ti:m du yu sı'po:t/

Ben ... yı tutuyorum.
I support ...
/ay sı'po:t .../

Basketbol (voleybol ...) sever misiniz?
Do you like basketball (volleyball ...)? ☞55.
/du yu layk 'baskitbo:l ('volibo:l ...)/

Bayılırım. (Çok severim.)
I love it.
/ay lav it/

Boş zamanlarımda ... oynarım.
I play ... in my spare time.
/ay pley ... in may 'speı taym/

Sporla o kadar çok ilgilenmem.
I'm not that much interested in sports.
/aym not det maç 'intristid in 'spo:ts/

İNGİLİZCE DİLBİLGİSİ ÖZETİ

ENGLISH GRAMMAR SUMMARY

ÇOĞULLAR

İngilizce'de birçok isim sözcük sonuna **-s** eklenerek çoğul yapılır.

table	masa	**tables**	masalar
book	kitap	**books**	kitaplar
ticket	bilet	**tickets**	biletler

Sözcüğün sonundaki **-s** bazen /s/, bazen /z/ olarak okunur.

1) Sonu **-ch**, **-sh**, **-x**, **-z** ile biten adlar **-es** alarak çoğul yapılır.

church	kilise	**churches**	kiliseler
box	kutu	**boxes**	kutular
watch	saat	**watches**	saatler

2) **-y** den önce bir ünsüz varsa **-y** düşer ve yerine **-ies** getirilir.

baby	bebek	**babies**	bebekler
city	şehir	**cities**	şehirler

4) Sonu **-f** veya **-fe** ile biten on iki tane ad çoğul yapılırken bu harfler kalkar, yerlerine **-ves** konur.

knife	bıçak	**knives**	bıçaklar
leaf	yaprak	**leaves**	yapraklar

5) Kimi sözcüklerin çoğul biçimleri tamamen ayrı biçimdedir. Bu tür sözcükler sayıca azdır ve düzensiz çoğullar olarak adlandırılır.

man	adam	**men**	adamlar
woman	kadın	**women**	kadınlar
tooth	diş	**teeth**	dişler
child	çocuk	**children**	çocuklar

ŞAHIS ZAMİRLERİ, MÜLKİYET SIFATLARI -i, -e HALLERİ

şahıs zamirleri	mülkiyet sıfatları	-i ve -e hali
I ben	**my** benim	**me** beni, bana
you sen	**your** senin	**you** seni, sana
he o	**his** onun	**him** onu, ona
she o	**her** onun	**her** onu, ona
it o	**its** onun	**it** onu, ona
we biz	**our** bizim	**us** bizi, bize
you siz	**your** sizin	**you** sizi, size
they onlar	**their** onların	**them** onları, onlara

SIFATLAR

İngilizce'de sıfatlar niteledikleri isimlerin önünde veya ardında bulunabilirler.

big house büyük ev **small car** küçük araba
a big house büyük bir ev **a small car** küçük bir araba

The film was good.	Film iyi idi.
His coat is dirty.	Onun paltosu kirlidir.

İngilizce'de en yaygın olarak kullanılan sıfatlar için kitabınızın SIFATLAR (Bölüm 81) bölümüne bakınız.

-er, more, -est, most

Sıfatların derecelendirilmesi yapılırken kısa bir sözcük olan sıfatlara **-er** ve **-est** eki eklenir.

cheap ucuz	**near** yakın
cheaper daha ucuz	**nearer** daha yakın
the cheapest en ucuz	**the nearest** en yakın

Diğer sıfatlar ile çoğu zaman **more** ve **most** kullanılmalıdır.

interesting	ilginç
more interesting	daha ilginç
the most interesting	en ilginç
crowded	kalabalık
more crowded	daha kalabalık
the most crowded	en kalabalık

ZARFLAR (BELİRTEÇLER)

İngilizce'de birçok sıfat sonuna **-ly** eklenerek zarf (belirteç) haline gelir.

slow	yavaş	**slowly**	yavaşça
quick	çabuk	**quickly**	çabukça
clear	açık	**clearly**	açıkça
free	özgür	**freely**	özgürce
quiet	sessiz	**quietly**	sessizce
natural	doğal	**naturally**	doğal olarak

SIKLIK ZARFLARI

always	her zaman, daima
frequently	sık sık
sometimes	bazen
often	sık sık
occasionally	arada sırada
normally	normal olarak
usually	genellikle
seldom	seyrek (olarak)
rarely	seyrek (olarak), nadiren
never	asla, hiçbir zaman

SORU SÖZCÜKLERİ

What?	Ne, neyi?
What are you looking for?	Ne (Neyi) arıyorsun?
What did he break?	Ne (Neyi) kırdı?
What did you buy?	Ne (satın) aldın?
What?	Neye?
What are you looking at?	Neye bakıyorsun?
What did he touch?	Neye dokundu?
What?	Hangi, ne?
What day are you leaving?	Ne gün ayrılıyorsunuz?
What flight is he taking?	Hangi uçakla gidiyor?
What newspaper does your son read?	Oğlunuz hangi gazeteyi okuyor?
Where?	Nereye?
Where is she going?	O nereye gidiyor?

Where shall I put this box?	Bu kutuyu nereye koyayım?
Where do you want me to go?	Nereye gitmemi istiyorsunuz?
Where?	Nerede?
Where are the new books?	Yeni kitaplar nerede?
Where shall we meet?	Nerede görüşelim?
Where did you have your hair done?	Saçını nerede yaptırdın?
Where are the children playing?	Çocuklar nerede oynuyorlar?
Who?	Kim? (Kimler?)
Who telephoned?	Kim telefon etti?
Who left these books here?	Bu kitapları buraya kim bıraktı?
Who has come late this morning?	Bu sabah kim (kimler) geç geldi?
Who was at the party?	Partide kim (kimler) vardı?
Who smoked in this room?	Bu odada kim sigara içti?
Who hit you?	Sana kim vurdu?
Who?	Kimi?
Who are you waiting for?	Kimi bekliyorsun?
Who did you see in the room?	Odada kimi gördün?
Who do you know here?	Burada kimi tanıyorsun?
Who?	Kime?
Who are you telephoning?	Kime telefon ediyorsun?
Who are you looking at?	Kime bakıyorsun?
Who did you hit?	Kime vurdun?

Şu cümleleri karşılaştırınız:

Who does Tom love?	Tom kimi seviyor?
Who loves Tom?	Kim Tom'u seviyor?
Who looked at you?	Sana kim baktı?
Who did you look at?	Sen kime baktın?

Konuşma dilinde kullanılan **who**'nun yerini resmi dilde **whom** alır.

Whom?	Kimi?
Whom did you visit?	Kimi ziyaret ettiniz?
Whom?	Kime?
Whom did you telephone last night?	Dün gece kime telefon ettin?
When?	Ne zaman?
When did you come?	Ne zaman geldin?
When did he telephone?	Ne zaman telefon etti?
When shall we meet?	Ne zaman görüşelim?
Whose?	Kimin?
Whose hat is this?	Bu kimin şapkası?
Whose is this key?	Bu anahtar kimin?
Whose are those books?	Şu kitaplar kimin?
How?	Nasıl?
How do you go to work?	İşe nasıl gidiyorsun?
How did you break this?	Bunu nasıl kırdın?
How do you make this cake?	Bu pastayı nasıl yapıyorsun?

How old?	Kaç yaşında?
How old are you?	Kaç yaşındasın?
How old is his brother?	Erkek kardeşi kaç yaşında?
How old are the Pyramids?	Piramitlerin yaşı ne kadar?
What time?	Saat kaçta?
What time do you go to bed?	Saat kaçta yatarsın?
What time did he leave the station?	İstasyondan saat kaçta ayrıldı?
What colour?	Ne renk?
What colour is it?	(O) ne renk?
What colour is your new dress?	Yeni elbisen ne renk?
Why?	Neden? Niçin?
Why are you surprised?	Neden şaşırdın?
Why are you crying?	Niçin ağlıyorsun?
Why did he hit her?	Ona neden vurdu?
Why did you telephone them?	Onlara neden telefon ettin?
Which?	Hangisi?
Which author do you like best?	En çok hangi yazarı seviyorsun?
Which car did you buy?	Hangi arabayı satın aldın?
Which is the cheapest?	En ucuzu hangisi?
How many?	Kaç tane?
How many eggs do you want?	Kaç tane yumurta istiyorsunuz?

How many students passed the exam?	Sınavı kaç öğrenci geçti?
How many postcards did you buy?	Kaç tane kartpostal aldın?
How many of the books have you read?	Kitapların kaçını okudun?
How much?	Ne kadar?
How much sugar did you buy?	Ne kadar şeker aldın?
How much money have you got?	Ne kadar paran var?
How often?	Kaç kez? Ne kadar sık?
How often do you go to the theatre?	Tiyatroya ne kadar sık gidersin?
How often do you have a bath?	Ne kadar sık banyo yaparsınız?
How long?	Ne kadar zaman?
How long have you been learning English?	Ne kadar zamandır İngilizce öğreniyorsun?
How long did his speech last?	Konuşması ne kadar sürdü?
How long have you been waiting here?	Ne kadar zamandır burada bekliyorsun?
How far?	Ne kadar uzaklıkta?
How far is the carpark?	Otopark ne kadar uzaklıkta?
What sort? What kind?	Ne tür?
What sort of thing do you want?	Ne tür bir şey istiyorsunuz?
What kind of book is it?	O ne tür bir kitap?

What ... with?	Neyle?
What did you open the door with?	Kapıyı neyle açtın?
What did they put the fire out with?	Yangını neyle söndürdüler?
What ... like?	Nasıl bir şey? Neye benziyor?
What is the kitchen robot like?	Mutfak robotu nasıl bir şey?
What is the new manager like?	Yeni müdür nasıl?
What ... for?	Ne için? Niye? Neden?
What is this used for?	Bu ne için kullanılıyor?
What is the baby crying for?	Bebek niçin ağlıyor?
What about?	- den ne haber? - ya ne dersin?
He is busy now. What about you?	O şimdi meşgul. Ya sen?
I like football. What about you?	Ben futbol severim. Ya sen?

HAVE

Temel anlamı (sahip olmak) tır. Türkçe'ye çevrilirken (benim ... var, senin ... var) biçiminde çevrilir.

I have green eyes.	Benim yeşil gözlerim var.
They have a big house.	Onların büyük bir evi var.
We have two children.	Bizim iki çocuğumuz var.

Tekil öznelerle kullanıldığında **have** fiili **has** biçimine girer.

She has blue eyes.	Onun mavi gözleri var.
He has a car.	Onun bir arabası var.

Konuşma dilinde **have, has** yerine daha çok **have got, has got** kullanılır.

I have got black hair.	Benim siyah saçlarım var.
Have you got a car?	Bir arabanız var mı?

Have fiili aynı zamanda (yemek, içmek) anlamını da verir.

to have a sandwich	bir sandviç yemek
to have a glass of milk	bir bardak süt içmek
to have dinner	akşam yemeği yemek

We have dinner at seven o'clock.	Akşam yemeğini saat yedide yeriz.

('s) ve (of)

Her ikisi de Türkçe'deki mülkiyet ifadesi olan (-nın) eki anlamındadır. **('s)** genel olarak insan ve hayvanlar için mülkiyet durumunu belirtir. Bir başka deyişle **('s)** ilavesinin yapılacağı isim bir insan veya hayvan gösteren isim olmalıdır.

Tom's car	Tom'un arabası
the pilot's hat	pilotun şapkası
the pilots' hats	pilotların şapkası
the cat's tail	kedinin kuyruğu

Cansız varlıklara ait isimlerin mülkiyet hali bu isimlerin önüne (of) getirilerek yapılır.

of the room	odanın
the window of the room	odanın penceresi
of the door	kapının
the key of the door	kapının anahtarı

Cansız varlıkların mülkiyet hali bazı durumlarda **(of)** ile yapılmaz. Bu konuda ayrıntılı bilgi için bak. **İngilizce Dilbilgisi, Sayfa 27-30, FONO Yayınları.**

CAN

Can yardımcı fiili Türkçe'ye (.. ebilmek) biçiminde çevrilir. Fiillerin önüne gelerek başlıca üç anlam verir.

a) yetenek ve güç **b)** izin **c)** olasılık

Can her tür özne ile aynı biçimini korur ve ek almaz.

I can, you can, he can, she can, it can, we can, they can

Can olumsuzluk biçiminde **not** ile birlikte olduğu zaman bitişik yazılır. Bu durum sadece **can** yardımcı fiiline özgüdür: **(cannot).** Ancak **not** ile birleşerek bir kısaltma yapılması halinde diğer yardımcı fiillerle aynı kurala uyar: **(can't).**

a) yetenek ve güç:

I can speak English.	Ben İngilizce konuşabilirim.
Can you play the piano?	Piyano çalabilir misiniz?

b) izin:

Can I go out?	Dışarı çıkabilir miyim?

c) olasılık:

Your team can win the cup.	Takımınız kupayı kazanabilir.

FİİL - EMİR KİPİ **(VERB - IMPERATIVE)**

İngilizce'de mastar halinde bulunan fiilden mastar eki **(to)** kaldırılırsa geriye kalan fiil kökü bir emir sözcüğüdür.

to stop	durmak	**stop**	dur
to come	gelmek	**come**	gel
to go	gitmek	**go**	git

Emir cümlelerini olumsuz yapmak için önüne **do not (don't)** yardımcı fiili getirilir.

Eat.	Ye.
Don't eat.	Yeme.
Go.	Git.
Don't go.	Gitme.

Write your name.	Adını yaz.
Don't write your name.	Adını yazma.

Bir emrin sözü söyleyen kişi tarafından yine kendilerine söylenmesi, yani bir çeşit öneride bulunması ise **let's** sözcüğü kullanılarak yapılır.

Let's go.	Gidelim.
Let's take a taxi.	Bir taksiye binelim.

ŞİMDİKİ ZAMAN / THE PRESENT CONTINUOUS TENSE

Şimdiki zaman, konuşma anında sürmekte olan bir hareketi belirtir. Fiilin köküne **-ing** eklemek ve fiilin önünde özneye uygun **to be (am, is, are)** fiilini getirmek suretiyle yapılır.

Tom is studying history now.	Tom şimdi tarih çalışıyor.
The children are playing in the garden.	Çocuklar bahçede oynuyorlar.
He isn't working now.	O şimdi çalışmıyor.
Who are you waiting for?	Kimi bekliyorsun?
What are you doing?	Ne yapıyorsun?

OLUMLU BİÇİM

özne	**am is,are**	**-ing** almış fiil	tümleç
I	**am**	**going**	**to the theatre.**
You	**are**	**drinking**	**Turkish coffee.**
He	**is**	**flying**	**to Japan.**
She	**is**	**working**	**in her room.**
It	**is**	**eating**	**bread.**
We	**are**	**watching**	**television.**
You	**are**	**cleaning**	**your room.**
They	**are**	**waiting for**	**their friends.**

OLUMSUZ BİÇİM

özne	am is,are	not	-ing almış fiil	tümleç
I	**am**	**not**	**going**	**to the theatre.**
You	**are**	**not**	**drinking**	**Turkish coffee.**
He	**is**	**not**	**flying**	**to Japan.**
She	**is**	**not**	**working**	**in her room.**
It	**is**	**not**	**eating**	**bread.**
We	**are**	**not**	**watching**	**television.**
You	**are**	**not**	**cleaning**	**your room.**
They	**are**	**not**	**waiting for**	**their friends.**

SORU BİÇİMİ

Am Is,Are	özne	**-ing** almış fiil	tümleç
Am	**I**	**going**	**to the theatre?**
Are	**you**	**drinking**	**Turkish coffee?**
Is	**he**	**flying**	**to Japan?**
Is	**she**	**working**	**in her room?**
Is	**it**	**eating**	**bread?**
Are	**we**	**watching**	**television?**
Are	**you**	**cleaning**	**your room?**
Are	**they**	**waiting for**	**their friends?**

Şimdiki zaman yakın gelecekte yapılacak olan hareketlerin anlatımında da kullanılır.

They are going to France this weekend. — Bu hafta sonu Fransa'ya gidiyorlar.

What are you doing tomorrow? — Yarın ne yapıyorsun?

GENİŞ ZAMAN / **THE SIMPLE PRESENT TENSE**

Geniş zaman her zaman yapılan işleri, alışkanlıkları, tekrarlanan hareketleri belirtir.

Özneden sonra fiilin kök halini kullanmak suretiyle yapılır. Özne tekilse fiile **-s** eklenir.

He reads story books.	O hikâye kitapları okur.
I drink coffee for breakfast.	Ben kahvaltıda kahve içerim.
He always gets up early.	O her zaman erken kalkar.

OLUMLU BİÇİM

özne	fiil	tümleç
I	**live**	**here.**
You	**speak**	**English very well.**
He	**works**	**in this office.**
She	**trusts**	**me.**
It	**eats**	**fish.**
We	**get up**	**early.**
You	**drink**	**beer.**
They	**stay**	**in this hotel.**

OLUMSUZ BİÇİM

özne	don't doesn't	fiil	tümleç
I	**don't**	**live**	**here.**
You	**don't**	**speak**	**English very well.**
He	**doesn't**	**work**	**in this office.**
She	**doesn't**	**trust**	**me.**
It	**doesn't**	**eat**	**fish.**
We	**don't**	**get up**	**early.**
You	**don't**	**drink**	**beer.**
They	**don't**	**stay**	**in this hotel.**

SORU BİÇİMİ

Do **Does**	özne	fiil	tümleç
Do	**I**	**live**	**here?**
Do	**you**	**speak**	**English very well?**
Does	**he**	**work**	**in this office?**
Does	**she**	**trust**	**me?**
Does	**it**	**eat**	**fish?**
Do	**we**	**get up**	**early?**
Do	**you**	**drink**	**beer?**
Do	**they**	**stay**	**in this hotel?**

Tablolardan da anlaşılacağı gibi geniş zamanda olumlu cümlelerde özne tekilse (**he, she, it, Tom, My father ...** gibi) fiilin sonuna **(-s), (-es)** takısı getirilir. Olumsuz ve soru cümlelerinde bu **(-s), (-es)** esas fiilden kalkar ve **do** yardımcı fiili **does** biçimini alır.

GELECEK ZAMAN
THE SIMPLE FUTURE TENSE

Gelecekte doğal olarak olacak işlerin, kendiliğinden ortaya çıkacak durumların anlatımında kullanılır.

He'll be a captain next month.	Gelecek ay yüzbaşı olacak.
Days will get shorter.	Günler kısalacak.

OLUMLU BİÇİM

özne	will	fiil	tümleç
I	**will**	**fly**	**to Germany.**
You	**will**	**sit**	**in the house.**
He	**will**	**buy**	**this book.**
She	**will**	**go**	**out tonight.**
It	**will**	**be**	**ready soon.**
We	**will**	**watch**	**television.**
You	**will**	**like**	**the story.**
They	**will**	**come**	**on time.**

OLUMSUZ BİÇİM

özne	will	not	fiil	tümleç
I	**will**	**not**	**fly**	**to Germany.**
You	**will**	**not**	**sit**	**in the house.**
He	**will**	**not**	**buy**	**this book.**
She	**will**	**not**	**go**	**out tonight.**
It	**will**	**not**	**be**	**ready soon.**
We	**will**	**not**	**watch**	**television.**
You	**will**	**not**	**like**	**the story.**
They	**will**	**not**	**come**	**on time.**

SORU BİÇİMİ

Will	özne	fiil	tümleç
Will	**I**	**fly**	**to Germany?**
Will	**you**	**sit**	**in the house?**
Will	**he**	**buy**	**this book?**
Will	**she**	**go**	**out tonight?**
Will	**it**	**be**	**ready soon?**
Will	**we**	**watch**	**television?**
Will	**you**	**like**	**the story?**
Will	**they**	**come**	**on time?**

BELİRLİ GEÇMİŞ ZAMAN / **THE SIMPLE PAST TENSE**

Geçmişte olup bitmiş hareketlerin anlatımında kullanılır.

I saw her yesterday.	Onu dün gördüm.
He sold his car.	Arabasını sattı.
They bought a new house.	Yeni bir ev satın aldılar.
She learned English in eight months.	Sekiz ayda İngilizce öğrendi.
The teacher wanted another map.	Öğretmen başka bir harita istedi.

Fiillerin, geçmiş zamanda kullanılan ayrı biçimleri vardır. Bir kısım fiiller geçmiş zamanı anlatmak için sonlarına **-ed** eki alırlar. **(want- wanted).** Bazı fiillerin ise geçmiş zamanı anlatmak için ayrı biçimleri bulunur. **(go-went).** Birinci tür fiillere **(düzenli fiiller)**, ikinci tür fiillere **(düzensiz fiiller)** denir.

OLUMLU BİÇİM

özne	fiilin 2.nci hali	tümleç
I	**lived**	**here in 1994.**
You	**spoke**	**to him yesterday.**
He	**worked**	**here before.**
She	**trusted**	**me.**
We	**got up**	**early yesterday.**
You	**cleaned**	**your room.**
They	**saw**	**him last night.**

OLUMSUZ BİÇİM

özne	**didn't**	fiilin 1. hali	tümleç
I	**didn't**	**live**	**here in 1994.**
You	**didn't**	**speak**	**to him yesterday.**
He	**didn't**	**work**	**here before.**
She	**didn't**	**trust**	**me.**
We	**didn't**	**get up**	**early yesterday.**
You	**didn't**	**clean**	**your room.**
They	**didn't**	**see**	**him last night.**

SORU BİÇİMİ

Did	özne	fiilin 1. hali	tümleç
Did	**I**	**live**	**here in 1994?**
Did	**you**	**speak**	**to him yesterday?**
Did	**he**	**work**	**here before?**
Did	**she**	**trust**	**me?**
Did	**we**	**get up**	**early yesterday?**
Did	**you**	**clean**	**your room?**
Did	**they**	**see**	**him last night?**

Görüldüğü gibi belirli geçmiş zamanda fiil, olumlu cümlelerde ikinci halde bulunur. Bu zamanda olumsuz ve soru cümleleri **did** yardımcı fiili ile yapılır, bu durumda fiil yeniden yalın durumuna (birinci haline) dönüşür.

Not: Düzensiz fiiller için bk. Bölüm 84.

BELİRSİZ GEÇMİŞ ZAMAN
THE PRESENT PERFECT TENSE

Geçmişte yapılmış bir eylemin şimdiki sonuç veya etkisini bildiren, bu bakımdan geçmişle şimdiki zamanın bir tür karışımı olan belirsiz geçmiş zaman biçim olarak şu şekilde oluşur.

1. **have** fiili bir yardımcı fiil olarak kullanılır. Özne tekilse **has,** çoğulsa **have** fiilin önünde yer alır.
2. Esas fiil olarak fiilin üçüncü şekli (**past participle** -geçmiş zaman ortacı) kullanılır.

Kullanıldığı yerler:

1. Bu zaman her ne kadar geçmişte yapılmış bir eylemi gösterirse de esas verdiği anlam geçmişte yapılmış bu eylemin şimdiki zamanda sonucu veya etkisidir. Anlatılan, geçmişteki olayın ne zaman ve nasıl yapıldığı değil, bu olayın şu andaki etki ve sonucudur.

We have cleaned the room. Odayı temizledik.
(Odayı temizlemiş durumdayız. Şimdi oda temiz.)

He has opened the door.	Kapıyı açtı. (Kapıyı açmış durumda. Kapı şimdi açık.)
She has read this book.	Bu kitabı okudu. (Bu kitabı okumuş durumda. Şimdi kitabı biliyor.)

2. Bir eylemin hemen biraz önce yapıldığı anlatılırken **just** sözcüğü ile kullanılır.

I have just telephoned her.	Ona az önce telefon ettim.
He has just left the house.	Evden biraz önce ayrıldı.
Has she just cleaned the floor?	Yeri az önce mi temizledi?

3. For "-dır, -dir" ve **since** "-den beri" ile geçmişte başlamış ve şu ana dek süregelen olumlu ya da olumsuz hareketleri belirtmek için kullanılır.

for ten days	on gündür
for a week	bir haftadır
since eight o'clock	saat sekizden beri
since Thursday	perşembeden beri

I haven't seen a good film for a long time.	Uzun bir süredir iyi bir film görmedim.
He has lived here since he was born.	Burada doğduğundan beri oturmaktadır.
They have been married for ten years.	Onlar on yıllık evliler.

Daha ayrıntılı bilgi için bk. **İngilizce Dilbilgisi, Sayfa 317-334, FONO Yayınları.**

OLUMLU BİÇİM

özne	have has	fiilin 3. hali	tümleç
I	**have**	**eaten**	**all the cake.**
You	**have**	**been**	**in Germany.**
He	**has**	**written**	**many books.**
She	**has**	**done**	**her homework.**
We	**have**	**lost**	**our passports.**
You	**have**	**seen**	**him this morning.**
They	**have**	**come**	**on time.**

OLUMSUZ BİÇİM

özne	have has	not	fiilin 3. hali	tümleç
I	**have**	**not**	**eaten**	**all the cake.**
You	**have**	**not**	**been**	**in Germany.**
He	**has**	**not**	**written**	**many books.**
She	**has**	**not**	**done**	**her homework.**
We	**have**	**not**	**lost**	**our passports.**
You	**have**	**not**	**seen**	**him this morning.**
They	**have**	**not**	**come**	**on time.**

SORU BİÇİMİ

have has	özne	fiilin 3. hali	tümleç
Have	**I**	**eaten**	**all the cake?**
Have	**you**	**been**	**in Germany?**
Has	**he**	**written**	**many books?**
Has	**she**	**done**	**her homework?**
Have	**we**	**lost**	**our passports?**
Have	**they**	**seen**	**him?**

TURKISH GRAMMAR SUMMARY

SOME NOTES ON TURKISH LANGUAGE and GRAMMAR

The Turkish languages are scattered over a wide area from Turkey itself through northern Iran and the southwestern republics of the ex-USSR, on through northern Afghanistan and northwestern China and into Siberia, yet there is great homogeneity within the family, which is related neither to the Indo-European tongues nor to the Semitic. Turkish is therefore fundamentally different from both Persian and Arabic, though it has in the past borrowed heavily from both, as well as from French. Until Atatürk introduced a modified version of the **Roman script** in 1928, Arabic script was used in Turkey and the language still contains many Arabic words. The Turkish language belongs to the **Ural-Altaic** group, one of the language families of Central Asia.

PRONUNCIATION

Turkish is luckily a very regular language as regards pronunciation. A phonetic alphabet was introduced in 1928 by **Atatürk** and was devised by a team of American linguists. Once you learn the sound value of a Turkish letter, you can pronounce any word fairly accurately. For this reason, this book has no transcription (which can only ever be approximate and is often misleading). On these pages you will find a key to the pronunciation. Of course you will sometimes need to refer back to the pronunciation guide to be more accurate.

The Turkish alphabet comprises **29** letters and it has **6** letters with special markings that are not found in English though their sounds are similar to known English sounds.

The letters "**Q**", "**W**" and "**X**" are not in the Turkish alphabet.

The letters and their approximate pronunciations are as follows:

Consonants

Letter	Approximate pronunciation	Example
B, b	as in English	**baba, bel, bebek, bir**
C, c	like j as in jam, jump	**ceket, ceza, cam, kapıcı**
Ç, ç	like ch as in church	**çok, çorba, çiçek, çıkış**
D, d	as in English	**deniz, diş, derin, evde**
F, f	as in English	**fiyat, fırın, fena, lütfen**
G, g	like g as in gate	**gel, gemi, göz, İngiliz**
-ğ	with soft vowels (e, i, ö, ü) a consonantal y (as in **öğüt**); with hard vowels (a, ı, o, u) a gluttal and barely perceptible g (as in **yağ**)	**öğle, yağ, ağla, dağ**

H, h	like h as in hot, hit	**hoca, hafta, hesap, daha**
J, j	like s as in pleasure	**garaj, bagaj, plaj, müjde**
K, k	like c as in cold, cure	**kapı, kilim, tek, kart**
L, l	as in English	**lise, lira, lokum, dil**
M, m	as in English	**masa, minik, moda**
N, n	as in English	**ne, nasıl, neden**
P, p	as in English	**para, kapı, pazar**
R, r	like the r at the beginning of words. It is always pronounced as in ring, rapid	**resim, araba, rakı, rica**
S, s	like s as in snake	**sigara, saat, süt, sen**
Ş, ş	like sh as in shoe, sheet	**şey, şeker, şarap, kış**
T, t	as in English	**temiz, teras, tabak, et**
V, v	as in English at the beginning, more like **w** in the middle	**ver, var, veda, vali** **kavun, tavuk, evli**
Y, y	like y as in yet, yes	**yatak, yok, hayır, yol**
Z, z	as in English	**zaman, az, kaz, zengin**

Vowels

A, a	like u in cut, slighty short	**çay, para, ad, akşam**
E, e	like e as in met	**ev, gece, vezne, evet**
I, ı	like a in about, e in open (The small letter **ı** is always written without a dot.)	**kız, ısı, tatlı, danışma**
İ, i	like the y in jetty (The capital letter **İ** is always written with a dot.)	**iyi, isim, kilim, elli**
O, o	like o in off	**otobüs, fotoğraf, otel**
Ö, ö	as in French peu, neveu as in German Mörder Förster, Röntgenbild	**kötü, çöp, göl, ördek**
U, u	as "oo" in good	**bu, uçak, ucuz, uzun**
Ü, ü	as in French plume, cru musee, as in German Glück, Müll, fünf, plündern	**bugün, büyük, üç**

The Circumflex (â)

It is used on the vowel a following the consonants k and g in the words borrowed from Arabic or Persian and lengthens the vowel a or softens the preceding consonants k, g: **kâğıt**, **dükkân**, **rüzgâr**. It serves as a diacritic when the spelling of a word is same with another; **kar** (snow) **kâr** (profit); **hala** (aunt) **hâlâ** (still)

Diphthongs

There is controversy amongst Turkish grammarians as to whether there are true diphthongs or not, and if so how many.

When you see two vowels together, or a vowel followed by a "**y**" run the sounds together.

ay	becomes like ey in eye (or like igh as in sight)	**ay, say, mayıs**
ey	becomes like ay in say	**bey, eylül**
oy	becomes like oy in boy	**koy**

Stress

The stress is generally on the final syllable except in place names and adverb: **ordu** (means army), **Ordu** (a city name) **yalnız** (an adjective meaning alone), **yalnız** (an adverb meaning only)

The only exception to this rule are:

1. The stress lies on the syllable preceding the negative **-me/-ma** and the interrogative **-mi/-mı** **(-mu/-mü)**: **kazma** (don't dig); **kazma** (pickaxe).

2. The dependent morphemes denoting tenses are usually stressed: **yapıyorum**, **yaparsın**.

3. The final syllable **-le** is never stressed: **bu suretle.**

GRAMMAR

As it can easily be imagined, it is impossible to discover all the features of Turkish in such a short introduction, but we will try to give you some information about its prominent features such as plurality in nouns, personal pronouns, nominal cases, adjectives, word order, the use of suffixes and what is called vowel harmony.

Word order

Turkish is a "**subject - object - verb**" language and it shares with Korean and Japanese a word order based on two principles:

1- modifier stands before modified, i.e. adjective before noun, adverb before verb
2- the finite verb stands at the end of the sentence

In popular speech and lively writing, however, word order varies widely for rhythm, emphasis and good discourse flow; the case and possession suffixes anyway make it clear who does what to whom, regardless of word order. All adjectivals, however long, precede their substantive. What correspond to English prepositions follow the noun, and what correspond to subordinating conjunctions follow their clauses. Modal verbs follow lexical verbs.

Articles

Turkish has an indefinite article, which is sandwiched between adjective and noun. As in many European languages, it is not used for professions or in negative existentials. It has no definite article, but direct objects are different in form according to whether or not they are definite in meaning.

Suffixes

In Turkish, as in English, nouns are genderless but they show number, possession and case. As stated above there is no definite article like "the" in English, but the definiteness in nouns is expressed by a suffix (ending on the verb stem) which may be **-ı, -i, -u** or **-ü** according to the rules of vowel harmony.

Example:

masa	table	(nominative)
masaYA	to the table	**-ya** (an ending indicating dative)
masaDA	on /at the table	**-da** (an ending indicating ablative)
masaNIN	of the table	**-nın** (an ending indicating genitive)

Vowel harmony

The vowels of the suffix change according to the vowels in the word stem. Turkish vowels can be classified in two groups for the sake of simplicity.

GROUP 1 GROUP 2	back vowels front vowels	**a ı o u** **e i ö ü**

1. When adding a suffix it must be from the same vowel group as the preceding vowel in the word or verb stem.

İstanbul	**İstanbul'a**	to İstanbul
İzmir	**İzmir'e**	to İzmir
Dalaman	**Dalaman'a**	to Dalaman

When choosing the appropriate given suffix remember this rule (e.g **-den/-dan**)

2. It is also important to remember that if a word or verb stem ends in a vowel and the suffix starts with a vowel, "y" is inserted to seperate the two vowels.

İstanbul	**İstanbul'a**	to İstanbul
İzmir	**İzmir'e**	to İzmir
Ankara	**Ankara'ya**	to Ankara
Side	**Side'ye**	to Side

Plurality in nouns

The suffix showing plurality of nouns is either (**-lar**) or (**-ler**) depending on vowel harmony. If the noun includes any of the vowels in Group 1 in the last syllable of the word, then the plural suffix to be used is (**-lar**), otherwise it is (**-ler**).

Examples:

Singular		Plural	
oda	room	**odaLAR**	rooms
palto	coat	**paltoLAR**	coats
kız	girl	**kızLAR**	girls
ev	house	**evLER**	houses
gemi	ship	**gemiLER**	ships
çiçek	flower	**çiçekLER**	flowers

If the noun contains vowels from either group, then the plural suffix is formed according to the last vowel of the noun.

Singular		Plural	
bahçe	garden	**bahçeLER**	gardens
elma	apple	**elmaLAR**	apples
kitap	book	**kitapLAR**	books
otobüs	bus	**otobüsLER**	buses
otel	otel	**otelLER**	hotels
fincan	cup	**fincanLAR**	cups

Cases

There are six main cases indicated by the suffix. The vowels change according to the vowel harmony.

Cases	Singular	Plural
absolute	**ev** the house **masa** the table **araba** the car	**evler** the houses **masalar** the tables **arabalar** the cars
accusative	**evİ** the house **okulU** the school **arabaYI*** the car	**evlerİ** the houses **okullarI** the schools **arabalarI** the cars
dative	**evE** to the house **okulA** to the school **arabaYA*** to the car	**evlerE** to the houses **okullarA** to the schools **arabalarA** to the cars
possessive	**evİN** of the house **okuLUN** of the school **arabaNIN** of the car	**evlerİN** of the houses **okullarIN** of the schools **arabalarIN** of the cars
locative	**evDE** at/in the house **okulDA** at /in (the) school **arabaDA** in the car	**evlerDE** in the houses **okullarDA** at (in) (the) schools **arabalarDA** in the cars
ablative	**evDEN** from the house **okulDAN** from (the) school **arabaDAN** from the car	**evlerDEN** from the houses **okullarDAN** from (the) schools **arabalarDAN** from the cars

(*) = the insertion of "y" to separate two vowels.

Note:

1. Absolute indicates subjective or predicative use.

The house is big.	**EV büyük.**
This is a big house.	**Bu büyük bir EV.**

2. Accusative indicates direct object.

I visited the house. **Evi ziyaret ettim.**

3. Dative indicates indirect object showing direction towards.

I went to the house. **Eve gittim.**

4. Locative indicates location.

He is at home. **O evde.**

5. Ablative indicates motion away from.

I went from the house. **Evden gittim.**

The suffixes for each case are as follows depending on the preceding vowel.

	nom.	acc.	dat.	poss.	loc.	abl.
back vowels **a, ı, o, u**	-	**ı, u**	**a**	**ın, un**	**da**	**dan**
front vowels **e, i, ö, ü**	-	**i, ü**	**e**	**in, ün**	**de**	**den**

It must be noted that suffixes do not only form according to the rules of the vowel harmony but also there is a consonant harmony operating in the Turkish language. For example, after tense consonants like **/k/, /t/, /p/, /ş/** the locative case suffix is **(-te)** and the ablative case suffix is **(-ten)**, otherwise they are **(-de)** or **(-da)** and **(-den)** or **(-ten)**.

uçak plane — **uçakTA** in the plane; **uçakTAN** from the plane

tabak plate — **tabakTA** in the plate; **tabakTAN** from the plate

Adjectives

In Turkish adjectives always precede the noun.

ucuz cheap **yemek** meal
ucuz yemek cheap meal

Personal Pronouns

Personal pronouns are much less used than in English; the subject pronoun is expressed only for emphasis, contrast or to introduce the subject as a topic. These are normally distinguished in English by changes in stress and intonation. Object pronouns are used even less. Possessives are also normally unnecessary, since the "possessed" form of the noun makes the relationship clear.

There are six cases and these are also indicated by suffixes which follow the rules of vowel harmony.

In Turkish there is a singular and a plural "you", the words **SEN** and **SİZ** respectively and the plural form is used as a form of speech when speaking with one person, as well. The plural "you", **SİZ** is used when being polite. As a rule of thumb use "**SİZ**" except when addressed as "**SEN**". Always use it for people older than yourself and anyone in authority. "**SEN**" is only used for peers and close friends. There is no distinction between he, she and it.

Cases

	I	you	he,she it	we	you	they
nom.	**ben**	**sen**	**o**	**biz**	**siz**	**onlar**
acc.	**beni**	**seni**	**onu**	**bizi**	**sizi**	**onları**
dat.	**bana**	**sana**	**ona**	**bize**	**size**	**onlara**
pos.	**benim**	**senin**	**onun**	**bizim**	**sizin**	**onların**
loc.	**bende**	**sende**	**onda**	**bizde**	**sizde**	**onlarda**
abl.	**benden**	**senden**	**ondan**	**bizden**	**sizden**	**onlardan**

The subject pronouns in the nominative case are not usually used (except for emphasis) because the subject is understood from verb endings in Turkish.

Ben geliyorum. (I'm coming.) = **Geliyorum. (*)**
Ben gidiyorum. (I'm going.) = **Gidiyorum.**

(*) -m suffix at the end of the verb indicates that the subject is **BEN**.

Possessive Adjectives

The English possessive adjectives (my, your, his, her, its, our, their) are expressed in Turkish by suffixes. Nouns need to take a suffix according to the vowel harmony after a possessive adjective, as well.

After a consonant

my house	**(ben - im)**	**ev - im**
your house	**(sen - in)**	**ev - in**
his/her/its house	**(o - nun)**	**ev - i**
our house	**(biz - im)**	**ev - imiz**
your house	**(siz - in)**	**ev - iniz**
their house	**(onlar - ın)**	**ev - i**

my bag	**(ben - im)**	**çanta - m**
your bag	**(sen - in)**	**çanta - n**
his/her/its bag	**(o - nun)**	**çanta - sı**
our bag	**(biz - im)**	**çanta - mız**
your bag	**(siz - in)**	**çanta - nız**
their bag	**(onlar - ın)**	**çanta - sı**

In Turkish adjective phrases may be expressed like **benim otelim** (My hotel) or only **otelim** (My hotel). n the second form possessive suffix is attached to the end of the noun. Keep in mind that possessive suffixes have variations according to the rules of the vowel harmony. For example, **-im** has variations such as **-ım, -um, -üm**. And **-nız** has variations such as **-niz, -nuz, -nuz**.

The table below lists the suffixes which need to be attached to the noun after a possessive adjective or in the possessive case according to the vowel harmony.

pronoun	preceding vowel			
	a/ı	**e/i**	**o/u**	**ö/ü**
benim	**(ı)m**	**(i)m**	**(u)m**	**(ü)m**
senin	**(ı)n**	**(i)n**	**(u)n**	**(ü)n**
onun	**(s)ı**	**(s)i**	**(s)u**	**(s)ü**
bizim	**(ı)mız**	**(i)miz**	**(u)muz**	**(ü)müz**
sizin	**(ı)nız**	**(i)niz**	**(u)nuz**	**(ü)nüz**
onların	**(lar)ı**	**(ler)i**	**(lar)ı**	**(ler)ü**

Notes on the use of suffixes:

1. If the noun ends in a vowel the letters in the paranthesis (except s, the one for "**onun**") are omitted.

2. If the noun for the 3rd person plural (i.e. their) is in the singular form, the plural endings **(-ler, -lar)** are omitted and the rule for "**onun**" shown above in the table is applied.

(onların) arabaları	their cars
(onların) evleri	their houses
(onların) arabası	their car

(onların) evi their house

Note that you cannot omit the word "**onların**" when the following noun is in singular.

3. The letters **(c, k, p)** at the end of words become respectively (**ç, ğ,** and **b**) and then the suffix is added when the suffix starts with a vowel. (In the same way the letter **t** may sometimes become **d**.)

e.g. **piliç** - chicken, **çocuk** - child, **kitap** - book

(benim) pilicim	my chicken
(benim) çocuğum	my child
(benim) kitabım	my book

Vocabulary

The only lexical common ground between Turkish and English is a body of modern borrowings from French, such as **kalite** (= quality), **enflasyon** (=inflation). Available dictionaries range from abominable to very good. You may consult to the "**Modern English/Turkish, Turkish/English Dictionary**" printed amongst **FONO Publications** if need arises.

In Turkish you "pull trouble, telegrams and photographs", you "give decisions", you "stay (fail) in an exam", you "see education, duty and work", you "become an ill, injection or operation".

Verbs

The Turkish verb shows person, number, tense, aspect, voice, mood, modality and polarity. The object is not expressed with the verb; nor is gender.

Only the present progressive (present continuous tense) is given here as it is the one most commonly used throughout this handbook and is the most commonly used. Usually when speaking the absolute pronoun **(Ben, sen, o, biz siz, onlar)** is omitted as the personal suffix on the verb indicates the subject.

All suffixes follow the rules of the vowel harmony. Remember that the 2nd person plural is used to be polite or formal. The verb "to be" is indicated in Turkish merely by a suffix.

subject	preceding vowel			
	a/ı	**e/i**	**o/u**	**ö/ü**
I	**ım**	**im**	**um**	**üm**
you	**sın**	**sin**	**sun**	**sün**
he/she/it	**dır**	**dir**	**dur**	**dür**
we	**ız**	**iz**	**uz**	**üz**
you	**sınız**	**siniz**	**sunuz**	**sünüz**
they	**lar**	**ler**	**lar**	**ler**

tired	**yorgun**
I'm tired.	**Yorgunum.**
You're tired.	**Yorgunsun.**
We're tired.	**Yorgunuz.**
well/fine	**iyi**
I'm fine.	**İyiyim.**
You're fine.	**İyisin.**
We're fine.	**İyiyiz.** *

(*) here "y" is used to separate two vowels.

IMPORTANT NOTE: Please refer to Section 83 for a detailed list of verbs.

THE PRESENT PROGRESSIVE TENSE
(The Present Continuous Tense)

The present progressive tense is formed by:

verb stem + a vowel harmonizer + yor + a personal (ı,i,u,ü) suffix

* **YOR** is the present continuous tense indicator and it is the same for all persons.

1. If the verb stem ends in a consonant:

verb stem + approppriate harmonizer + yor + personal suffix

2. If the verb stem ends in the vowel **(a)** or **(e)**, these become **(ı, i, u, ü)** according to the vowel harmony of the other final vowels.

3. If the verb stem ends in a vowel other than **(a)** or **(e)**

verb stem + yor + personal suffix

Examples:

1. Verbs ending in a consonant

bak(mak)	to look
Bak.	Look.
(Ben) Bakıyorum.	I am looking.

verb stem	harmonizer vowel	progressive suffix	personal suffix
Bak	**ı**	**yor**	**um.**
Bak	**ı**	**yor**	**sun.**
Bak	**ı**	**yor**	
Bak	**ı**	**yor**	**uz.**
Bak	**ı**	**yor**	**sunuz.**
Bak	**ı**	**yor**	**lar.**

Gidiyorum.	I'm going.
Gidiyorsun.	You're going.
Gidiyor.	He/She/It's going.
Gidiyoruz.	We're going.
Gidiyorsunuz.	You're going.
Gidiyorlar.	They're going.

Veriyorum.	I'm giving.
Veriyorsun.	You're giving.
Veriyor.	He/She/It's giving.
Veriyoruz.	We're giving.
Veriyorsunuz.	You're giving.
Veriyorlar.	They're giving.

2. verbs ending in the vowel **(a)** or **(e)**

dinle(mek)	to listen
Dinle	Listen.
I'm listening.	(Ben) Dinliyorum.

verb stem	harmonizer vowel	progressive suffix	personal suffix
Dinl	**i**	**yor**	**um.**
Dinl	**i**	**yor**	**sun.**
Dinl	**i**	**yor**	**-.**
Dinl	**i**	**yor**	**uz.**
Dinl	**i**	**yor**	**sunuz.**
Dinl	**i**	**yor**	**lar.**

Başlıyorum.	I'm starting.
Başlıyorsun.	You're starting.
Başlıyor.	He/She/It's starting.
Başlıyoruz.	We're starting.
Başlıyorsunuz.	You're starting.
Başlıyorlar.	They're starting.

Bekliyorum.	I'm waiting.
Bekliyorsun.	You're waiting.
Bekliyor.	He/She/It's waiting.
Bekliyoruz.	We're waiting.
Bekliyorsunuz.	You're waiting.
Bekliyorlar.	They're waiting.

3. verb stems ending in the appropriate vowel harmonizer

Yürü(mek)	to walk
Yürü.	Walk.
Yürüyorum.	I'm walking.

verb stem	progressive suffix	personal suffix
Yürü	**yor**	**um.**
Yürü	**yor**	**sun.**
Yürü	**yor**	**-.**
Yürü	**yor**	**uz.**
Yürü	**yor**	**sunuz.**
Yürü	**yor**	**lar.**

Taşıyorum.	I'm carrying.
Taşıyorsun.	You're carrying.
Taşıyor.	He/She/It's carrying.
Taşıyoruz.	We're carrying.
Taşıyorsunuz.	You're carrying.
Taşıyorlar.	They're carrying.

Note: The final **(t)** of verb stems is often changed to **(d)** in the affirmative.

gitmek	to go
Gidiyorum.	I'm going.

Negative form

The negative is formed by inserting **(mı, mi, mu, mü)** "depending on the vowel harmony" immediately after the original verb stem + yor + personal suffix.

Bak.	Look.
Bakıyorum.	I'm looking.
Bakmıyorum.	I'm not looking.

verb stem (unchanged)	negative suffix	progressive suffix	personal suffix
Bak	**mı**	**yor**	**um.**
Bak	**mı**	**yor**	**sun.**
Bak	**mı**	**yor**	**-.**
Bak	**mı**	**yor**	**uz.**
Bak	**mı**	**yor**	**sunuz.**
Bak	**mı**	**yor**	**lar.**

Dinlemiyorum.	I am not listening.
Dinlemiyorsun.	You are not listening.
Dinlemiyor.	He/She/It isn't listening.
Dinlemiyoruz.	We are not listening.
Dinlemiyorsunuz.	You are not listening.
Dinlemiyorlar.	They are not listening.

Note: The final **(t)** of verb stems as in **git(mek)** which changes to a **(d)** in the affirmative remains as **(t)** in the negative or interrogative.

Gidiyorum.	I'm going.
Gitmiyorum.	I'm not going.

Question form

When a question is used it is followed by the appropriate form of the present progressive verb.

Ne zaman	**geliyorsun?**
Kim	**gidiyor?**
Niçin	**gidiyoruz?**
Hangisini	**alıyoruz?**
Ne kadar	**alıyorsunuz?**

NOTE : Please consult to (QUESTION WORDS-QUESTIONS (Section 1) of your handbook for a detailed list of the question words and examples.

When no question word is used the question is formed with a suffix in the following manner.

Bakıyorum.	I am looking.
Bakıyor muyum?	Am I looking?
Bakıyor musun?	Are you looking?

Gidiyor.	He/She/It is going.
Gidiyor mu?	Is he/she/it going?

verb stem	harmonizer vowel suffix	progressive suffix	personal question
Bak	**ı**	**yor**	**muyum?**
Bak	**ı**	**yor**	**musun?**
Bak	**ı**	**yor**	**mu?**
Bak	**ı**	**yor**	**muyuz?**
Bak	**ı**	**yor**	**musunuz?**
Bak	**ı**	**yor**	**lar mı?**

Gidiyor muyum? Am I going?
Gidiyor musun? Are you going?
Gidiyor mu? Is he/she/it going?
Gidiyor muyuz? Are we going?
Gidiyor musunuz? Are you going?
Gidiyorlar mı? Are they going?

As stated at the very beginning, in Turkish the verb always comes at the end of sentence.

It is beyond the scope of this handbook to continue further into the grammar. The present progressive form can be used for the present and for future (in some instances). Should you wish to know more about the grammar and tenses you may consult to "**TURKISH - a self study course**" by **FONO Publications**. However you will hopefully by now started to understand the use of vowel harmony and suffixes and will be able to make intelligent guesses when confronted with other suffix forms and verb tenses.

Good luck! Have a good time!

SINIFLANDIRILMIŞ SÖZCÜKLER

CLASSIFIED WORDS

1. İNSANOĞLU / HUMAN BEING

cinsiyet	sex	/seks/
erkek	man	/men/
erkek (cinsiyet)	male	/meyl/
erkek çocuk	boy	/boy/
erkekler	men	/men/
ırk	race	/reys/
insan	man	/men/
insanlık	humanity	/hyu:'menıti/
insanoğlu	man, mankind	/men, men'kaynd/
kadın	woman	/'wumın/
kadın (cinsiyet)	female	/'fi:meyl/
kadınlar	women	/'wimin/
kız çocuk	girl	/gö:l/
kişi	person	/'pö:sın/
kişiler	people	/'pi:pıl/

2. İSİM / NAMES

Bay	Mr.	/'mistı/
Bayan	Ms.	/mız/
Bayan (bekâr)	Miss	/mis/
Bayan (evli)	Mrs.	/'misiz/
imza	signature	/'signıçı/
isim, ad	name	/neym/
kızlık soyadı	maiden name	/'meydınneym/
soyadı	surname	/'sö:neym/
takma ad	nickname	/'nikneym/

3. YAŞ / AGE

bebek	baby	/'beybi/
bebeklik	babyhood	/'beybihud/
çocuk	child	/çayld/
çocukluk	childhood	/'çayldhud/
doğum günü	birthday	/'bö:tdey/
genç	young	/yang/

gençlik	youth	/yu:t/
orta yaşlı	middle-aged	/midl'eycd/
yaş	age	/eyc/
yaşında	aged	/'eycd/
yaşlı	old	/ould/
yeni doğmuş	newly-born	/'nyuli bo:n/
yetişkin	adult, grown up	/'edalt, grounap/

4. HAYAT, ÖLÜM / LIFE, DEATH

beden	body	/'badi/
canlı	alive	/ı'layv/
cenaze	funeral	/'fyu:nırıl/
ceset	corpse	/ko:ps/
doğum	birth	/bö:t/
hayat, yaşam	life	/layf/
intihar	suicide	/'syuisayd/
mezar	grave	/'greyv/
mezarlık	cemetery	/'semitri/
miras	inheritance	/in'heritıns/
ölü	dead	/ded/
ölüm	death	/det/
ölümcül	fatal	/'feytıl/
ölümlü, fani	mortal	/'mo:tıl/
ömür	lifetime	/'layftaym/
ömür boyu	lifelong	/'layflong/
sağ	live	/'layv/
tabut	coffin	/'kofin/
vasiyet	will	/wil/

5. AİLE / FAMILY

aile	family	/'femıli/
akraba	relation	/ri'leyşın/
amca, dayı	uncle	/'ankıl/
anne	mother	/'madı/
anneanne	grandmother	/'grenmadı/
ata	ancestor	/'ensıstı/

baba	father	/'fa:dı/
baldız	sister-in-law	/'sistırinlo:/
bekar	single, bachelor	/'singıl, 'beçılı/
birey	individual	/indi'vicu:ıl/
çocuk	child	/çayld/
çocuklar	children	/'çildrın/
damat	bridegroom	/'braydgrum/
dede	grandfather	/'grenfa:dı/
dul (erkek)	widower	/ 'widouı/
dul (kadın)	widow	/'widou/
ebeveyn	parents	/'peırınts/
erkek kardeş	brother	/'bradı/
evli	married	/'merid/
evlilik	marriage	/'meric/
gelin	bride	/brayd/
ikiz	twin	/twin/
kalıtım	heredity	/hi'rediti/
karı	wife	/wayf/
kayınbirader	brother-in-law	/bradırinlo:/
kayınpeder	father-in-law	/'fa:dırinlo:/
kaynana	mother-in-law	/'madırinlo:/
kız çocuk	daughter	/'do:tı/
kız kardeş	sister	/'sistı/
koca	husband	/'hazbınd/
kuzen	cousin	/'kazın/
nesil	generation	/cenı'reyşın/
nişanlı	engaged	/in'geycd/
oğul	son	/san/
teyze, hala	aunt	/a:nt/
torun	grandchild	/'grençayld/
torun (erkek)	grandson	/'grensan/
torun (kız)	granddaughter	/'grendo:tı/
üvey anne	step mother	/step'madı/
üvey baba	step father	/step fa:dı/
yeğen (erkek)	nephew	/'nefyu:/
yeğen (kız)	niece	/'ni:s/
yetişkin	adult	/ı'dalt/

6. VÜCUT, BEDEN YAPISI / BODY, FIGURE

balıketi	plump	/'plamp/
boy	height	/hayt/
cılız	skinny	/'skini/
ince	thin	/tin/
iri	big	/big/
iriyarı	stout	/staut/
kısa boylu	short	/şo:t/
kilo (ağırlık)	weight	/weyt/
minicik	tiny	/'tayni/
narin	slim	/slim/
sıska	lean	/li:n/
şişman	fat	/fet/
uzun boylu	tall	/to:l/
vücut	body	/badi/

7. SAÇ / HAIR

açık renk	light	/layt/
dalga	wave	/weyv/
esmer	dark	/da:k/
esmer (kadın)	brunette	/bru:'net/
gri	grey	/grey/
kel	bold	/ bold/
kızıl	red	/red/
koyu renk	dark	/da:k/
kumral	auburn	/'o:bın/
örgü	plait	/pleyt/
perma	permanent hair	/'pö:mınınt heı/
saç	hair	/heı/
saç biçimi	hairstyle	/'heıstayl/
sarışın (bayan)	blonde	/blond/
sarışın (erkek)	blond	/blond/

8. **YÜZ, GÖRÜNÜM** / FACE, APPEARANCE

ben	beauty spot	/'byu:itispot/
cilt, ten	complexion	/kım'plekşın/
çekici	attractive	/ı'trektiv/
çil	freckle	/'frekıl/
çirkin	ugly	/'agli/
çok güzel	beautiful	/'byu:tifıl/
görünüm	appearance	/ı'piırıns/
göz alıcı	striking	/strayking/
güzel	pretty	/'priti/
kırışık, buruşuk	wrinkle	/'rinkıl/
şirin	cute	/kyu:t/
yakışıklı	handsome	/hensım/
zarif	elegant	/'eligınt/

9. **BAŞ** / HEAD

ağız	mouth	/maut/
alın	forehead	/'fo:hed/
baş	head	/hed/
bıyık	moustache	/mıs'ta:ş/
burun	nose	/nouz/
çene	chin	/çin/
damak	palate	/'pelıt/
dil	tongue	/tang/
dişeti	gums	/gamz/
dudak	lip	/lip/
göz	eye	/ay/
gözkapağı	eyelid	/'aylid/
gözbebeği	pupil	/'pyu:pıl/
kaş	eyebrow	/'aybrau/
kirpik(ler)	eyelash(es)	/'ayleş(iz)/
kulak	ear	/iı/
kulakmemesi	ear lobe	/'iıloub/
sakal	beard	/biıd/
yanak	cheek	/çi:k/
yüz	face	/feys/

10. GÖVDE, ORGANLAR / TRUNK, ORGANS

akciğer	lung	/lang/
avuç içi, aya	palm	/pa:m/
ayak	foot	/fu:t/
ayak parmağı	toe	/tou/
bacak	leg	/leg/
bademcikler	tonsils	/'tonsilz/
bağırsaklar	intestines	/in'testinz/
baldır	calf	/ka:f/
bel	waist	/weyst/
beyin	brain	/breyn/
bez, gudde	gland	/glend/
bilek	wrist	/rist/
böbrek	kidney	/'kidni/
dalak	spleen	/spli:n/
damak	palate	/'pelıt/
damar	vein	/veyn/
deri	skin	/skin/
dirsek	elbow	/'elbou/
diz	knee	/ni:/
eklem	joint	/coynt/
el	hand	/hend/
gırtlak	throat	/trout/
göbek	navel	/'neyvıl/
göğüs	chest	/çest/
gövde	trunk	/trank/
incik	shin	/şin/
iskelet	skeleton	/'skelitın/
kafatası	skull	/skal/
kalça	hip	/hip/
karaciğer	liver	/'livı/
karın	belly	/'beli/
kas	muscle	/'masıl/
kemik	bone	/boun/
kol	arm	/a:m/
meme	breast	/brest/
mesane	bladder	/bledı/
mide	stomach	/'stamık/
omur	vertebra	/'vö:tıbrı/

omuz	shoulder	/'şouldı/
organ	organ	/'o:gın/
oyun	neck	/nek/
pankreas	pancreas	/'penkriıs/
parmak	finger	/'fingı/
pazı	biceps	/'bayseps/
safra kesesi	gall bladder	/go:l bledı/
sırt	back	/bek/
sinir	nerve	/nö:v/
soluk borusu	windpipe	/'windpayp/
tırnak	fingernail	/'fingıneyl/
topuk	heel	/hi:l/
yemek borusu	oesophagus	/i'sofıgıs/
yumruk	fist	/fist/

11. **KALP** / HEART

atardamar	artery	/'a:tıri/
kalp	heart	/ha:t/
kan	blood	/blad/
kan dolaşımı	blood circulation	/blad sö:kiu'leyşın/
kan grubu	blood type	/blad tayp/
nabız	pulse	/pals/
toplardamar	vein	/veyn/

12. **PARMAKLAR** / FINGERS

başparmak	thumb	/tam/
işaretparmağı	forefinger	/fo:fingı/
	index finger	/'indeks 'fingı/
ortaparmak	middle finger	/'midıl 'fingı/
parmak	finger	/'fingı/
serçeparmak	little finger	/'litıl 'fingı/
yüzükparmağı	ring finger	/'ring 'fingı/

13. EV / HOUSE

apartman	apartment house	/ı'pa:tmınt haus/
baca	chimney	/'çimni/
bahçe	garden	/'ga:dın/
balkon	balcony	/'belkıni/
banyo	bathroom	/'ba:trum/
birinci kat	first floor	/fö:st flo:/
çalışma odası	study	/'stadi/
çatı	roof	/ru:f/
çit	fence	/fens/
daire	flat	/flet/
dubleks	duplex	/'du:pleks/
duvar	wall	/wo:l/
ev	house	/haus/
garaj	garage	/gera:j/
giriş	entrance	/'entrıns/
hol	hall	/ho:l/
kapı	door	/do:/
kapı zili	doorbell	/do:bel/
kat	floor	/flo:/
kiler	larder	/'la:dı/
koridor	corridor	/korido:/
kulübe	hut	/hat/
mektup kutusu	letter box	/letıboks/
merdiven(ler)	stairs	/steız/
misafir odası	guest room	/gest rum/
mobilyalı ev	furnished house	/'fö:nişt haus/
mutfak	kitchen	/'kiçın/
oda	room	/rum/
oturma odası	sitting room	/'siting rum/
pencere	window	/'windou/
sundurma	porch	/po:ç/
tavan	ceiling	/'si:ling/
teras	terrace	/'terıs/
tuğla	brick	/brik/
tuvalet	toilet, lavatory	/'toylit, 'levıtri/
üst kat	top floor	/top flo:/
villa	villa	/'vilı/
yatak odası	bed room	/bed rum/
yemek odası	dining room	/'dayning rum/
zemin kat	basement	/'beysmınt/

14. **OTURMA ODASI** / SITTING ROOM

avize	chandelier	/şendi'liı/
duvar saati	clock	/klok/
halı	carpet	/'ka:pit/
kitaplık	bookshelf	/'bukşelf/
koltuk	arm chair	/a:m çeı/
kül tablası	ash tray	/eş trey/
masa	table	/'teybıl/
minder	cushion	/'kuşın/
müzik seti	music set	/'myu:zikset/
oturma odası	sitting room	/siting rum/
perde(ler)	curtains	/'kö:tinz/
pikap	turntable	/'tö:nteybıl/
radyo	radio	/'reydiou/
sandalye	chair	/çeı/
sehpa	coffee table	/'kofi teybıl/
şömine	fire place	/'fayıpleys/
tablo	painting	/'peynting/
telefon	telephone	/'telifoun/
televizyon	television	/'telivijın/
üçlü koltuk	sofa	/soufı/
vazo	vase	/va:z/

15. **YATAK ODASI** / BEDROOM

battaniye	blanket	/'blenkit/
çalar saat	alarm clock	/ı'la:m klok/
çarşaf	bed sheets	/'bed şi:ts/
elbise askısı	coat hanger	/'kout hengı/
gardırop	wardrobe	/'wo:droub/
komodin	bedside table	/'bedsayd teybıl/
konsol	chest of drawers	/çest ıv dro:ız/
tuvalet masası	dressing table	/'dresing teybıl/
yastık	pillow	/'pilou/
yatak	bed	/bed/
yatak odası	bedroom	/bedrum/
yorgan	quilt	/kwilt/

16. MUTFAK / KITCHEN

bıçak	knife	/nayf/
biberlik	pepperpot	/'pepıpot/
bulaşık makinesi	dish washer	/diş woşı/
buzdolabı	refrigerator	/ri'fricıreytı/
cezve	coffee pot	/'kofi pot/
çatal	fork	/fo:k/
çay bardağı	tea glass	/'ti:gla:s/
çaydanlık	teapot	/'ti:pot/
çöp sepeti	waste bin	/'weystbin/
derin dondurucu	deep-freeze	/di:p'fri:z/
dolap	cupboard	/'kabıd/
düdüklü tencere	pressure cooker	/'preşıkukı/
ekmeklik	bread bin	/bred bin/
evye	sink	/sink/
fırın	oven	/'avn/
havan	mortar	/mo:tı/
huni	funnel	/'fanıl/
kâse	bowl	/boul/
kaşık	spoon	/spu:n/
kavanoz	jar	/ca:/
kepçe	ladle	/'leydıl/
kevgir	colander	/'kalındı/
maşa	tongs	/tongz/
maşrapa	mug	/ mag/
mikser	mixer	/miksı/
mutfak	kitchen	/'kiçın/
sürahi	jug	/cag/
şekerlik	sugar bowl	/'şugıboul/
şiş(ler)	skewers	/'skyu:ız/
şişe açacağı	bottle opener	/botıl oupını/
tabak	plate	/pleyt/
tabaklık	dish rack	/dişrek/
tava	frying-pan	/'frayingpen/
tencere	saucepan	/'so:spen/
tepsi	tray	/trey/
termos	flask	/fla:sk/
tost makinesi	toaster	/toustı/
tuzluk	salt cellar	/solt'selı/
yumurtalık	eggcup	/'egkap/

17. **BANYO** / BATHROOM

ayna	mirror	/'mirı/
banyo	bathroom	/'batru:m/
diş fırçası	toothbrush	/'tu:tbraş/
diş macunu	toothpaste	/'tu:tpeyst/
duş	shower	/'şauı/
fayans	tile	/tayl/
havlu	towel	/'tauıl/
küvet	bath	/'ba:t/
lavabo	washbasin	/'woşbeysin/
musluk	tap	/tep/
sabun	soap	/soup/
saç fırçası	hairbrush	/'heıbraş/
sifon	toilet flush tank	/'toylit'flaş'tenk/
sünger	sponge	/spanc/
şampuan	shampoo	/şem'pu:/
tarak	comb	/koum/
tıraş fırçası	shaving brush	/'şeyving braş/
tıraş kremi	shaving cream	/'şeyving kri:m/
tıraş makinesi	electric razor	/i'lektrikreyzı/
tıraş sabunu	shaving soap	/'şeyving soup/
tuvalet	toilet	/'toylit/
tuvalet kâğıdı	toilet paper	/'toylitpeypı/

18. **DİĞER EV ALETLERİ /** OTHER HOUSEHOLD GOODS

çamaşır makinesi	washing machine	/'woşing mı'şi:n/
dikiş makinesi	sewing machine	/'souing mı'şi:n/
elektrik süpürgesi	vacuum cleaner	/'vekyuım 'kıli:nı/
saç kurutma makinesi	hair dryer	/heıdrayı/
ütü	iron	/'ayın/
video oynatıcı	video player	/'vidioupleyı/

19. **GİYECEKLER (ERKEK) /** CLOTHES (MEN)

anorak	anorak	/'enırek/
ayakkabı	shoes	/şu:z/
blucin	bluejeans	/blu:ci:nz/

ceket	jacket	/'cekit/
çizme	boots	/bu:ts/
çorap	socks	/soks/
eşofman	tracksuit	/'treksu:t/
fanila	flannelvest	/'flenılvest/
frak	tail coat	/teyl kout/
giyecek	clothes	/kloudz/
gömlek	shirt	/şö:t/
hırka	cardigan	/'ka:dıgın/
iç çamaşırı	underwear	/'andıweı/
kazak	pullover	/'pulouvı/
kravat	tie	/tay/
külot	underpants	/'andıpents/
mayo	bathing suit	/beyding su:t/
palto	overcoat	/ouvıkout/
pantalon	trousers, pants	/'trauzıs, pents/
papyon kravat	bow tie	/bou tay/
pijama	pyjamas	/'pıca:mız/
smokin	tuxedo	/tak'si:dou/
spor ayakkabı	sports shoes	/'spo:tsşu:z/
süveter	sweater	/swetı/
şort	shorts	/şo:ts/
takım elbise	suit	/su:t/
terlik	slippers	/slipız/
tişört	T-shirt	/ti: şö:t/
yağmurluk	raincoat	/'reynkout/
yelek	waistcoat	/'weyskout/

20. **GİYECEKLER (BAYAN) /** CLOTHES (WOMAN)

bikini	bikini	/bi'kini/
blucin	bluejeans	/'blu:ci:nz/
bluz	blouse	/blauz/
bornoz	bathrobe	/'ba:troub/
çorap (uzun)	stockings	/'stokingz/
deri takım	leather suit	/'ledı su:t/
elbise	dress	/dres/
etek	skirt	/skö:t/
gecelik	nightdress	/'naytdres/

gelinlik	wedding gown	/'weding gaun/
hırka	cardigan	/'ka:digın/
iç çamaşırı	underwear	/'andıweı/
kazak	pullover	/'pulouvı/
kışlık elbise	winter dress	/wintıdres/
korse	girdle	/'gö:dıl/
külot	panties	/'pentiz/
külotlu çorap	tights	/tayts/
kürk manto	fur coat	/'fö: kout/
manto	coat	/kout/
mayo	swimsuit	/'swimsu:t/
pantalon	trousers, pants	/'trauzıs, pents/
pardösü	overcoat	/'ouvıkout/
sutyen	bra	/bra:/
şort	shorts	/şo:ts/
tayyör, döpiyes	suit	/su:t/
tuvalet	evening dress	/'i:vning dres/
yağmurluk	raincoat	/'reynkout/
yazlık elbise	summer dress	/'samıdres/

21. **MALZEME** / MATERIAL

blucin kumaşı	denim	/'denim/
deri	leather	/'ledı/
fitilli kadife	corduroy	/'ko:dıroy/
flanel	flannel	/'flenıl/
gabardin	gabardine	/'gebıdi:n/
hasır	straw	/'stro:/
ipek	silk	/silk/
kadife	velvet	/'velvit/
keten	linen	/'linın/
koyun postu	sheepskin	/'şi:pskin/
malzeme	material	/mı'tiril/
naylon	nylon	/'naylon/
pamuklu	cotton	/'kotın/
suni ipek	artificial silk	/a:ti'fişıl silk/
süet	suede	/sweyd/
yünlü	wool	/wul/

22. **DESEN, BİÇİM** / DESIGN, STYLE

biçim	style	/'stayl/
bol (elbise)	loose	/lu:z/
çizgili	striped	/'straypt/
dar (elbise)	tight	/tayt/
desen	design	/di'zayn/
desenli	patterned	/'petınd/
düz	plain	/'pleyn/
ekose	checked	/çekt/
ince	thin	/tin/
kalın	thick	/tik/
kısa	short	/şo:t/
puanlı	dotted	/'dotid/
sade, düz	plain	/'pleyn/
uzun	long	/long/

23. **GİYSİLERİN KISIMLARI** / PARTS OF CLOTHING

boy	length	/lengt/
çıtçıt	press stud	/pres stad/
dantel	lace	/leys/
düğme	button	/'batın/
elbise cebi	pocket	/'pokit/
elbise kenarı	hem	/hem/
elbise kolu	sleeve	/'sli:v/
en	width	/widt/
fermuar	zipper	/zipı/
iç cep	inside pocket	/'insayd pokit/
ilik	buttonhole	/'batınhoul/
kısa kollu	short sleeved	/şo:t sli:vd/
klapa	lapel	/lı'pel/
kopça	hook and eye	/huk end ay/
manşet	cuff	/kaf/
paça (pantalon)	turn up	/tö:n ap/
pantalon askısı	braces	/breysiz/
uzun kollu	long sleeved	/long 'sli:vd/
yaka	collar	/'kolı/

24. **AKSESUARLAR** / ACCESSORIES

aksesuar	accessory	/ık'sesıri/
altın kaplama	gold plated	/'gould'pleytid/
alyans	wedding ring	/'weding ring/
anahtarlık	key-chain	/ki:çeyn/
başörtüsü	headscarf	/hed ska:f/
bilezik	bracelet	/'breyslit/
boncuk	beads	/bi:dz/
cüzdan (erkek)	wallet	/wolit/
cüzdan (kadın)	purse	/pö:s/
çakmak	lighter	/laytı/
el çantası	handbag	/hendbeg/
eldiven	gloves	/glavz/
eşarp	scarf	/ska:f/
gözlük	glasses	/'gla:siz/
güneş gözlüğü	sunglasses	/san 'gla:siz/
kaşkol	scarf	/ska:f/
kemer	belt	/belt/
kep	cap	/kep/
klips	ear-clips	/'iıklips/
kol düğmesi	cuff links	/kaflinks/
kol saati	wrist watch	/rist woç/
kolye	necklace	/'neklis/
kravat iğnesi	tie clip	/'tai klip/
küpe	earrings	/'iıringz/
mendil	handkerchief	/'henkıçif/
mücevherat	jewellery	/'cu:ılri/
pandantif	pendant	/'pendınt/
para kesesi	coin purse	/koyn pö:s/
peçe	veil	/veyl/
saat kayışı	watchband	/woç bend/
saç tokası	hairpin	/heıpin/
şal	shawl	/şo:l/
şapka	hat	/het/
şemsiye	umbrella	/ambrelı/
tarak	comb	/koum/
türban	turban	/'tö:bın/
uğur boncuğu	charm	/ça:m/
yüzük	ring	/ring/
zincir	chain	/çeyn/

25. TUVALET MALZEMELERİ / TOILETRIES

aseton	nail polish remover	/neyl poliş rimu:vı/
cımbız	tweezers	/'twi:zız/
çengelliiğne	safety pins	/'seyfti pinz/
çocuk bezi	nappies	/'nepi:z/
deodoran	deodorant	/di:'oudırınt/
diş fırçası	toothbrush	/tu:tbraş/
diş macunu	toothpaste	/tu:tpeyst/
el kremi	hand cream	/hend kri:m/
el losyonu	hand lotion	/hend 'louşın/
far	eye shadow	/ay şedou/
fırça	brush	/braş/
fondöten	foundation cream	/faun'deyşın kri:m/
gece kremi	night cream	/nayt kri:m/
göz kalemi	eye pencil	/ay pensıl/
güneş kremi	sun cream	/san kri:m/
güneş yağı	sun oil	/san oyl/
kadın bağı	sanitary napkins	/'senitıri nepkinz/
kâğıt mendil	Kleenex	/'kli:neks/
kolonya	cologne	/kı'loun/
krem	cream	/kri:m/
nemlendirici	moisturizer	/'moysçırayzı/
oje	nail polish	/neyl poliş/
parfüm	perfume	/'pö:fyu:m/
pudra	powder	/paudı/
rimel	mascara	/mı'ska:rı/
ruj	lipstick	/lipstik/
sabun	soap	/soup/
saç kremi	hair cream	/heıkri:m/
saç spreyi	hair spray	/heısprey/
sünger	sponge	/spanc/
şampuan	shampoo	/şem'pu:/
talk pudrası	talcum powder	/'telkım paudı/
tampon	tampons	/'temponz/
tarak	comb	/koum/
tıraş fırçası	shaving brush	/'şeyving braş/
tıraş kremi	shaving cream	/'şeyving kri:m/

tıraş losyonu	after shave lotion	/a:ftışeyv louşın/
tıraş sabunu	shaving soap	/'şeyving soup/
tırnak makası	nail clippers	/neyl klipız/
tırnak törpüsü	nail file	/neyl fayl/
tuvalet kâğıdı	toilet paper	/'toylit peypı/
yüz havlusu	facecloth	/feys klout/
yüz pudrası	face powder	/feys paudı/

26. DEĞERLİ TAŞLAR VE METALLER
PRECIOUS STONES AND METALS

abanoz	ebony	/'ebıni/
akik	agate	/'egıt/
altın	gold	/gould/
ametist	amethyst	/'emitist/
bronz	bronze	/bronz/
değerli taş	precious stone	/'preşıs stoun/
elmas	diamond	/'dayımınd/
fildişi	ivory	/'ayvıri/
gümüş	silver	/'silvı/
inci	pearl	/pö:l/
kehribar	amber	/'embı/
kuvars	quartz	/kwo:tz/
lal taşı	garnet	/'ga:nit/
metal	metal	/metıl/
mine	enamel	/i'nemıl/
opal	opal	/'oupıl/
pırlanta	brilliant	/'briliınt/
platin	platinum	/'pletınım/
safir	sapphire	/'sefayi/
siyah kehribar	jet	/cet/
topaz	topaz	/'toupez/
türkuaz	turquoise	/'tö:kwoyz/
yakut	ruby	/'ru:bi/
yeşim	jade	/ceyd/
zümrüt	emerald	/'emırıld/

27. HAYVANLAR (KARA) / ANIMALS (LAND)

antilop	antelope	/'entiloup/
aslan	lion	/'layın/
at	horse	/ho:s/
aygır	stallion	/'stelıın/
ayı	bear	/beı/
bizon	bison	/'baysın/
boğa	bull	/bul/
bufalo	buffalo	/'bafılou/
buldok	bulldog	/'buldog/
ceylan	gazelle	/gı'zel/
çakal	jackal	/'ceko:l/
çita	cheetah	/'çi:tı/
deve	camel	/'kemıl/
domuz	pig	/pig/
eşek	donkey	/'donki/
fare	mouse	/maus/
fil	elephant	/'elifınt/
gergedan	rhinoceros	/ray'nosırıs/
geyik	deer	/diı/
goril	gorilla	/gı'rilı/
hamster	hamster	/'hemstı/
inek	cow	/kau/
kanguru	kangaroo	/kengı'ru:/
kaplan	tiger	/'taygı/
katır	mule	/myu:l/
keçi	goat	/gout/
kedi	cat	/ket/
kısrak	mare	/meı/
kirpi	hedgehog	/'hechog/
koala	koala	/kou'alı/
kokarca	skunk	/skank/
koyun	sheep	/şi:p/
köpek	dog	/dog/
köstebek	mole	/moul/
kunduz	beaver	/bi:'vı/
kurt	wolf	/wulf/
kutup ayısı	polar bear	/poulıbeı/
kuzu	lamb	/lem/
leopar, pars	leopard	/'lepıd/

manda	water buffalo	/'wo:tı'bafılou/
maymun	monkey	/'manki/
orangutan	orangutang	/o:rengu:'teng/
öküz	ox	/oks/
panter	panther	/'pentı/
porsuk	badger	/'becı/
puma	cougar	/'ku:gı/
rengeyiği	reindeer	/'reyndiı/
samur	sable	/'seybıl/
sansar	marten	/'ma:tın/
sıçan	rat	/ret/
sincap	squirrel	/'skwirıl/
şempanze	chimpanzee	/çimpen'zi:/
tavşan	rabbit	/'rebit/
tay	colt	/koult/
tırtıl	caterpillar	/'ketıpilı/
tilki	fox	/foks/
vaşak	lynx	/links/
yarasa	bat	/bet/
zebra	zebra	/'zi:brı/
zürafa	giraffe	/ci'ra:f/

28. **KUŞLAR** / BIRDS

ağaçkakan	woodpecker	/'wudpekı/
akbaba	vulture	/'valçı/
ateşböceği	firefly	/'fayıflay/
atmaca	hawk	/ho:k/
baykuş	owl	/aul/
bülbül	nightingale	/'naytingeyl/
civciv	chick	/çik/
çalıkuşu	wren	/ren/
çulluk	woodcock	/'wudkok/
devekuşu	ostrich	/'ostric/
flamingo	flamingo	/flı'mingou/
guguk	cuckoo	/'kuku:/
güvercin	pigeon	/'picın/
hindi	turkey	/'tö:ki/
horoz	cock	/kok/
ispinoz	finch	/finç/
kanarya	canary	/kı'neıri/

karga	crow	/krou/
kartal	eagle	/'i:gıl/
kaz	goose	/gu:s/
keklik	partridge	/'pa:tric/
kırlangıç	swallow	/'swolou/
kuğu	swan	/swon/
kuş	bird	/bö:d/
kuzgun	raven	/'reyvın/
leylek	stork	/sto:k/
martı	gull	/gal/
ördek	duck	/ dak/
papağan	parrot	/'perıt/
penguen	penguin	/'pengwin/
piliç	chicken	/çikin/
saksağan	magpie	/'megpay/
serçe	sparrow	/'sperou/
sığırcık	starling	/'sta:ling/
sülün	pheasant	/'fezınt/
şahin, doğan	falcon	/'fo:lkın/
tarlakuşu	lark	/la:k/
tavuk	hen	/hen/
tavuskuşu	peacock	/'pi:kok/
tukan	toucan	/'tu:kın/
turna	crane	/kreyn/
uğurböceği	ladybird	/'leydibö:d/

29. SÜRÜNGENLER VE AMFİBİLER / REPTILES AND AMPHIBIANS

akrep	scorpion	/'sko:pıın/
amfibi	amphibian	/em'fibiın/
bukalemun	chameleon	/kı'mi:liın/
engerek	adder	/'edı/
kaplumbağa	tortoise	/'to:tıs/
kertenkele	lizard	/'lizıd/
kobra	cobra	/'kobrı/
kurbağa	frog	/frog/
salyangoz	snail	/'sneyl/
sürüngen	reptile	/'reptayl/
timsah	crocodile	/'krokıdayl/
yılan	snake	/sneyk/

30. **BALIKLAR VE DİĞER DENİZ HAYVANLARI** / FISH AND OTHER WATER CREATURES

ahtapot	octopus	/'oktıpıs/
alabalık	trout	/traut/
balık	fish	/fiş/
balina	whale	/weil/
barbunya	red mullet	/red malit/
denizanası	jellyfish	/'celifiş/
denizatı	sea horse	/si: 'ho:s/
deniztarağı	clam	/klem/
dilbalığı	sole	/soul/
fok	seal	/si:l/
hamsi	anchovy	/'ençıvi/
ıstakoz	lobster	/'lobstı/
iskorpit	scorpion fish	/'sko:piın fiş/
istavrit	small mackerel	/smo:l mekrıl/
istiridye	oyster	/'oystı/
kalamar	squid	/'skwid/
kalkan	turbot	/'tö:bıt/
karagöz	sea bream	/si: bri:m/
karides	shrimp	/'şrimp/
kayabalığı	goby	/'goubi/
kefal	grey mullet	/grey malit/
kerevit	prawn	/pro:n/
kılıç	swordfish	/'so:dfiş/
kırlangıç	gurnard	/'gö:nıd/
kolyoz	horse mackerel	/ho:s mekrıl/
köpekbalığı	shark	/şa:k/
levrek	bass	/bes/
lüfer	blue fish	/blu: fiş/
mezgit	haddock	/'hedık/
midye	mussel	/'masıl/
morina	codfish	/'kodfiş/
mors	walrus	/'wo:lrıs/
mürekkepbalığı	squid	/'skwid/
palamut	bonito	/bıni:tou/
pisibalığı	plaice	/pleys/
ringa	herring	/'hering/

sardalye	sardine	/'sa:di:n/
sazan	carpfish	/'ka:pfiş/
som	salmon	/'semın/
tekir	striped red mullet	/straypt red malit/
ton	tunny	/tani/
trança	sea bream	/si: bri:m/
uskumru	mackerel	/'mekrıl/
yayınbalığı	catfish	/ketfiş/
yengeç	crab	/kreb/
yılanbalığı	eel	/i:l/
yunus	dolphin	/'dolfin/
zargana	sea-pike	/'si:payk/

31. **SİNEKLER VE BENZERİ HAYVANLAR** / INSECTS AND SIMILAR ANIMALS

arı	bee	/bi:/
balarısı	honey bee	/hani bi:/
bit	louse	/laus/
böcek	bug	/bag/
cırcırböceği	cricket	/'krikit/
çekirge	grasshopper	/'gra:shopı/
eşekarısı	wasp	/'wosp/
güve	moth	/mot/
karaböcek	beetle	/'bi:tıl/
karafatma	cockroach	/'kokrouç/
karınca	ant	/ent/
kelebek	butterfly	/'batıflay/
örümcek	spider	/'spaydı/
pire	flea	/fli:/
sinek	fly	/flay/
sivrisinek	mosquito	/mı'ski:tou/
solucan, kurt	worm	/wö:m/
sümüklüböcek	slug	/slag/
yabanarısı	bumble-bee	/'bambılbi:/
yusufçuk	dragonfly	/'dregınflay/

32. MESLEKLER / JOBS

ahçı	cook	/kuk/
aktör	actor	/'ektı/
aktris	actress	/'ektris/
arkeolog	archaeologist	/aki'olıcist/
asker	soldier	/'soulcı/
avukat	lawyer	/'lo:yı/
bakkal	grocer	/'grousı/
balıkçı	fisherman	/'fişımın/
bankacı	bank official	/benk ıfişıl/
barmen	barman	/'ba:mın/
barmeyd	barmaid	/ba:meyd/
berber	barber	/'ba:bı/
bilim adamı	scientist	/'sayıntist/
boyacı	house painter	/haus 'peintı/
camcı	glazier	/'gleyziı/
cerrah	surgeon	/'sö:cın/
çiçekçi	florist	/'flo:rist/
çiftçi	farmer	/'fa:mı/
çilingir	locksmith	/'loksmit/
çoban	shepherd	/şepıd/
dansöz, dansçı	dancer	/da:nsı/
dekoratör	decorator	/'dekıreytı/
denizci	sailor	/'seylı/
disk jokey	disc jockey	/'disk coki/
dişçi	dentist	/'dentist/
doktor	doctor	/'doktı/
eczacı	chemist	/'kemist/
ekonomist	economist	/i'konımist/
elektrikçi	electrician	/ilek'trişın/
emekli	retired	/ri'tayıd/
emlakçı	real estate agent	/'riıl isteyt eycınt/
ev hanımı	housewife	/'hauswayf/
fırıncı	baker	/'beykı/
film yıldızı	film star	/film sta:/
fotoğrafçı	photographer	/fı'togrıfı/

garson	waiter	/'weytı/
gazete bayii	newsagent	/'nyu:zeycınt/
gazeteci	journalist	/'cö:nilist/
grafiker	graphic designer	/'grefik di'zaynı/
gümrük memuru	customs officer	/'kastımz 'ofisı/
hakim	judge	/cac/
hamal	porter	/'po:tı/
hemşire	nurse	/nö:s/
heykeltıraş	sculptor	/'skalpçı/
hizmetçi kadın	woman servant	/'wumın sö:vınt/
hostes	stewardess	/styu:ı'des/
iş adamı	businessman	/'biznismın/
işçi	worker	/'wö:kı/
itfaiyeci	fireman	/'fayımın/
jokey	jockey	/'coki/
kameraman	cameraman	/'kemırımın/
kamyon şoförü	lorry driver	/'lori drayvı/
kapıcı	doorkeeper	/ 'do:ki:pı/
kaptan	captain	/'keptin/
kasap	butcher	/'buçı/
kasiyer	cashier	/ke'şiı/
krupiye	croupier	/'kru:piı/
kuaför	hairdresser	/'heıdresı/
kuyumcu	jeweller	/'cu:ılı/
kütüphaneci	librarian	/lay'breıriın/
madenci	miner	/'maynı/
maliyeci	financier	/fi'nensiı/
manav	greengrocer	/gri:n grousı/
manken	model	/'modıl/
marangoz	carpenter	/'ka:pıntı/
matbaacı	printer	/'printı/
memur	civil servant	/'sivil sö:vınt/
mimar	architect	/'a:kitekt/
mobilyacı	furniture maker	/'fö:niçımeykı/
modacı	fashion designer	/'feşın di'zaynı/
muhabir	reporter	/ri'po:tı/
muhasebeci	accountant	/ı'kauntınt/
müfettiş	inspector	/in'spektı/

mühendis	engineer	/enci'nıı/
müteahhit	builder	/bildı/
müzisyen	musician	/myu:'zişın/
noter	notary	/'noutıri/
öğretmen	teacher	/'ti:çı/
papaz	priest	/pri:st/
pilot	pilot	/'paylıt/
polis (erkek)	policeman	/pı'li:smın/
polis (kadın)	policewoman	/pı'li:swumın/
politikacı	politician	/poli'tişın/
postacı	postman	/'poustmın/
programcı	programmer	/prougrenıı/
psikolog	psychologist	/say'kolıcist/
reklamcı	advertiser	/'edvıtayzı/
resepsiyoncu	receptionist	/ri'sepşınist/
ressam	artist	/'a:tist/
saatçi	watch repairer	/woç ri'peırı/
sanatçı	artist	/'a:tist/
sanayici	industrialist	/in'dastriılist/
santral görevlisi	telephonist	/tı'lefınist/
savcı	prosecutor	/'prosikyu:tı/
sekreter	secretary	/'sekrıtiri/
sendikacı	trade unionist	/'treyd 'yu:niınist/
sigortacı	insurer	/in'şu:rı/
sistem analisti	system analyst	/'sistım 'enılist/
spiker	announcer	/ı'naunsı/
sporcu (bayan)	sportswoman	/'spo:tswumın/
sporcu (erkek)	sportsman	/'spo:tsmın/
su tesisatçısı	plumber	/'plambı/
subay	officer	/'ofisı/
şarkıcı	singer	/'singı/
şoför	driver	/'drayvı/
tamirci	mechanic	/mi'kenik/
teknisyen	technician	/tek'nişın/
tercüman	interpreter	/in'tö:pritı/
terzi	tailor	/'teylı/
tezgáhtar	shop assistant	/şop ı'sistınt/
tüccar	merchant	/'mö:çınt/
veteriner	veterinary	/'vetırinıri/
veznedar	treasurer	/'trejırı/
yayımcı	publisher	/'pabli̇şı/
yazar	author	/'o:tı/

33. BÜRO DONANIMI / OFFICE EQUIPMENT

ajanda	diary	/'dayıri/
bilgisayar	computer	/kım'pyu:tı/
cetvel	ruler	/'rulı/
daktilo	typewriter	/tayp'raytı/
dosya	file	/fayl/
dosya kâğıdı	writing paper	/'rayting peypı/
faks	fax	/feks/
hesap makinesi	calculator	/kel'kyuleytı/
imza defteri	signature book	/'signiçıbuk/
kâğıt	paper	/'peypı/
kalem	pen	/pen/
mürekkep	ink	/ink/
seloteyp	sticking plaster	/'stiking pla:stı/
takvim	calendar	/'kelındı/
telefon	telephone	/teli'foun/
yazıcı	printer	/'printı/
zamk	glue	/glu:/
zarf	envelope	/'enviloup/

34. ŞEHİR VE BİNALAR / CITY AND BUILDINGS

adliye	court	/ko:t/
alışveriş merkezi	shopping centre	/'şoping sentı/
alt geçit	underpass	/'andıpa:s/
ana cadde	main street	/meyn stri:t/
anıt	monument	/'monyu:mınt/
	memorial	/mi'mo:riıl/
bakanlık	ministry	/'ministri/
banka	bank	/benk/
bar	bar	/ba:/
belediye binası	town hall	/taun ho:l/
benzin istasyonu	petrol station	/petrıl 'steyşın/
berber	barber	/ba:bı/

birahane	pub	/pab/
borsa	stock exchange	/stok iks’çeync/
bulvar	avenue	/’evınyu:/
büfe	buffet	/bufey/
büyük mağaza	department store	/di’pa:tmınt sto:/
cadde	street	/stri:t/
cami	mosque	/mosk/
danışma bürosu	information office	/infı’meyşın ofis/
demiryolu geçidi	train crossing	/’treyn krosing/
dolmuş durağı	shared taxi-stop	/’şeıd teksi stop/
eczane	chemist’s	/’kemists/
	pharmacy	/fa:mısi/
elçilik	embassy	/’embısi/
elektrik santralı	power station	/’pauı’steyşın/
fabrika	factory	/’fektıri/
fırın	bakery	/’beykıri/
fuar	fair	/feı/
garaj	garage	/’gera:j/
gece kulübü	night club	/nayt klab/
geçit	crossing	/’krosing/
giyim mağazası	clothes store	/’kloudz sto:/
gökdelen	skyscraper	/’skayskreypı/
gözlükçü	optician	/op’tişın/
güzellik salonu	beauty parlour	/’byu:ti pa:lı/
hamam	turkish bath	/’tö:kiş ba:t/
hapishane	prison	/’prizın/
hastane	hospital	/’hospitıl/
hava limanı	airport	/’eıpo:t/
hayvanat bahçesi	zoo	/zu:/
itfaiye	fire brigade	/’fayıbri’geyd/
kafeterya	cafeteria, cafe	/kefı’tiıriı, ’kefey/
kahvehane	coffee house	/’kofi haus/
kaldırım	pavement	/’peyvmınt/
kapalı çarşı	covered market	/’kavıd ’ma:kit/
karakol	police station	/pı’li:s ’steyşın/
katedral	cathedral	/kı’ti:drıl/
kavşak	crossing	/’krosing/
kışla	barracks	/’berıks/
kilise	church	/çö:ç/
kitabevi	bookstore	/buksto:/
konser salonu	concert hall	/’konsıt ho:l/
konsolosluk	consulate	/’konsyulıt/

köprü	bridge	/bric/
kuaför	hairdresser's	/'heıdresız/
kumarhane	casino	/'kısi:nou/
kuru temizlemeci	dry cleaner's	/dray 'kli:nız/
kültür merkezi	cultural centre	/'kalçırıl sentı/
kütüphane	library	/'laybrırı/
lokanta	restaurant	/'restront/
lunapark	funfair	/'fanfeı/
manav	greengrocer's	/'gri:ngrousız/
metro	underground	/'andıgraund/
	tube	/tyu:b/
meydan (alan)	square	/'skweı/
mezarlık	cemetery	/'semıtri/
milli park	national park	/'neşınıl pa:k/
motel	motel	/mou'tel/
müze	museum	/myu:'ziım/
okul	school	/sku:l/
otoban, otoyol	highway, motorway	/'haywey, 'moutıwey/
otel	hotel	/hou'tel/
oto pazarı	car market	/ka: 'ma:kit/
otobüs terminali	bus terminal	/bas 'tö:minıl/
otopark	car park	/ka:pa:k/
paralı yol	toll road	/'toul roud/
park	park	/pa:k/
pastane	pastry shop	/'peystrişop/
plaj	beach	/bi:ç/
postane	post-office	/poust 'ofis/
radyo istasyonu	radio station	/reydiou 'steyşın/
resmi daire	government office	/'gavımınt 'ofis/
sanat galerisi	art gallery	/a:t 'gelıri/
saray	palace	/'pelıs/
sauna	sauna	/'saunı/
sergi	exhibition	/eksi'bişın/
sinagog	synagogue	/'sinıgog/
sinema	cinema	/'sinımı/
sit alanı	protected area	/prı'tektid 'eıriı/
sokak	road	/roud/
spor kulübü	sports club	/'spo:ts klab/
stadyum	stadium	/'steydiım/
taksi durağı	taxi stop	/'teksi stop/
televizyon istasyonu	tv station	/ti:vi: 'steyşın/
tiyatro	theatre	/'tiıtı/

trafik ışıkları	traffic lights	/'trefik layts/
tren istasyonu	train station	/treyn 'steyşın/
tünel	tunnel	/'tanıl/
üniversite	university	/yu:ni'vö:siti/
üst geçit	overpass	/'ouvıpa:s/
valilik	governor's office	/'gavınız 'ofis/
vapur iskelesi	boat station	/bout 'steyşın/
viraj	curve, bend	/kö:v, bend/
yaya kaldırımı	pavement	/'peyvmınt/
yol	road	/roud/
yüzme havuzu	swimming pool	/'swiming pu:l/

35 **EĞİTİM** / EDUCATION

35/A. **GENEL** / GENERAL

başarı belgesi	certificate of success	/sı'tifikıt ıv sık'ses/
bilgisayar	computer	/kım'pyu:tı/
cevap	answer	/'a:nsı/
danışman	consultant	/kın'saltınt/
defter	notebook	/'noutbuk/
ders	lesson	/'lesın/
ders programı	timetable	/'taymteybıl/
	schedule	/'şedyu:l/
diploma	diploma	/di'ploumı/
dolmakalem	fountain pen	/'fauntınpen/
dönem, sömestr	semester	/si'mestı/
gönye	set-square	/set skweı/
harita	map	/mep/
iletki	protractor	/prı'trektı/
kalem	pen	/pen/
kalemtraş	pencil sharpener	/'pensıl şa:pını/
karne	report card	/ri'po:t ka:d/
kitap	book	/buk/
kurşun kalem	pencil	/'pensıl/
laboratuvar	laboratory	/lı'borıtri/
lisans	bachelor's degree	/'beçilız di'gri:/

mezun	graduate	/'grecuit/
mezuniyet	graduation	/'grecu'eyşın/
not	mark, grade	/ma:k, greyd/
okul forması	school uniform	/sku:l yunifo:m/
okul müdiresi	headmistress	/hed'mistrıs/
okul müdürü	headmaster	/hed'ma:stı/
ödev	homework	/'houmwö:k/
ödül	award	/ı'wo:d/
öğrenci	student	/'styu:dınt/
öğretmen	teacher	/'ti:çı/
öğretmenler odası	staff room	/sta:f rum/
	teachers' room	/ti:çız rum/
pergel	compass	/'kampıs/
profesör	professor	/prı'fesı/
seminer	seminar	/semi'nı/
sertifika	certificate	/sı'tifikıt/
sınav	examination	/igzemi'neyşın/
sınıf	class	/kla:s/
sıra	desk	/desk/
silgi	rubber	/'rabı/
soru	question	/'kwesçın/
tebeşir	chalk	/ço:k/
teksir makinesi	duplicator	/'dyu:plikeytı/
yazı tahtası	writing board	/'rayting bo:d/
yazılı sınav	written test	/'ritın test/
yüksek lisans	master's degree	/'ma:stız di'gri:/

35/B. **OKUL TÜRLERİ** / TYPES OF SCHOOL

akademi	academy	/ı'kedımi/
anaokulu	kindergarten	/'kindıga:tın/
devlet okulu	state school	/steyt sku:l/
enstitü	institute	/'instityu:t/
erkek lisesi	high school for boys	/hay sku:l fo: boyz/
fakülte	faculty	/fekılti/
gece okulu	night school	/nayt sku:l/
harp okulu	war school	/wo: sku:l/
hazırlık okulu	preparatory school	/pri'penıtri sku:l/
ilkokul	primary school	/praymıri sku:l/
karma okul	coeducational school	/'koueci'keyşınıl sku:l/

kurs	course	/ko:s/
lise	senior high school	/si:nıhay sku:l/
mektupla öğretim	correspondence course	/koris'pondıns ko:s/
meslek okulu	vocational school	/vou'keyşınıl sku:l/
okul	school	/sku:l/
ortaokul	junior high school	/cu:nıhay sku:l/
özel okul	private school	/prayvit sku:l/
teknik üniversite	technical university	/teknikıl yu:nivö:siti/
üniversite	university	/yu:nivö:siti/
yatılı okul	boarding school	/'bo:ding sku:l/

35/C. **DERSLER** / SCHOOL SUBJECTS

Almanca	German	/'cö:mın/
beden eğitimi	physical education	/'fizikıl ecı'keyşın/
bilgisayar	computer	/kım'pyu:tı/
biyoloji	biology	/bay'olıci/
cebir	algebra	/'elcibrı/
coğrafya	geography	/ci'ogrıfi/
ders	subject	/sıb'cikt/
din bilgisi	religious education	/ri'licıs edyu:keyşın/
edebiyat	literature	/'litırıçı/
Fransızca	French	/'frenç/
felsefe	philosophy	/fi'losıfi/
fen bilgisi	science	/'sayıns/
fizik	physics	/'fiziks/
geometri	geometry	/ci'omitri/
İngilizce	English	/'ingliş/
kimya	chemistry	/'kemistri/
matematik	mathematics	/meti'metiks/
müzik	music	/'myu:zik/
psikoloji	psychology	/say'kolıci/
resim	art	/a:t/
sanat tarihi	history of art	/histıri ov a:t/
seçmeli ders	optional subject	/'opşınıl sab'cikt/
Türkçe	Turkish	/'tö:kiş/
tarih	history	/'histıri/
zorunlu ders	compulsory subject	/kım'palsıri sab'cikt/

36. SAĞLIK VE HASTALIK / HEALTH AND SICKNESS

ağrı	ache	/eyk/
aksırık	sneeze	/sni:z/
alerji	allergy	/'elıci/
anemi	anaemia	/ı'ni:miı/
apandisit	appendicitis	/'ıpendisaytiz/
apse	abscess	/'ebses/
ateş (hastalık)	fever	/'fi:vı/
baş ağrısı	headache	/'hedeyk/
baş dönmesi	dizziness	/'dizinis/
baş dönmesi	dizziness	/'dizinis/
boğaz ağrısı	sore throat	/so: trout/
böbrek taşları	kidney-stones	/'kidnistounz/
böcek sokması	insect bite	/'insekt bayt/
bronşit	bronchitis	/brong'kaytis/
bulaşıcı	infectious	/in'fekşıs/
burun kanaması	nose bleeding	/nouz 'bli:ding/
cilt hastalığı	skin disease	/skin di'zi:z/
çıban	boil	/boyl/
çiçek hastalığı	smallpox	/'smo:lpoks/
çürük	bruise	/bru:z/
deniz tutması	sea-sickness	/si:siknis/
difteri	diphtheria	/dif'tiriı/
diş ağrısı	toothache	/'tu:teyk/
dizanteri	dysentery	/'disıntri/
grip	flu	/flu:/
güneş çarpması	sunstroke	/'sanstrouk/
güneş yanığı	sunburn	/'sanbö:n/
hazımsızlık	indigestion	/indi'cesçın/
hemoroit	hemorrhoid	/'hemıroyd/
iltihap	inflammation	/inflı'meyşın/
inme	heart attack	/ha:t ı'tek/
inme	stroke	/strouk/
ishal	diarrhoea	/'dayıriı/
kabakulak	mumps	/mamps/
kabızlık	constipation	/konsti'peyşın/
kan zehirlenmesi	blood poisoning	/blad 'poizning/
kangren	gangrene	/'gengri:n/
kanser	cancer	/'kensı/
kesik	cut	/kat/

kızamık	measles	/'mi:zılz/
kızıl	scarlet fever	/'ska:lit fi:vı/
kist	cyst	/sist/
kolera	cholera	/'kılirı/
koma	coma	/'koumı/
kramp	cramp	/'kremp/
kuduz	rabies	/'reybi:z/
kusma	vomiting	/'vomiting/
mide ağrısı	stomachache	/'stamıkeyk/
migren	migraine	/'mi:greyn/
nöbet, kriz	attack	/ı'tek/
öksürük	cough	/kof/
romatizma	rheumatism	/'ru:mıtizım/
salgın hastalık	epidemic	/epi'demik/
sara	epilepsy	/'epilepsi/
sarılık	jaundice	/'co:ndis/
sırt ağrısı	backache	/'bekeyk/
sızı	pain	/peyn/
sivilce	acne	/'ekni/
soğuk algınlığı	cold	/kould/
suçiçeği	chicken pox	/'çikin poks/
şiş, şişkinlik	swelling	/'sweling/
ur	tumour	/tyu:mı/
uykusuzluk	insomnia	/'insomniı/
ülser	ulcer	/'alsı/
verem	tuberculosis	/tiubö:'kiulousis/
yanık	burn	/bö:n/
yara	wound	/wund/
zührevi hastalık	venereal disease	/vı'niıriıl di'zi:z/

37. **TEŞHİS VE TEDAVİ** / DIAGNOSIS AND TREATMENT

ağrı kesici	pain-killer	/peyn kilı/
ambulans	ambulance	/'embyulıns/
ameliyat	operation	/opı'reyşın/
antiseptik	antiseptic	/enti'septik/
antiseptik krem	antiseptic cream	/enti'septik kri:m/
aspirin	aspirin	/'espirin/

başağrısı hapı	headache pills	/'hedeyk pilz/
damla	drop	/'drop/
dezenfektan	disinfectant	/disin'fektınt/
dispanser	dispensary	/di'spensıri/
diyet	diet	/'dayıt/
doktor	doctor	/'doktı/
eczane	chemist's	/'kemists/
flaster	plaster	/'plestı/
gargara	mouthwash	/'mautwoş/
göz damlası	eye drops	/ay drops/
hasta	patient	/'peyşınt/
hastalık	illness	/'ilnis/
hastane	hospital	/'hospitıl/
hemşire	nurse	/nö:s/
hidrofil pamuk	cotton wool	/'kotın wul/
iğne	injection	/in'cekşın/
ilaç	medicine	/'medsin/
ilk yardım (servisi)	casualty ward	/'kejuılti wo:d/
istirahat	rest	/rest/
iştah	appetite	/'epitayt/
kan	blood	/blad/
kapsül	capsule	/'kepsyu:l/
klinik	clinic	/'klinik/
koltuk değneği	crutch	/kraç/
krem	cream	/kri:m/
kulak damlası	ear drops	/'iıdrops/
kusturucu ilaç	emetic	/ı'metik/
muayene	examination	/igzemi'neyşın/
muayenehane	surgery	/'sö:cıri/
müshil	laxative	/'leksıtiv/
nabız	pulse	/pals/
nefes	breath	/bret/
pastil	lozenge	/'lozinc/
pudra	powder	/'paudı/
reçete	prescription	/pris'kripşın/
revir	infirmary	/in'fö:mıri/
röntgen	x ray	/'eksrey/
sağlık	health	/helt/
sanatoryum	sanatorium	/senı'to:rium/
sargı bezi	bandage	/'bendic/
sedye	stretcher	/'streçı/
serum	serum	/'siırım/

sindirim	digestion	/day'cesşın/
şırınga	syringe	/si'rinc/
tablet	pill	/pil/
tedavi	treatment	/'tri:tmınt/
tentürdiyot	iodine	/'ayıdi:n/
ter	sweat	/swet/
termometre	thermometre	/tı'momitı/
teşhis	diagnosis	/dayıg'nousis/
uyku ilacı	sleeping pill	/'sli:ping pil/
vazelin	vaseline	/'vesilin/
vitamin hapı	vitamin pills	/'vitımin pilz/
yara bandı	band-aids	/'bendeydz/

38. **GÜMRÜK** / CUSTOMS

çalışma izni	work permit	/wö:k pö:mit/
danışma bürosu	information office	/infı'meyşın ofis/
doğum yeri	place of birth	/pleys ov bö:t/
emanet	left luggage	/left lagic/
geçerli	valid	/velid/
göz rengi	colour of eyes	/'kalı ov ayz/
gümrük	customs	/'kastımz/
gümrük kontrolü	customs control	/'kastımz kın'troul/
gümrük memuru	customs officer	/'kastımz ofisı/
gümrüksüz	duty-free	/dyu:ti'fri:/
hüviyet	identity card	/ay'dentiti ka:d/
imza	signature	/'signiçı/
kayıp eşya	lost property	/loust propıti/
kızlık soyadı	maiden name	/'meydın neym/
medeni durumu	marital status	/'meritıl 'steytıs/
milliyet	nationality	/neşı'neliti/
oturma izni	residence permit	/'rezidıns pö:mit/
pasaport	passport	/'pa:spo:t/
saç rengi	colour of hair	/'kalı ov heı/
sınır	border	/'bo:dı/
uzatma	extend	/iks'tend/
valiz	luggage	/'lagic/
vize	visa	/'vi:zı/
yenileme	renew	/ri'nyu:/
yönetmelikler	regulations	/regyu'leyşınz/

39. **ULAŞIM ARAÇLARI** / VEHICLES

39/A. **ULAŞIM ARAÇLARI (KARA)** / TRANSPORTATION VEHICLES (LAND)

ambulans	ambulance	/'embyulıns/
araba	car, motorcar	/ka:, 'moutıka:/
araç	vehicle	/'vi:ikıl/
at arabası	cart	/ka:t/
benzin tankeri	tanker	/'tenkı/
bisiklet	bicycle	/'baysikıl/
dolmuş	shared taxi	/'şeıd 'teksi/
iki katlı otobüs	double-decker	/'dabıl dekı/
itfaiye arabası	fire fighting lorry	/'fa:yı'fayting lori/
jip	jeep	/ci:p/
kamyon	lorry, truck	/'lori, trak/
kamyonet	van	/ven/
karavan	caravan	/'kerıven/
minibüs	minibus	/'minibas/
motosiklet	motorcycle	/'moutısaykıl/
otobüs	bus	/bas/
otomobil	automobile	/'o:tımıbi:l/
spor araba	sports car	/spo:ts ka:/
steyşın	station wagon	/'steyşın wegın/
taksi	taxi	/'teksi/
tanker	tanker	/'tenkı/
teleferik	cable car	/'keybıl ka:/
traktör	tractor	/'trektı/
tramvay	tram	/trem/
tren	train	/treyn/
troleybüs	trolley bus	/'trolibas/

39/B. **DENİZ ARAÇLARI** BOATS IN GENERAL

balıkçı gemisi	trawler	/'troulı/
buharlı gemi	steamer	/sti:mı/
denizaltı	submarine	/sabmı'ri:n/

feribot	ferry, ferryboat	/'feri, feribout/
gemi	ship	/şip/
hoverkraft	hovercraft	/'houvıkra:ft/
kayık	boat	/bout/
mavna	barge	/ba:c/
petrol tankeri	oil tanker	/oyl tenkı/
römorkör	tug	/tag/
sal	raft	/raft/
sandal	rowing boat	/'rouwing bout/
sürat teknesi	powerboat	/'pauıbout/
şilep	freighter	/'freytı/
tanker	tanker	/tenkı/
transatlantik	(ocean) liner	/'ouşın 'laynı/
yat	yacht	/yot/
yelkenli	sailing boat	/'seyling bout/

39. **HAVA ULAŞIM ARAÇLARI** / AIR TRANSPORT

balon	balloon	/bı'lu:n/
helikopter	helicopter	/'helikoptı/
uçak	aircraft	/'eıkra:ft/
	aeroplane	/'eıropleyn/
uzay gemisi	space ship	/speysşip/

40. **TRENLE YOLCULUK** / TRAVELLING BY TRAIN

aktarma	change	/çeync/
bağlantı	connection	/'kınekşın/
banliyö treni	suburban train	/sı'bö:bın treyn/
bavul, valiz	baggage	/'begic/
bekleme salonu	waiting room	/'weyting rum/
bilet	ticket	/'tikit/
birinci mevki	first class	/fö:st kla:s/

demiryolu	railway	/'reylwey/
ekspres (tren)	express (train)	/ik'spres treyn/
gar	railway station	/'reylwey steyşın/
gidiş bileti	single ticket	/'singıl 'tikit/
gidiş-dönüş	return ticket	/ri'tö:n 'tikit/
gişe	ticket office	/tikit ofis/
ikinci mevki	second class	/'sekınd kla:s/
kalkış	departure	/di'pa:çı/
kompartıman	compartment	/'kımpa:tmınt/
kontrolör	conductor	/kındaktı/
kontrolör	ticket collector	/'tikit kı'lektı/
kuşetli vagon	couchette	/ku:'şet/
lokomotif	locomotive	/loukı'moutiv/
peron	platform	/'pletfo:m/
ray	rail	/'reyl/
rötar	delay	/di'ley/
tarife	timetable	/'taymteybıl/
tren	train	/treyn/
tren istasyonu	train station	/treyn 'steyşın/
vagon	carriage	/'keric/
varış	arrival	/ı'rayvıl/
yataklı vagon	sleeping car	/'sli:ping ka:/
yemekli vagon	dining car, diner	/'dayning ka:, daynı/
yolcu	passenger	/'pesincı/

41. **UÇAK YOLCULUĞU** / TRAVELLING BY PLANE

acil çıkış kapısı	emergency exit	/i'mö:cınsi 'eksit/
aktarma	change	/çeync/
altimetre	altimetre	/'eltimi:tı/
bağlantı	connection	/'kınekşın/
bekleme salonu	waiting room	/'weyting rum/
bilet	ticket	/'tikit/
can yeleği	life-jacket	/'layfcekit/
çarter uçağı	charter plane	/'ça:tıpleyn/

çıkış	exit	/'eksit/
danışma	information	/infı'meyşın/
dört motorlu	four-engined	/fo:r'encind/
el çantası	hand luggage	/hend 'lagic/
fazla eşya	excess luggage	/ik'ses 'lagic/
hava	weather	/'wedı/
havaalanı	airport	/'eıpo:t/
havacılık	aviation	/eyvi'eyşın/
havayolu	airline	/'eılayn/
helikopter	helicopter	/'helikoptı/
hostes	stewardess	/'stiuıdis/
iniş	landing	/'lending/
jet (uçağı)	jet (plane)	/cet (pleyn)/
kabin	cabin	/'kebin/
kalkış	take-off	/'teykof/
kanat	wing	/wing/
kapı	gate	/geyt/
koltuk	seat	/si:t/
koltuk kemeri	seat-belt	/si:t belt/
kontrol kulesi	control tower	/kıntroul tauı/
motor	engine	/'encin/
mürettebat	crew	/kru:/
pervane	propeller	/prı'pelı/
pilot	pilot	/'paylıt/
pilot kabini	cockpit	/kokpit/
rota	route	/ru:t/
rötar	delay	/di'ley/
tarifeli sefer	scheduled flight	/'şedyu:ld flayt/
uçak	plane, aircraft	/pleyn, 'eıkra:ft/
uçuş	flight	/flayt/
uçuş menzili	range of flight	/renyc ov flayt/
uçuş zamanı	flying time	/'flaying taym/
varış	arrival	/ı'rayvıl/
varış yeri	destination	/desti'neyşın/
yakıt tankı	fuel tank	/fyu:l tenk/
yer ayırtma	reservation	/rezı'veyşın/
yolcu	passenger	/'pesincı/

42. GEMİ YOLCULUĞU / TRAVELLING BY BOAT

ada	island	/'aylınd/
ana güverte	main deck	/meyn dek/
arabalı vapur	ferry	/'feri/
balo salonu	ball room	/'bo:lrum/
bar	bar	/ba:/
baş kamarot	chief steward	/çi:f styuıd/
bayrak	flag	/fleg/
birinci mevki	first class	/fö:st kla:s/
can simidi	life buoy	/'layf boy/
can yeleği	life jacket	/'layf 'cekit/
çapa	anchor	/'enkı/
dalga	wave	/weyv/
deniz feneri	lighthouse	/'laythaus/
deniz kazası	shipwreck	/'şiprek/
deniz tutulması	seasickness	/'si:siknis/
denizci	sailor	/'seilı/
dış kamara	outside cabin	/'autsayd 'kebin/
fırtınalı deniz	rough sea	/raf si:/
gemi	ship	/şip/
gemi direği	mast	/ma:st/
gemi doktoru	ship's doctor	/şips 'doktı/
gemi gezintisi	cruise	/kru:z/
gemi veznedarı	purser	/'pö:sı/
gemi yolculuğu	voyage	/'voyic/
gemicilik	navigation	/nevi'geyşın/
güverte	deck	/dek/
iç kamara	inside cabin	/insayd 'kebin/
kamara	cabin	/'kebin/
kamarot	steward	/styuıd/
kaptan	captain	/keptin/
kıç taraf	stern	/stö:n/
kısa gezinti	excursion	/ik'skö:şın/
kıyı	coast	/koust/
klima	airconditioning	/'eıkındişıning/
köprü	bridge	/bric/
kuaför	hairdresser's	/heıdresız/
kurtarma salı	life-boat	/layfbout/
liman	harbour, port	/'ha:bı, po:t/

liman polisi	harbour police	/'ha:bıpı'li:s/
mürettebat	crew	/kru:/
okuma salonu	reading room	/'ri:ding rum/
revir	sick bay	/sik bey/
rıhtım	quay	/ki:/
rota	course	/ko:s/
salon	lounge	/launc/
salon güvertesi	saloon deck	/sı'lu:n dek/
sığ (su)	shallow (water)	/'şelou'wo:tı/
şezlong	deckchair	/'dekçeı/
telsiz odası	wireless room	/'wayılıs rum/
turistik mevki	tourist class	/'tuırist kla:s/
üst güverte	upper deck	/'apıdek/
yat	yacht	/yot/
yemek salonu	dining room	/'dayning rum/
yolcu	passenger	/'pesincı/
yolcu gemisi	passenger ship	/'pesincışip/
yüzme havuzu	swimming pool	/'swiming pu:l/

43. **POSTANE** / POST OFFICE

adres	address	/'ıdres/
alıcı	receiver	/risi:vı/
alındı belgesi	proof of delivery	/pru:f ov di'livıri/
faks	fax	/feks/
gönderen	sender	/sendı/
havale	money order	/'mani o:dı/
kargo	cargo	/'ka:gou/
mektup	letter	/'letı/
meşgul sinyali	busy signal	/bizi signıl/
ödemeli görüşme	collect call	/kılekt ko:l/
paket	parcel	/'pa:sıl/
posta	post, mail	/poust, meyl/
posta kodu	area code	/eıriıkoud/
postane	post-office	/poust ofis/
postacı	postman, mailman	/'poustmın, meylmın/
santral memuru	telephone operator	/'telifoun oupıreytı/
taahhütlü	registered	/'recistıd/

telefon	telephone	/'telifoun/
telefon jetonu	telephone token	/'telifoun toukın/
telefon rehberi	telephone directory	/'telifoun di'rektıri/
teleks	telex	/'teleks/
telgraf	telegram	/'teligrem/
uçakla	by air mail	/bay eımeyl/
yurt içi görüşme	domestic call	/dı'mestik ko:l/
zarf	envelope	/'enviloup/

44. OTEL / HOTEL

ampul	bulb	/balb/
anahtar	key	/ki:/
balkon	balcony	/'belkıni/
banyo	bathroom	/'ba:trum/
battaniye	blanket	/'blenkit/
beş yıldızlı otel	five star hotel	/fayv sta: hou'tel/
buzdolabı	refrigerator	/ri'fricıreytı/
çarşaf	bedsheet	/bedşi:t/
çıkış	exit	/'eksit/
depozito	deposit	/di'pozit/
duş	shower	/'şauı/
elbise askısı	coat hanger	/'kout hengı/
fiyat	price	/prays/
hamal	porter	/'po:tı/
havalandırma	ventilation	/venti'leyşın/
ışıklar	lights	/layts/
istek	enquiry	/in'kwayıri/
kahvaltı	breakfast	/'brekfıst/
kahvaltı salonu	breakfast room	/'brekfıst rum/
kalacak yer	accommodation	/ıkomı'deyşın/
kalkış	departure	/di'pa:çı/
kalorifer	heating	/'hi:ting/
kat	floor, storey	/flo:, 'sto:ri/
klima	air-conditioning	/'eıkındişning/
küllük	ash-tray	/'eştrey/
lavabo	wash-basin	/'woşbeysın/
motel	motel	/mou'tel/
oda servisi	room service	/rum sö:vis/

otel	hotel	/hou'tel/
ön kapı	front door	/frant do:/
özel plaj	private beach	/'prayvit bi:ç/
pansiyon	boarding house	/bo:ding haus/
pencere	window	/'windou/
perde	curtain	/'kö:tın/
resepsiyon	reception	/ri'sepşın/
resepsiyoncu	receptionist	/ri'sepşınist/
servis	service	/'sö:vis/
sezon	season	/'si:zın/
sıcak	hot	/hot/
soğuk	cold	/kould/
şikâyet	complaint	/kım'pleint/
tam pansiyon	full board	/ful bo:d/
tavan	ceiling	/si:ling/
tuvalet	lavatory, toilet	/'levıtıri, 'toylit/
tuvalet kâğıdı	toilet-paper	/'toylitpeypı/
ütü	iron	/'ayın/
varış	arrival	/ı'rayvıl/
yastık	pillow	/'pilou/
yatak	bed	/bed/
yatak örtüsü	bedspread	/'bedspred/
zil	bell	/bel/

45. **PARA** / MONEY

Alman markı	German mark	/'cö:mın ma:k/
Amerikan doları	American dollar	/'ımerikın dolı/
Avusturya şilini	Austrian schilling	/'ostriın şiling/
bozuk para	small change	/smo:l çeync/
döviz kuru	exchange rate	/iks'çeync reyt/
Fransız frangı	French franc	/frenç frenk/
Hollanda florini	Dutch florin	/daç florin/
İsviçre frangı	Swiss franc	/swis frenk/
İtalyan lireti	Italian lira	/i'teliın lirey/
Kuveyt dinarı	Kuwait dinar	/kuweyt dina:/
kâğıt para	banknote	/'benknout/
madeni para	coin	/koyn/
para	money	/'mani/
para birimi	currency	/'karınsi/

sterlin	pound, sterling	/paund, stö:ling/
Türk lirası	Turkish lira	/'tö:kiş lira/
yabancı para	foreign money	/'forin mani/

46. TRAFİK / TRAFFIC

alt geçit	underpass	/'andıpa:s/
ana cadde	main street	/meyn stri:t/
bulvar	avenue	/'evınyu:/
cadde	street	/stri:t/
ceza	fine	/fayn/
ehliyet	driving licence	/'drayving 'laysıns/
geçit	crossing	/'krosing/
hasar	damage	/'demic/
hız	speed	/spi:d/
kargo	cargo	/'ka:gou/
kavşak	crossing	/krosing/
kaza	accident	/'eksidınt/
kırmızı ışık	red light	/red layt/
köprü	bridge	/bric/
meydan (alan)	square	/'skweı/
otoban, otoyol	highway, motorway	/'haywey, 'moutıwey/
paralı yol	toll road	/'toul roud/
park yeri	parking	/'pa:king/
ruhsat	registration card	/reci'streyşın ka:d/
sarı ışık	yellow light	/'yelou layt/
şoför	driver	/'drayvı/
tek yönlü trafik	one way traffic	/wan wey 'trefik/
trafik	traffic	/'trefik/
trafik ışıkları	traffic lights	/'trefik layts/
trafik kuralları	traffic rules	/'trefik ru:lz/
tünel	tunnel	/'tanıl/
üst geçit	overpass	/'ouvıpa:s/
viraj	curve, bend	/kö:v, bend/
yaya	pedestrian	/pi'destriın/
yaya kaldırımı	pavement	/'peyvmınt/
yeşil ışık	green light	/'gri:n layt/
yol	road	/roud/
yolculuk	journey	/'cö:ni/
yön	direction	/'direkşın/

47. ARABA PARÇALARI / CAR PARTS

aks	axle	/'eksıl/
akü	battery	/'betıri/
amortisör	shock absorber	/şok ıbso:bı/
anten	aerial	/eıriıl/
arkacam	back window	/bek windou/
bagaj	trunk, boot	/trank, bu:t/
bağlantı	connection	/kı'nekşın/
balata	brake lining	/'breyk layning/
benzin filtresi	petrol filter	/'petrıl filtı/
benzin pompası	petrol pump	/'petrıl pamp/
buji	spark plug	/'spa:k plag/
conta	joint	/coynt/
çamurluk	mudguard	/'madga:d/
debriyaj	clutch	/klaç/
debriyaj diski	clutch plate	/klaç pleyt/
debriyaj pedalı	clutch pedal	/klaç pedıl/
dikiz aynası	rear mirror	/'riı'mirı/
dinamo	dynamo	/'daynımou/
direksiyon mili	steering column	/'stiıring 'kolım/
distribütör	distributor	/di'stribyutı/
egzoz borusu	exhaust pipe	/ig'zost payp/
eksantrik mili	camshaft	/kamşaft/
emniyet kemeri	safety belt	/'seyfti belt/
far(lar)	headlights	/'hedlayts/
filtre	filter	/'filtı/
fren	brake	/'breyk/
fren kampanası	brake drum	/'breyk dram/
fren pabuçları	brake shoes	/'breyk şu:z/
hava filtresi	air filter	/eıfiltı/
kablo	cable	/'keybıl/
kaput	hood	/hud/
karbüratör	carburettor	/ka:byu'reytı/
kardan contası	universal joint	/yu:ni'vö:sıl coynt/
karter	crankcase	/'krankkeys/
kısa rot başları	track rod ends	/'trek rod endz/
kondansatör	condenser	/kın'densı/
kontak	contact	/'kontekt/
kontak düğmesi	ignition key	/'ignişın ki:/
kömürler	brushes	/'braşız/
krank mili	crankshaft	/krankşaft/

lastik	tyre	/tayı/
marş motoru	starter motor	/'sta:tımoutı/
motor	engine	/'encin/
motor gövdesi	cylinder block	/'silindıblok/
öncam	windscreen	/'windskri:n/
piston	piston	/'pistın/
plaka	licence plate	/'laysıns 'pleyt/
platinler	points	/poynts/
radyatör	radiator	/'reydieytı/
rot	rod	/rod/
segmanlar	piston rings	/pistın ringz/
silindir	cylinder	/'silindı/
sinyaller	indicators	/'indikeytız/
stop lambası	rear light	/riılayt/
supap	valve	/velv/
supap yayı	valve springs	/velv springz/
süspansiyon	suspension	/sı'spenşın/
şaft	shaft	/şaft/
şamandıra	float	/'flout/
şanzıman	gearbox	/'giıboks/
tampon	bumper	/bampı/
tekerlekler	wheels	/wi:lz/
termostat	thermostat	/'tö:mıstet/
üst karter	crankcase	/krenkkeys/
yağ filtresi	oil filter	/oyl filtı/
yatak	bearing	/'beıring/
yaylar	springs	/springz/

48. YOL İŞARETLERİ / ROAD SIGNS

ASGARİ SÜRAT	MINIMUM SPEED
AZAMİ SÜRAT	MAXIMUM SPEED
ÇİFT YÖNLÜ YOL	TWO WAY TRAFFIC
KAPALI YOL	NO VEHICLES
KAVŞAK	INTERSECTION
OTOBAN	MOTORWAY
PARK YAPILMAZ	NO PARKING
PARK YERİ	PARKING
SOLLAMA YASAKTIR	NO OVERTAKING
TEHLİKELİ VİRAJ	DANGEROUS END
TEK YÖNLÜ YOL	ONE WAY STREET
TEK YÖNLÜ TRAFİK	ONE WAY TRAFFIC

49. KIRTASİYE DÜKKANI / THE STATIONER'S

ajanda	diary	/'dayıri/
ataş	paper clip	/'peypı klip/
boya fırçası	paint brush	/peynt braş/
cetvel	ruler	/'ru:lı/
defter	notebook	/'noutbuk/
delikli zımba	hole punch	/houl panç/
dolmakalem	fountain pen	/'fauntin pen/
dosya	file	/fayl/
dosya kâğıdı	writing paper	/'rayting peypı/
gönye	set square	/set skweı/
iletki	protractor	/'prıtrektı/
kağıt	paper	/'peypı/
kalem	pen	/pen/
kalem içi	filler	/filı/
kalem kutusu	pencil box	/'pensıl boks/
kalem takımı	pen set	/pen set/
kalemtıraş	pencil sharpener	/'pensıl şa:pını/
keçeli kalem	felt tip	/'felt tip/
kırtasiyeci	stationer's	/'steyşınız/
kitap	book	/buk
kurşun kalem	pencil	/'pensıl/
mürekkep	ink	/ink/
not defteri	notepad	/'noutped/
pastel boya	pastel paint	/'pestıl peynt/
pergel	compass	/'kampıs/
renkli kalem	colour pen	/'kalı pen/
seloteyp	sticking plaster	/'stiking pla:stı/
silgi	rubber, eraser	/r'abı, ı'reyzı/
suluboya	waterpaint	/'wo:tıpeynt/
sumen	blotting pad	/'bloting ped/
tel raptiye	staple	/'steypıl/
tel zımba	stapler	/'steyplı/
toplu iğne	pinch	/pinç/
tükenmez kalem	ball pen	/'bo:l pen/
yağlıboya	oilpaint	/'oylpeynt/
yapıştırıcı	adhesive	/'ıdhi:siv/
zamk, tutkal	glue	/glu:/
zarf	envelope	/'envıloup/

50. LOKANTA / RESTAURANT

YEMEK LİSTESİ / MENU

50/A. ÇORBALAR / SOUPS

çorba	soup	/su:p/
bezelye çorbası	pea soup	/pi: su:p/
domates çorbası	tomato soup	/tı'ma:tou su:p/
işkembe çorbası	tripe soup	/'trayp su:p/
mantar çorbası	mushroom soup	/'maşrum su:p/
mercimek çorbası	lentil soup	/'lentıl su:p/
patates çorbası	potato soup	/pı'teytou su:p/
taze mısır çorbası	sweet corn soup	/swi:t ko:n su:p/
pirinç çorbası	rice soup	/rays su:p/
sebze çorbası	vegetable soup	/'vectıbıl su:p/
tavuk çorbası	chicken soup	/'çikın su:p/
yayla çorbası	highland soup	/'haylend su:p/

50/B. SALATALAR / SALADS

mevsim salatası	salad of the season	/'selıd ov dı 'si:zın/
salata sosu	salad dressing	/'selıd dresing/
yeşil salata	green salad	/'gri:n 'selıd/
çoban salata	shepherd's salad	/'şepıdz 'selıd/
Amerikan salatası	Russian salad	/'raşın 'selıd/
beyin salatası	brain salad	/'breyn 'selıd/
karides salatası	shrimp salad	/'şrimp 'selıd/
domates salatası	tomato salad	/tı'ma:tou 'selıd/
patates salatası	potato salad	/pı'teytou 'selıd/
havuç salatası	carrot salad	/'kerıt 'selıd/
kırmızı turp salatası	radish salad	/'rediş 'selıd/
karnı bahar salatası	cauliflower salad	/'koliflauı 'selıd/

meze(ler)	hors d'ouvre(s)	/o:'dö:v(z)/
kaşar peyniri	cheese	/çi:z/
beyaz peynir	white cheese	/wayt çi:z/
gravyer peyniri	gruyere cheese	/'gru:yeı çi:z/
krem peynir	cream cheese	/'kri:m çi:z/
zeytin	olives	/'olivz/
salam	salami	/sı'la:mi/
sucuk	Turkish salami	/'tö:kiş sı'la:mi/
pastırma	pastrami	/'pıstra:mi/
sosis	hot dog, sausage	/hot dog, 'sosic/
patates kızartma	fried potatoes	/frayd pı'teytouz/
patates tava	french fries	/frenç frayz/
patates fırında	roasted potatoes	/'roustid pı'teytouz/
patates püre	mashed potatoes	/meşd pı'teytouz/
havyar	caviar	/'kevia:/
midye	mussels	/'masılz/
midye tava	fried mussels	/frayd 'masılz/
midye dolma	stuffed mussels	/staft 'masılz/
lakerda	salted tunny	/'so:ltid tani/
çiroz	dried mackerel	/drayd 'mekrıl/
tarama	fish roe salad	/fiş rou 'selıd/
ciğer	liver	/'livı/
beyin tava	fried brain	/frayd 'breyn/
turşu	pickles	/'pikılz/
salatalık turşusu	pickled cucumbers	/'pikıld 'kyu:kambız/
biber turşusu	pickled peppers	/'pikıld 'pepız/
domates turşusu	pickled tomatoes	/'pikıld tı'ma:touz/
lahana turşusu	pickled cabbage	/'pikıld kebic/
patlıcan turşusu	pickled aubergines	/'pikıld 'oubıji:nz/
soğuk et tabağı	cold meat plate	/kould mi:t pleyt/
yoğurt	yoghurt	/'yogıt/
barbunya pilaki	red bean salad	/red bi:n 'selıd/
fasulye pilaki	bean salad	/bi:n 'selıd/
tavuk söğüş	cold chicken	/kould 'çikın/
piyaz	haricot bean salad	/'herikou bi:n 'selıd/
jambon	bacon	/'beykın/

50/D. **ANA YEMEKLER** / MAIN COURSES

bonfile	fillet of beef	/'filit ov bi:f/
dana file	fillet of veal	/'filit ov vi:l/
kuzu pirzola	lamb chops	/lem çops/
dana pirzola	veal cutlets	/'vi:l 'katlits/
karışık ızgara	mixed grill	/mikst gril/
biftek	steak	/steyk/
- az pişmiş	rare	/reı/
- orta pişmiş	medium	/'mi:diım/
- çok pişmiş	well done	/wel dan/
kuyu kebabı	lamb roasted in a pit	/lem 'roustid in ı pit/
rozbif	roastbeef	/'roustbi:f/
kuzu çevirme	roastlamb	/'roustlem/
ızgara köfte	grilled meatballs	/'grild 'mi:tbolz/
piliç kızartma	roast chicken	/'roust 'çikin/
döner kebap	döner kebap (lamb grilled on a revolving spit)	
şiş kebap	shish kebap (grilled lamb on skewers)	
İskender kebap	döner kebap served with a layer of special bread and yoghurt	

50/E. **ETLİLER** / MEAT DISHES

şnitzel	schnitzel	/'şnitsıl/
et sote	saute meat	/so:tey mi:t/
tas kebabı	goulash	/gu:leş/
kuzu dolması	lamb stuffed with rice	/lem staft wid rays/
böf strogonof	beef strogunoff	/bi:f 'stro:gınof/

50/F. **HAMUR İŞLERİ VE OMLETLER** / PASTRIES AND OMELETS

omlet	omelette	/'omlit/
- pastırmalı	- with pastrami	/wit 'pıstra:mi/
- peynirli	- with cheese	/wit çi:z/
- sosisli	- with frankfurter	/wit 'frenkfö:tı/

spagetti	spaghetti	/'spageti/
makarna	macaroni	/mekı'rouni/
pilav	rice pilaff	/rays pilef/
bulgur pilavı	cracked wheat pilaf	/krekd wi:t pilef/
sigaraböreği	fried filo pastry filled with Turkish white cheese	
suböreği	layers of filo pastry baked with cheese or meat filling	
kıymalı börek	pastry filled with mince meat	
peynirli börek	pastry filled with Turkish cottage (white) cheese	
Çin böreği	Chinese spring rolls	

50/G. **DENİZ MAHSULLERİ** / SEA FOOD

ahtapot	octopus	/'oktıpıs/
alabalık	trout	/traut/
barbunya	red mullet	/red malit/
dil balığı	sole	/soul/
hamsi	anchovy	/'ençıvi/
iskorpit	scorpion fish	/'sko:piın fiş/
istavrit	small mackerel	/smo:l mekrıl/
istiridye	oyster	/'oystı/
kalamar	squid	/'skwid/
kalkan	turbot	/'tö:bıt/
karides	shrimp	/'şrimp/
kefal	grey mullet	/grey malit/
kerevit	prawn	/pro:n/
kılıç	swordfish	/'so:dfiş/
kırlangıç	gurnard	/'gö:nıd/
kolyoz	horse mackerel	/ho:s mekrıl/
ıstakoz	lobster	/'lobstı/
levrek	bass	/bes/
lüfer	blue fish	/blu: fiş/
mezgit	haddock	/'hedık/
midye	mussel	/'masıl/
deniz tarağı	clam	/klem/
mürekkep balığı	squid	/'skwid/
palamut	bonito	/bıni:tou/
sardalye	sardine	/'sa:di:n/

som balığı	salmon	/'semın/
ton	tunny	/tani/
uskumru	mackerel	/'mekrıl/
yengeç	crab	/kreb/
yılanbalığı	eel	/i:l/

50/H. **TATLILAR** / DESSERTS

krem karamel	cream caramel	/kri:m kerımel/
sütlaç	rice pudding	/rays puding/
muhallebi	pudding	/puding/
turta, kek	pie	/pay/
pasta	cake	/keyk/
jöle	jelly	/celi/
meyve salatası	fruit salad	/fru:t selıd/
dondurma	ice cream	/ayskri:m/
- çikolatalı	- chocolate	/'çoklit/
- vanilyalı	- vanilla	/'vınilı/
- çilekli	- strawberry	/'stro:beri/
komposto	cold stewed fruit	/kould styu:d fru:t/
sufle çeşitleri	souffle varieties	/'su:fley vırayıti:z/
muz şokola	chocolate mousse	/'çoklit mu:s/
tel kadayıf	- shredded wheat stuffed with pistachio or walnut	
kazandibi	- kettle bottom (slightly burned rice pudding)	
tavukgöğsü	- milk pudding with thoraxic muscle of hen	
tulumba tatlısı	- fried dough served with a sweet syrup	
kabak tatlısı	- pumpkin served in a sweet syrup	

51. **MEYVELER** / FRUITS

ananas	pine apple	/payn epıl/
armut	pear	/peı/
ayva	quince	/kwins/
böğürtlen	blackberry	/blekbıri/
çilek	strawberry	/stro:bıri

dut	mulberry	/malbıri/
elma	apple	/epıl/
erik	plum	/plam/
greyfurt	grapefruit	/greypfru:t/
hindistancevizi	coconut	/koukınat/
hurma	date	/deyt/
incir	fig	/fig/
karpuz	water melon	/wo:tı melın/
kavun	melon	/melın/
kayısı	apricot	/eyprikot/
kestane	chestnut	/çesnat/
kızılcık	cornelian cherry	/ko:ni:liın çeri/
kiraz	cherry	/çeri/
mandalina	tangerine	/tencıri:n/
muşmula	medlar	/medlı/
muz	banana	/bına:nı/
nar	pomegranate	/pomigrenit/
portakal	orange	/orinc/
şeftali	peach	/pi:ç/
üzüm	grapes	/greyps/
vişne	morello	/mırelou/
zerdali	wild apricot	/wayld eyprikot/

52. **SEBZELER** / VEGETABLES

Brüksel lahanası	broccoli	/brokıli/
bakla	broad beans	/broud bi:nz/
bamya	gumbo	/gambou/
bezelye	peas	/pi:z/
biber	pepper	/pepı/
börülce	black-eyed beans	/blekayd bi:nz/
domates	tomato	/tıma:tou/
ebegümeci	mallow	/melou/
enginar	artichoke	/a:tiçouk/
fasulye	beans	/bi:nz/
havuç	carrot	/kerıt/
ıspanak	spinach	/spinic/
kabak (balkabağı)	squash	/skwoş/
kabak (dolmalık)	marrow	/merou/
karnabahar	cauliflower	/koliflauı/
kıvırcık lahana	broccoli	/brokıli/

kuşkonmaz	asparagus	/'ıspengıs/
lahana	cabbage	/kebic/
marul	lettuce	/letıs/
mercimek	lentil	/lentıl/
mısır	corn	/ko:n/
nohut	chick peas	/çikpi:z/
pancar	beet	/bi:t/
patates	potato	/pıteytou/
patlıcan	eggplant	/egplent/
	aubergine	/oubıci:n/
pırasa	leek	/li:k/
salatalık	cucumber	/kyu:kambı/
sarmısak	garlic	/ga:lik/
semizotu	purslane	/pö:sleyn/
soğan	onion	/anıın/
şalgam	turnip	/tö:nip/
tere	cress	/kres/
turp	radish	/rediş/

53. **İÇECEKLER** / DRINKS

53/A. **ALKOLLÜ İÇKİLER** / ALCOHOLIC DRINKS

alkollü içki	alcoholic drink	/elkı'holik drink/
beyaz şarap	white wine	/wayt wayn/
bira	beer	/biı/
brendi	brandy	/brendi/
cin	gin	/cin/
iskoç viski	scotch	/'skoç/
kırmızı şarap	red wine	/red wayn/
konyak	cognac	/'konyek/
köpüklü şarap	sparkling wine	/'spa:kling wayn/
likör	liqueur	/li'kyuı/
panç	punch	/panç/
rakı	raki	/reki/
rom	rum	/ram/
şampanya	champagne	/şem'peyn/
şarap	wine	/wayn/
viski	whisky	/'wiski/
votka	vodka	/'vodkı/

53/B. **MEŞRUBATLAR** / SOFT DRINKS

ayran	ayran (diluted yoghurt)	/'daylu:tıd yogıt)/
buzlu çay	minted ice tea	/'mintid ays ti:/
domates suyu	tomato juice	/tıma'tou cu:s/
elma suyu	apple juice	/'epıl cu:s/
gazoz	pop	/pop/
greyfrut suyu	grapefruit juice	/greyp'fru:t cu:s/
kayısı suyu	apricot juice	/'eyprikot cu:s/
kola	coke	/'kouk/
limonata	lemonade	/'lemıneyd/
madensuyu	mineral water	/'minırıl 'wo:tı/
meşrubat	soft drink	/soft drink/
meyve suyu	fruit juice	/fru:t cu:s/
portakal suyu	orange juice	/'orinc cu:s/
soda	soda	/'soudı/
su	water	/'wo:tı/
şeftali suyu	peach juice	/pi:ç cu:s/
tonik	tonic	/'tonik/
vişne suyu	morello cherry juice	/mırelou çeri cu:s/

53/C. **SICAK İÇECEKLER** / HOT DRINKS

çay	tea	/ti:/
- limonlu	- with lemon	/wit lemın/
- sütlü	- with milk	/wit milk/
kakao	cocoa	/'koukou/
neskafe	instant coffee	/'instınt 'kofi/
sade neskafe	black coffee	/blek 'kofi/
sütlü neskafe	white coffee	/wayt 'kofi/
sıcak süt	hot milk	/hot milk/
Türk kahvesi	Turkish coffee	/'tö:kiş 'kofi/
- şekerli	- sweet	/swi:t/
- orta şekerli	- medium sweet	/'midiım swi:t/
- az şekerli	- slightly sweet	/slaytli swi:t/
- sade	- plain, black	/pleyn, blek/

53/D. **BAHARATLAR, OTLAR** / SPICES, HERBS

acı biber	hot pepper	/hot 'pepı/
baharat	spice	/spays/
biber	pepper	/'pepı/
hardal	mustard	/'mastıd/
karabiber	black pepper	/'blek pepı/
karanfil	cloves	/klouvz/
kekik	thyme	/taym/
kırmızı biber	red pepper	/red 'pepı/
kimyon	cummin	/'kamin/
maydanoz	parsley	/'pa:sli/
nane	mint	/mint/
rezene	fennel	/'fenıl/
sarmısak	garlic	/'ga:lik/
tarçın	cinnamon	/'sinımın/
tuz	salt	/so:lt/
yeşil soğan	chives	/çayvz/
zencefil	ginger	/'cincı/

53/E **YEMEK PİŞİRME BİÇİMLERİ** / COOKING TERMS

buğulama	steamed	/sti:md/
çevirme	spit roasted	/spit 'roustıd/
çiğ	raw	/ro:/
dolma	stuffed	/'staft/
fırında	roasted	/'roustid/
füme	smoked	/'smoukt/
haşlama	boiled, stewed	/'boyld, styu:d/
ızgara	grilled, broiled	/grild, broyld/
kızartma	fried	/'frayd/
salamura	marinated	/'merineytid/
tandır	roasted in an oven	/'roustıd in ın ovn/
zeytinyağlı	in olive oil	/in oliv oyl/

54. İŞARETLER / SIGNS

AÇIK	OPEN
BAYANLAR (KADIN)	LADIES
BAYLAR (ERKEK)	GENTLEMEN
BEKLEME SALONU	WAITING ROOM
BEKLEMEK YASAKTIR	NO WAITING
BOŞ (SERBEST)	VACANT
BOŞ ODA VAR	ROOMS AVAILABLE
BOŞ ODA YOK	NO ROOMS!
ÇEKİNİZ	PULL
ÇIKIŞ	EXIT
ÇİÇEKLERİ KOPARMAYINIZ	DON'T PICK THE FLOWERS
ÇİMLERE BASMAYINIZ	DON'T STEP ON THE GRASS
DİKKAT	CAUTION
DOKUNMAYINIZ	DON'T TOUCH!
DOLU (MEŞGUL)	ENGAGED
EMANET	LEFT-LUGGAGE
GİRİŞ	ENTRANCE
İÇİLMEZ	NOT DRINKABLE
İMDAT ÇIKIŞI	EMERGENCY EXIT
İTİNİZ	PUSH
KALKIŞ (HAREKET)	DEPARTURE
KAMP YAPMAK YASAKTIR	NO CAMPING!
KAPALI	CLOSED
KİRALIK	FOR RENT, HIRE
KÖPEKTEN SAKININ	BEWARE OF THE DOG
ÖZEL	PRIVATE
PARK YAPILMAZ	NO PARKING
PARK YERİ	PARKING
SATILIK	FOR SALE
SICAK	HOT
SİGARA İÇİLMEZ	NO SMOKING!
SOĞUK	COLD
TARİFE (HAREKET CETVELİ)	TIMETABLE
TEHLİKE	DANGER
TUTULMUŞ	RESERVED
TUVALET	TOILETS
UCUZLUK	SALES
ÜCRETLER	FARES

VARIŞ	ARRIVAL
VEZNE	CASHIER'S
YASAK BÖLGE	FORBIDDEN ZONE
YASAKTIR	FORBIDDEN

55. **SPOR** / SPORTS

55/A. **DALLAR** / BRANCHES

ABD futbolu	football	/'futbo:l/
aerobik	aerobatics	/'eırıbetiks/
araba yarışı	car racing	/ka: 'reysing/
at yarışı	horse racing	/ho:s 'reysing/
atıcılık	shooting	/'şu:ting/
atletizm	athletics	/et'letiks/
avcılık	hunting	/'hanting/
badminton	badminton	/'bedmintın/
balıkçılık	fishing	/fişing/
basketbol	basketball	/'ba:skitbo:l/
beyzbol	baseball	/'beysbo:l/
bilek güreşi	wrist wrestling	/rist resling/
binicilik	horse riding	/ho:s rayding/
bisiklet	cycling	/'saykling/
boks	boxing	/'boksing/
buz hokeyi	ice hockey	/ays hoki/
cimnastik	gymnastics	/cim'nestiks/
cirit (polo)	polo	/polou/
cirit atma	javelin throw	/'cevlin trou/
dağcılık	mountaineering	/'mauntiniıring/
dekatlon	decathlon	/'diketlon/
disk atma	diskus throw	/diskıs trou/
eskrim	fencing	/'fensing/
futbol	football	/'futbo:l/
golf	golf	/golf/
güreş	wrestling	/'resling/
halter	weight lifting	/'weyt lifting/
hentbol	handball	/'hendbo:l/
hokey	hockey	/'hoki/
judo	judo	/'cu:dou/
karate	karate	/kı'ra:ti/

kayak	skiing	/'ski:ing/
kızak	tobogganing	/tı'bogıning/
koşu	running	/'raning/
kriket	cricket	/'krıkit/
kung-fu	kung-fu	/kung-fu/
kürek	rowing	/'rouing/
masatenisi	table tennis	/'teybıl tenis/
okçuluk	archery	/'a:çıri/
oto ralisi	car rally	/ka: reli/
paten	skating	/'skeyting/
pentatlon	pentathlon	/pen'tetlın/
rafting	rafting	/rafting/
sırıkla atlama	pole vault	/poul vo:lt/
sıkvaş	squash	/skwoş/
sörfçülük	surfing	/'sö:fing/
su kayağı	water skiing	/'wo:tı 'ski:ing/
tekerlekli paten	roller skate	/'roulı skeyt/
tekvando	taekwando	/'tekwandou/
tenis	tennis	/'tenis/
tropi	trophy	/trofi/
uzun atlama	long jump	/'long camp/
voleybol	volleyball	/'volibo:l/
vücut geliştirme	body building	/'bodi'bilding/
yatçılık	yachting	/'yoting/
yelkencilik	sailing	/'seyling/
yüksek atlama	high jump	/'hay camp/
yüzme	swimming	/'swiming/

55/B. **SPOR (GENEL)** / SPORTS (GENERAL)

amatör	amateur	/'emıtı/
antrenör	trainer	/'treynı/
atlet	athlete	/'etli:t/
beraberlik	draw	/dro:/
çiftler	doubles	/'dabılz/
denge aleti	balance beam	/'belıns bi:m/
faul	foul	/faul/

final	final	/'faynıl/
galibiyet	win	/win/
hakem	referee	/refı'ri:/
hücum	offence	/ı'fens/
ikinci devre	second half	/sekınd ha:f/
ilk devre	first half	/fö:st ha:f/
kaleci	goal keeper	/goul ki:pı/
kapalı salon	arena	/ı'ri:nı/
kış sporları	winter sports	/'wintı 'spo:ts/
koç	coach	/kouç/
kupa	cup	/kap/
kural	rule	/ru:l/
maç	match	/meç/
madalya	medal	/'medıl/
oyun	game	/geym/
paralel bar	parallel bars	/'perılıl ba:z/
penaltı	penalty	/'penılti/
profesyonel	professional	/prı'feşınıl/
rakip	opponent	/ı'pounınt/
rekor	record	/'reko:d/
savunma	defence	/di'fens/
seyirci	spectator	/spek'teytı/
skor	score	/sko:/
sonuç	result	/ri'zalt/
spor	sports	/'spo:ts/
sportoto	football pools	/'futbo:l pu:lz/
sporcu (bayan)	sportswoman	/'spo:tswumın/
sporcu (erkek)	sportsman	/'spo:tsmın/
stadyum	stadium	/'steydiım/
şampiyon	champion	/'çempyın/
takım	team	/ti:m/
taraftar	supporter	/sı'po:tı/
tekler	singles	/singılz/
tribün(ler)	stands	/stendz/
turnuva	tournament	/'tuınımınt/
yarı final	semi final	/semi 'faynıl/
yarış	race	/reys/
yarışma	competition	/'kompı'tişın/
yarışmacı	competitor	/'kompıtitı/
yenilgi	defeat	/'difi:t/

56. **MÜZİK VE DANS** / MUSIC AND DANCE

56/A. **MÜZİK ALETLERİ** / MUSICAL INSTRUMENTS

ağız mızıkası	mouth organ	/maut 'o:gın/
akordiyon	accordion	/ı'ko:diın/
akustik gitar	acoustic guitar	/ı'ku:stik gi'ta:/
alet	instrument	/'instrumınt/
arp	harp	/ha:p/
çello	cello	/'çelou/
davul	drum	/dram/
flüt	flute	/flu:t/
fransız kornosu	french horn	/'frenç ho:n/
gitar	guitar	/gi'ta:/
keman	violin	/'vayılin/
klarnet	clarinet	/klerı'net/
kontrabas	double bass	/dabıl beys/
mandolin	mandolin	/mendı'lin/
obua	oboe	/'oubou/
piyano	piano	/pi'enou/
saksofon	saxophone	/'seksıfoun/
trombon	trombone	/trom'boun/
trompet	trumpet	/'trampit/
zil	cymbals	/'simbılz/

56/B. **MÜZİK (GENEL)** / MUSIC (GENERAL)

alkış	applause	/ı'plo:z/
ara (antrakt)	interval	/'intıvıl/
bale	ballet	/'beley/
balo	ballroom	/bo:lrum/
bando	band	/bend/
bariton	baritone	/'beritoun/
bas	bass	/beys/
başlama	beginning, start	/bi'gining, sta:t/
başrol	leading role	/'li:ding roul/
bemol	flat	/flet/
besteci	composer	/kım'pouzı/
bilet	ticket	/'tikit/
dans	dance	/da:ns/

dans orkestrası	danceband	/da:nsbend/
dekor	set, scenery	/set, 'si:nıri/
diyez	sharp	/şa:p/
dram	drama	/'dra:mı/
gişe	box office	/boks 'ofis/
gösteri	performance	/pı'fo:mıns/
koltuk(lar)	stalls	/sto:lz/
komedi	comedy	/'komıdi/
kompakt disk	compact disc	/'kımpekt disk/
konser	concert	/'konsıt/
konser salonu	concert hall	/'konsıt ho:l/
koro	choir	/'kwayı/
majör	major	/'meycı/
melodi	melody	/'melıdi/
mikrofon	microphone	/'maykrıfoun/
minör	minor	/'maynı/
müzik	music	/'myuzik/
müzikal	musical	/'myu:zikıl/
müzisyen	musician	/'myu:zişın/
nota	note	/nout/
oda müziği	chamber music	/'çeymbı 'myu:zik/
opera	opera	/'opırı/
operet	operetta	/'opıretı/
orkestra	orchestra	/'o:kistrı/
orkestra şefi	conductor	/kın'daktı/
piyanist	pianist	/'piınist/
pop müzik	pop music	/pop 'myu:zik/
program	programme	/'prougrem/
rol	part, role	/pa:t, roul/
sahne	stage	/steyc/
senfoni	symphony	/'simfıni/
ses	voice	/voys/
seyirci	audience	/'o:dyıns/
sıra	row	/rou/
solist	soloist	/'soulouist/
soprano	soprano	/sı'pra:nou/
şarkı	song	/song/
şarkıcı	şarkıcı	/'singı/
tango	tango	/'tengou/
vokalist	vocalist	/'voukılist/

57. **TİYATRO, SİNEMA** / THEATRE, CINEMA

aktör	actor	/'ektı/
aktris	actress	/'ektris/
alkış	applause	/ı'plo:z/
ara (antrakt)	interval	/'intıvıl/
aşk filmi	love story	/lav 'sto:ri/
başlama	beginning, start	/bi'gining, sta:t/
başrol	leading part	/'li:ding pa:t/
belgesel	documentary	/dokyu'mentıri/
beyaz perde	white screen	/wayt skri:n/
bilet	ticket	/'tikit/
bilim kurgu	science fiction	/sayns fikşın/
çizgi film	cartoon	/ka:'tu:n/
dekor	set, scenery	/set, 'si:nıri/
dram	drama	/'dra:mı/
eğitici film	educational film	/edyu'keyşınıl film/
film	film	/film/
film festivali	film festival	/film 'festıvıl/
film yıldızı	film star	/film sta:/
gala gecesi	opening night	/'oupıning nayt/
gerilim (filmi)	thriller	/'trilı/
gişe	box office	/boks 'ofis/
gösteri	show	/şou/
güldürü	comedy	/'komıdi/
kısa metrajlı film	short film	/şo:t film/
koltuk(lar)	stalls	/sto:lz/
korku filmi	horror film	/'horı film/
kostüm	costume	/'kostyu:m/
kovboy (filmi)	western	/'westın/
macera (filmi)	adventure film	/ıd'vençı film/
makyaj	make up	/meyk ap/
oynayanlar	cast	/ka:st/
oyun	play	/pley/
oyun yazarı	playwright	/pleyrayt/
perde	curtain	/'kö:tin/
polisiye (film)	detective story	/di'tektiv 'sto:ri/
prodüktör	producer	/'prodyu:sı/
program	programme	/'prougrem/
prova	rehearsal	/ri'hö:sıl/
rol	part, role	/pa:t, roul/
sahne	stage	/steyc/

savaş filmi	war film	/wo: film/
seyirci	audience	/'o:dyıns/
sıra	row	/rou/
sinema	cinema	/'sinımı/
tarihi film	historical film	/hi'storikıl film/
temsil	performance	/pı'fo:mıns/
tiyatro	theatre	/'tiıtı/
uzun metrajlı film	feature (film)	/'fi:çı film/
üretim	production	/prı'dakşın/
vestiyer	cloakroom	/'kloukrum/
yönetmen	director	/di'rektı/

58. OYUNLAR / GAMES

bakara	baccarat	/bekıra:/
bilardo	billiards	/'bilyıdz/
briç	bridge	/bric/
ABD bilardo	snooker, pool	/snu:kı, pu:l/
dama	draughts	/'dra:fts/
ok oyunu	darts	/da:ts/
poker	poker	/'poukı/
rulet	roulette	/ru:let/
kâğıt oyunları	game of cards	/geym ov ka:dz/
- kupa / karo	hearts / diamonds	/ha:ts / 'daymındz/
- sinek / maça	clubs / spades	/klabz / speydz/
- vale / kız	jack / queen	/cek / kwi:n/
- papaz / as	king / ace	/king / eys/
- joker	joker	/'coukı/
satranç	chess	/çes/
- tahta	board	/bo:d/
- piyon	pawn	/po:n/
- şah	king	/king/
- vezir	queen	/'kwi:n/
- at	knight	/nayt/
- fil	bishop	/'bişıp/
- kale	rook	/ruk/
tavla	backgammon	/'bekgemın/
zar	dice	/days/

59. **RADYO, TELEVİZYON** / RADIO, TELEVISION

anten	aerial	/'eırııl/
çok kısa dalga	ultra-short wave	/'altrışo:t weyv/
dizi film	serial	/'siırııl/
ekran	screen	/skri:n/
haber spikeri	newsreader	/'nyu:z ri:dı/
haberler	news	/nyu:z/
hava durumu	weather report	/'wedı ri'po:t/
izleyici, seyirci	viewer	/'vyu:vı/
kablolu tv	cable TV	/'keybıl ti:vi:/
kanal	channel	/'çenıl/
kısa dalga	short wave	/şo:t weyv/
orta dalga	medium wave	/'mi:dyım weyv/
pembe dizi	soap opera	/soup 'oprı/
program	programme	/'prougrem/
radyo	radio	/'reydiou/
reklamlar	commercials	/kı'mö:şılz/
spiker	announcer	/ı'naunsı/
sunucu	compere	/'kompeı/
televizyon	television	/'telivijın/

60. **RESİM, HEYKEL** / PAINTING, SCULPTURE

boya	paint	/peynt/
çerçeve	frame	/freym/
çizim	drawing	/dro:ing/
heykel, yontu	statue	/'steçu:/
karikatür	caricature	/'kerikıtyuı/
	cartoon	/ka:'tu:n/
müze	museum	/myu:'ziım/
portre	portrait	/'po:trit/
sanat galerisi	art gallery	/a:t 'gelıri/
sergi	exhibition	/'eksi'bişın/
sulu boya	water colours	/'wo:tı kalız/
tuval	canvas	/'kenvıs/
yağlı boya	oils	/oylz/

61. **GÖKYÜZÜ, UZAY** / SKY, SPACE

ay	moon	/mu:n/
bulut	cloud	/klaud/
Dünya	Earth	/ö:t/
evren	universe	/'yu:nivö:s/
galaksi	galaxy	/'gelıksi/
gezegen	planet	/'plenit/
gökyüzü	sky	/skay/
güneş	sun	/san/
Samanyolu	milky way	/milki wey/
uydu	orbit	/o:bit/
uzay	space	/speys/
yıldız	star	/'sta:/

62. **GEZEGENLER** / PLANETS

Dünya	Earth	/'ö:t/
Jupiter	Jupiter	/'cupitı/
Mars	Mars	/ma:s/
Merkür	Mercury	/'mö:kyuri/
Neptün	Neptune	/neptyu:n/
Plüton	Pluto	/plu:tou/
Satürn	Saturn	/'setın/
Uranus	Uranus	/yu'reynıs/
Venüs	Venus	/vi:nıs/

63. **YERKÜRE** / GLOBE

Akrep Dönencesi	Tropic of Cancer	/'tropik ov kensı/
Güney Kutbu	South Pole	/saut poul/
Kuzey Kutbu	North Pole	/no:t poul/
Oğlak Dönencesi	Tropic of Capricorn	/'tropik ov 'kepriko:n/
yerküre	globe	/gloub/

64. **KITALAR** / CONTINENTS

Afrika	Africa	/'efrikı/
Antarktika	Antarctica	/en'ta:ktikı/
Asya	Asia	/'eyşı/
Avrupa	Europe	/yuırıp/
Güney Amerika	South America	/saut ı'merikı/
Kuzey Amerika	North America	/no:t ı'merikı/
Okyanusya	Australia	/ostreylii/

65. **DOĞA** / NATURE

ada	island	/'aylınd/
boğaz	strait	/streyt/
buzdağı	iceberg	/aysbö:g/
buzul	glacier	/'glesiı/
çöl	desert	/'dezıt/
dağ	mountain	/'mauntın/
deniz	sea	/si:/
dere	brook	/bruk/
göl	lake	/leyk/
ırmak	stream	/stri:m/
kanal	canal	/kı'nel/
kıta	continent	/kontinınt/
kıyı	coast	/koust/
koru	woods	/wudz/
nehir	river	/'rivı/
okyanus	ocean	/'ouşın/
orman	forest	/'forist/
ova	plain	/pleyn/
pınar	spring	/spring/
şelale	waterfall	/wo:tıfo:l/
tepe	hill	/hil/
vadi	valley	/'veli/
yanardağ	volcano	/vol'keynou/
yarımada	peninsula	/pı'ninsyulı/
yayla	plateau	/'pletou/

66. **ÇİÇEKLER** / FLOWERS

çiğdem	crocus	/'kroukıs/
gül	rose	/rouz/
karanfil	carnation	/ka:neyşın/
lale	tulip	/'tyu:lip/
leylak	lilac	/'laylık/
menekşe	violet	/'vayılıt/
nergis	daffodil	/'defıdil/
nilüfer	waterlily	/'wo:tılili/
papatya	daisy	/'deyzi/
sümbül	hyacinth	/'hayısint/

67. **HAVA** / WEATHER

atmosfer	atmosphere	/'etmısfiı/
barometre	barometre	/bı'romitı/
bora	gale	/geyl/
bulut	cloud	/klaud/
buz	ice	/ays/
cereyan	draught	/dra:ft/
çiy, şebnem	dew	/dyu:/
derece	temperature	/'tempriçı/
dolu	hail	/heyl/
don	frost	/frost/
fırtına	storm	/sto:m/
günbatımı	sunset	/'sanset/
gündoğuşu	sunrise	/'sanrayz/
güneş ışığı	sunlight	/'sanlayt/
hava raporu	weather report	/'wedı ri'po:t/
hava tahmini	weather forecast	/'wedı fo:ka:st/
iklim	climate	/'klaymit/
kar	snow	/snou/
kar fırtınası	snow storm	/'snousto:m/
rüzgâr	wind	/wind/
sis	fog	/fog/
şimşek	lightning	/'laytning/
yağmur	rain	/reyn/
yıldırım	thunderbolt	/'tandıbolt/

68. RENK / COLOURS

68/A TONLAR / TONES

açık (renk)	light (colour)	/layt 'kalı/
boya	dye, paint	/day, peynt/
boyalı	dyed	/dayd/
gölge	shade	/şeyd/
gölgeli	shaded	/'şeydid/
koyu (renk)	dark (colour)	/da:k 'kalı/
parlak (renk)	bright (colour)	/'brayt 'kalı/
renk tonu	tint	/tint/
renkli	coloured	/'kalıd/
renksiz	colourless	/'kalılıs/
solgun	faded	/feydid/
soluk (renk)	pale (colour)	/peyl 'kalı/

68/B. RENKLER / COLOURS

altın rengi	golden	/gouldın/
amber	amber	/'embı/
bej	beige	/beyj/
beyaz	white	/wayt/
eflatun	violet	/'vayılıt/
gri	gray, grey	/grey/
gümüş	silver	/'silvı/
kahverengi	brown	/braun/
kestane	chestnut	/'çesnat/
kırmızı	red	/red/
lacivert	navy blue	/neyvi blu:/
mavi	blue	/blu:/
mor	purple	/'pö:pıl/
pembe	pink	/pink/
renk	colour	/'kalı/
sarı	yellow	/'yelou/
siyah	black	/blek/
ten rengi	tan	/ten/
turuncu	orange	/'orinc/
yeşil	green	/gri:n/

69. SAYILAR / NUMBERS

0 sıfır	zero	/'ziırou/
1 bir	one	/wan/
2 iki	two	/tu:/
3 üç	three	/tri:/
4 dört	four	/fo:/
5 beş	five	/fayv/
6 altı	six	/siks/
7 yedi	seven	/'sevın/
8 sekiz	eight	/eyt/
9 dokuz	nine	/nayn/
10 on	ten	/ten/
11 on bir	eleven	/i'levın/
12 on iki	twelve	/twelv/
13 on üç	thirteen	/'tö:ti:n/
14 on dört	fourteen	/'fo:ti:n/
15 on beş	fifteen	/'fifti:n/
16 on altı	sixteen	/'siksti:n/
17 on yedi	seventeen	/'sevınti:n/
18 on sekiz	eighteen	/'eyti:n/
19 on dokuz	nineteen	/'naynti:n/
20 yirmi	twenty	/'twenti/
30 otuz	thirty	/'tö:ti/
40 kırk	forty	/'fo:ti/
50 elli	fifty	/'fifti/
60 altmış	sixty	/'siksti/
70 yetmiş	seventy	/'sevınti/
80 seksen	eighty	/'eyti/
90 doksan	ninety	/'naynti/
100 yüz	one hundred	/wan 'handrıd/
500 beş yüz	five hundred	/fayv 'handrıd/
1000 bin	one thousand	/wan 'tauzınd/
5000 beş bin	five thousand	/fayv 'tauzınd/
50 000 elli bin	fifty thousand	/fifti 'tauzınd/
1 000 000	one million	/wan 'milyın/
1 000 000 000	one billion	/wan 'bilyın/

70. SIRA SAYILARI / ORDINALS

birinci	first	/fö:st/
ikinci	second	/sekınd/
üçüncü	third	/tö:d/
dördüncü	fourth	/fo:t/
beşinci	fifth	/fift/
altıncı	sixth	/sikst/
yedinci	seventh	/'sevınt/
sekizinci	eighth	/eyt/
dokuzuncu	ninth	/naynt/
onuncu	tenth	/tent/
on birinci	eleventh	/i'levınt/
on ikinci	twelfth	/twelft/
on üçüncü	thirteenth	/'tö:ti:nt/
on dördüncü	fourteenth	/'fo:ti:nt/
on beşinci	fifteenth	/'fifti:nt/
on altıncı	sixteenth	/'siksti:nt/
on yedinci	seventeenth	/'sevınti:nt/
on sekizinci	eighteenth	/'eyti:nt/
on dokuzuncu	nineteenth	/'naynti:t/
yirminci	twentieth	/'twentiıt/
yirmi birinci	twenty-first	/'twenti 'fö:st/
yirmi ikinci	twenty-second	/'twenti 'sekınd/
yirmi üçüncü	twenty-third	/'twenti 'tö:d/
yirmi dördüncü	twenty-fourth	/'twenti 'fo:t/
yirminci	twentieth	/'twentiıt/
otuzuncu	thirtieth	/'tö:tiıt/
kırkıncı	fortieth	/'fo:tiıt/
ellinci	fiftieth	/'fiftiıt/
altmışıncı	sixtieth	/'ikstiıt/
yetmişinci	seventieth	/'sevıntiıt/
sekseninci	eightieth	/'eytiıt/
doksanıncı	ninetieth	/'nayntiıt/
yüzüncü	one hundredth	/wan 'handrıdt/
bininci	one thousandth	/wan 'tauzındt/

71. MAKİNE VE ALETLER / MACHINES AND TOOLS

alet	tool	/tu:l/
alet kutusu	tool box	/tu:l 'boks/
bahçıvan beli	spade	/speyd/
balta	axe	/eks/
bıçak	knife	/nayf/
boya	paint	/peynt/
çakı	penknife	/'pen nayf/
çapa	hoe	/hou/
çekiç	hammer	/'hemı/
çivi	nail	/neyl/
demir testeresi	hacksaw	/'hekso:/
eğe	file	/fayl/
fırça	brush	/braş/
halat	rope	/roup/
havya	soldering iron	/soldıring ayın/
huni	funnel	/'fanıl/
iğne	needle	/'ni:dıl/
iplik	thread	/tred/
kalas	plank	/plenk/
kazma	pickaxe	/'pikeks/
kerpeten	pliers	/'playız/
keski	chisel	/'çizıl/
kıl fırça	hair brush	/heı braş/
kilit	lock	/lok/
kriko	jack	/cek/
kürek	shovel	/'şavıl/
makas	scissors	/'sizız/
makine	machine	/mı'şi:n/
matkap	drill	/dril/
mengene	vice	/vays/
merdiven	ladder	/'ledı/
örs	anvil	/envil/
piston	piston	/'pistın/
rende, planya	plane	/pleyn/
somun anahtarı	spanner	/'spenı/
tel	wire	/'wayı/
tel fırça	wire brush	/'wayı braş/

teneke	tin	/tin/
testere	saw	/so:/
tokmak	mallet	/'melit/
tornavida	screwdriver	/'skru:drayvı/
tutkal	glue	/glu:/
vida	screw	/skru:/
yay	spring	/spring/

72. **ÖLÇÜ** / MEASUREMENT

alt	bottom	/'botım/
arka	back	/bek/
artı	plus	/plas/
boy	length	/lengt/
bölü	divided by	/di'vaydid bay/
çarpı	multiplied by	/'maltiplayd bay/
derinlik	depth	/dept/
dörtte bir	quarter	/'kwo:tı/
eksi	minus	/'maynıs/
en	width	/widt/
eşittir	equals	/'i:kwılz/
hepsi	whole, all	/houl, o:l/
kenar	side	/sayd/
kesir	fraction	/'frekşın/
köşe	corner	/ko:nı/
ondalık sayı	decimal	/'desimıl/
ön	front	/frant/
üçte bir	a third	/ı tö:d/
üst	top	/top/
yarım	half	/ha:f/
yükseklik	height	/hayt/
yüzde	per cent	/pı sent/

73. **MİKTAR** / QUANTITY

çift	pair	/peı/
dilim	slice	/slays/
düzine	dozen	/'dazın/

kutu	box	/boks/
paket	packet	/'pekit/
parça	piece	/pi:s/
sepet	basket	/'ba:skit/
teneke	tin	/tin/
varil	barrel	/'berıl/

74. **ŞEKİLLER** / SHAPES

açı	angle	/'engıl/
geniş açı	obtuse angle	/ıb'tyu:s 'engıl/
dar açı	acute angle	/'ıkyu:t 'engıl/
çizgi	line	/layn/
düz çizgi	straight line	/streyt layn/
daire	circle	/'sö:kıl/
- çap	diameter	/day'emitı/
- yarıçap	radius	/'reydiıs/
- çevre	circumference	/sı'kamfırıns/
- yay	arc	/a:k/
- merkez	centre	/'sentı/
dikdörtgen	rectangle	/'rektengıl/
eğri	curve	/kö:v/
kare	square	/skweı/
koni	cone	/koun/
küp	cube	/kyu:b/
piramit	pyramid	/'pirımid/
silindir	cylinder	/'silindı/
üçgen	triangle	/'trayengıl/

75. **ZAMAN** / TIME

akşam	evening	/i:vning/
alacakaranlık	twilight	/'twaylayt/
asla	never	/nevı/
ay	month	/mant/
bazen	sometimes	/'samtaymz/
bugün	today	/tı'dey/

çağ, devir	age	/eyc/
daima	always	/'o:lweyz/
dakika	minute	/'minit/
dün	yesterday	/'yestıdi/
evvelsi gün	the day before yesterday	/dı dey bi'fo: 'yestıdi/
gece	night	/nayt/
gece yarısı	midnight	/'midnayt/
gün	day	/dey/
gün batımı	sunset	/sanset/
gündoğuşu	sunrise	/sanrayz/
hafta	week	/wi:k/
mevsim	season	/si:zın/
nadiren	rarely	/'reıli/
öbürsü gün	the day after tomorrow	/dı dey a:ftı tı'morou/
öğle	noon	/nu:n/
öğleden sonra	afternoon	/a:ftı'nu:n/
saat (60 dakika)	hour	/'auı/
sabah	morning	/'mo:ning/
saniye	second	/'sekınd/
sık sık	often	/'ofın/
şafak	dawn	/do:n/
şimdi	now	/nau/
yarın	tomorrow	/tı'morou/
yıl	year	/yiı/
yüzyıl	century	/'sençıri/

76. **GÜNLER** / DAYS

pazartesi	Monday	/'mandi/
salı	Tuesday	/'ti:uzdi/
çarşamba	Wednesday	/'wenzdi/
perşembe	Thursday	/'tö:zdi/
cuma	Friday	/'fraydi/
cumartesi	Saturday	/'setıdi/
pazar	Sunday	/'sandi/

77. AYLAR / MONTHS

Ocak	January	/'ceniuıri/
Şubat	February	/'februıri/
Mart	March	/ma:ç/
Nisan	Nisan	/'eypril/
Mayıs	May	/mey/
Haziran	June	/cu:n/
Temmuz	July	/cu:'lay/
Ağustos	August	/'o:gıst/
Eylül	September	/sep'tembı/
Ekim	October	/ok'toubı/
Kasım	November	/nou'vembı/
Aralık	December	/di'sembı/

78. MEVSİMLER / SEASONS

ilkbahar	spring	/spring/
yaz	summer	/'samı/
sonbahar	autumn	/'o:tım/
kış	winter	/'wintı/

79. YÖNLER / DIRECTIONS

kuzey	north	/no:t/
güney	south	/saut/
doğu	east	/i:st/
batı	west	/west/
kuzeydoğu	north-east	/no:ti:st/
kuzeybatı	north-west	/no:twest/
güneydoğu	south-east	/sauti:st/
güneybatı	south-west	/sautwest/

80. ÜLKELER / COUNTRIES

Afganistan	Afghanistan	/efgeni'sta:n/
Arnavutluk	Albania	/el'beynii/
Cezayir	Algeria	/el'ciırii/
Arjantin	Argentina	/a:cın'ti:nı/
Avustralya	Australia	/'ostreylii/
Belçika	Belgium	/'belcım/
Bolivya	Bolivia	/bı'livii/
Brezilya	Brazil	/brı'zil/
Bulgaristan	Bulgaria	/bal'geırii/
Kanada	Canada	/'kenıdı/
Çad	Chad	/çed/
Çin	China	/'çaynı/
Küba	Cuba	/'kyu:bı/
Kıbrıs	Cyprus	/'saypris/
Danimarka	Denmark	/'denma:k/
Mısır	Egypt	/'i:cipt/
İngiltere	England	/'inglınd/
Etiyopya	Ethiopia	/i:ti'oupii/
Finlandiya	Finland	/'finlınd/
Fransa	France	/fra:ns/
Almanya	Germany	/'cö:mıni/
Gana	Ghana	/'ga:nı/
Yunanistan	Greece	/gri:s/
Guatemala	Guatemala	/gwa:tı'ma:lı/
Hollanda	Holland	/'holınd/
Macaristan	Hungary	/'hangıri/
Hindistan	India	/'indii/
Endonezya	Indonesia	/indı'ni:zii/
İran	Iran	/i'ra:n/
Irak	Irak	/i'ra:k/
İrlanda	Ireland	/'ayılınd/
İsrail	Israel	/'izreyl/
İtalya	Italy	/'itıli/
Japonya	Japan	/cı'pen/
Ürdün	Jordan	/'co:dın/
Kenya	Kenya	/'kenyı/
Kore	Korea	/kı'rii/
Kuveyt	Kuwait	/ku'weyt/
Lübnan	Lebanon	/'lebının/

Libya	Libya	/'libyı/
Lüksemburg	Luxemburg	/'laksımbö:g/
Malezya	Malaysia	/mı'leyziı/
Meksika	Mexico	/'meksikou/
Hollanda	Netherlands	/'nedılındz/
Yeni Zelanda	New Zealand	/nyu: 'zi:lınd/
Nikaragua	Nicaragua	/nikı'regyuı/
Nijerya	Nigeria	/nay'ciıriı/
Norveç	Norway	/'no:wey/
Pakistan	Pakistan	/pa:ki'sta:n/
Filistin	Palestine	/'pelıstayn/
Panama	Panama	/'penıma:/
Paraguay	Paraguay	/'perıgway/
Peru	Peru	/pı'ru:/
Filipinler	Philippines	/'filipi:nz/
Polonya	Poland	/'poulınd/
Portekiz	Portugal	/'po:çugıl/
Romanya	Romania	/ru:'meyniı/
Rusya	Russia	/'raşı/
S. Arabistan	Saudi Arabia	/saudi ı'reybiı/
İskoçya	Scotland	/'skotlınd/
Somali	Somalia	/sı'ma:liı/
Güney Afrika	South Africa	/saut 'efrikı/
İspanya	Spain	/speyn/
Sudan	Sudan	/su:'dan/
İsveç	Sweden	/'swi:dın/
İsviçre	Switzerland	/'switsılınd/
Suriye	Syria	/'siriı/
Tayvan	Taiwan	/tay'wa:n/
Tayland	Thailand	/'taylend/
Tunus	Tunisia	/tyu:'niziı/
Türkiye	Turkey	/'tö:ki/
Uganda	Uganda	/yu:'gendı/
A.B.D	United States of America /yu:naytid steyts ıv ımerikı/	
Uruguay	Uruguay	/'yuırıgway/
Venezuela	Venezuela	/veni'zweylı/
Vietnam	Vietnam	/vyet'nem/
Galler	Wales	/weylz/
Yemen	Yemen	/'yemın/
Zambiya	Zambia	/'zembiı/

81. SIFATLAR / ADJECTIVES

81/A. KİŞİLERİ TARİF EDERKEN / DESCRIBING PEOPLE

acımasız	heartless	/'ha:tlıs/
açgözlü	greedy	/'gri:di/
açıksözlü	frank	/frenk/
adil, dürüst	just	/cast/
akıllı	clever	/'klevı/
aklı başında	sensible	/'sensıbıl/
alçakgönüllü	humble	/'hambıl/
anormal	abnormal	/eb'no:mıl/
aptal	stupid	/'styu:pid/
arkadaş canlısı	friendly	/frendli/
asi	rebellious	/ri'belyıs/
bağımsız	independent	/indi'pendınt/
bağnaz	narrow-minded	/nerou'mayndid/
balık etli	plump	/'plamp/
batıl inançlı	superstitious	/su:pı'stişıs/
becerikli	skillful	/'skilful/
bekâr	single, bachelor	/'singıl, 'beçılı/
bencil	selfish	/selfiş/
berbat, rezil	awful	/'o:fıl/
bilgili	learned	/'lö:nd/
bodur	thickset	/tik'set/
büyük	big	/big/
büyüleyici	fascinating	/'fesineyting/
cahil, bilgisiz	ignorant	/'ignırınt/
canlı	lively	/'layvli/
cazibeli	attractive	/ı'trektiv/
cesur	brave	/breyv/
çalışkan	hard-working	/ha:d 'wö:king/
çekici	charming	/'ça:ming/
çirkin	ugly	/'agli/
çok güzel	beautiful	/'byu:tifıl/
dalgın	absent-minded	/ebsınt'mayndıd/
deli, çılgın	mad, crazy	/med, 'kreyzi/
deneyimli	experienced	/ik'spiriınst/
derli toplu	tidy	/'taydi/

dikkatli	careful	/'keıfıl/
dikkatsiz	careless	/'keılıs/
dilsiz	dumb	/dam/
dindar	religious	/ri'licıs/
dul (erkek)	widower	/ 'widouı/
dul (kadın)	widow	/'widou/
düzenli	neat	/ni:t/
düzensiz	untidy	/an'taydi/
edepsiz	nasty	/'na:sti/
eliaçık, cömert	generous	/'cenırıs/
endişeli	worried	/'warid/
eski kafalı	old fashioned	/ould 'feşınd/
evli	married	/'merid/
fakir, zavallı	poor	/puı/
genç	young	/yang/
geniş görüşlü	broad-minded	/bro:d'mayndıd/
geri zekâlı	idiot, moron	/'idiıt, 'mo:ron/
geveze	talkative	/'to:kıtiv/
gözü pek	daring	/'deıring/
gururlu	proud	/praud/
güçlü, kuvvetli	strong	/strong/
güçsüz	weak	/wi:k/
güvenilir	reliable	/ri'layıbıl/
güvenilmez	unreliable	/anri'layıbıl/
güzel	good	/gud/
güzel, hoş	lovely	/'lavli/
hain, dönek	treacherous	/'treçırıs/
harika	marvellous	/'ma:vılıs/
hassas	sensitive	/'sensitiv/
heyecanlı	nervous	/'nö:vıs/
hırslı, tutkulu	ambitious	/em'bişıs/
hoş, tatlı	pleasant	/'plezınt/
huysuz, haşin	mean	/mi:n/
ideal	ideal	/'aydiıl/
inatçı	stubborn	/'stabın/
ince	thin	/tin/
iri	big	/big/
iriyarı	stout	/staut/
iyi	good	/gud/
iyimser	optimistic	/opti'mistik/
kaba	rude	/ru:d/
kararlı, azimli	determined	/di'tö:mind/

kaygısız	carefree	/'keıfri:/
kendinden emin	self-confident	/selfkonfidınt/
kısa boylu	short	/şo:t/
kıskanç	jealous	/'celıs/
kızgın	angry	/'engri/
komik	funny	/'fani/
kör	blind	/blaynd/
kötü	bad	/bed/
kötümser	pessimist	/'pesimist/
kurnaz	cunning	/'kaning/
kuvvetli	powerful	/'pauıfıl/
küçük	little	/'litıl/
merhametli	merciful	/'mö:sifıl/
merhametsiz	merciless	/'mö:silıs/
meşgul	busy	/bizi/
minicik	tiny	/'tayni/
muhteşem	magnificent	/meg'nifisınt/
mutlu	happy	/hepi/
mutsuz	unhappy	/an'hepi/
mükemmel	excellent	/'eksılınt/
namuslu, dürüst	honest	/'onist/
narin, ince	slender	/'slendı/
nazik	polite	/pı'layt/
neşeli	cheerful	/'çiıfıl/
nişanlı	engaged	/in'geycd/
orta yaşlı	middle-aged	/midl'eycd/
sabırlı	patient	/'peyşınt/
sabırsız	impatient	/im'peyşınt/
sadık	faithful	/'feytfıl/
saf, bön, toy	naive	/nay'i:v/
sağır	deaf	/def/
sahtekâr	dishonest	/dis'onist/
sakar	clumsy	/'klamzi/
sakin, rahat	calm	/ka:m/
samimi	sincere	/sin'siı/
samimiyetsiz	insincere	/insin'siı/
saygın	respectable	/ri'spektıbıl/
sefil	miserable	/'mizırıbıl/
sempatik	likable	/'laykıbıl/
sessiz, sakin	quiet	/'kwayıt/
sevimli, tatlı	nice	/nays/
sıkıcı	boring	/'bo:ring/

sıska	skinny	/'skini/
soğukkanlı	cold-blooded	/kold'bladid/
solak	left-handed	/left'hendid/
solgun	pale	/peyl/
soluk tenli	sallow	/'selou/
şanslı	lucky	/'laki/
şanssız	unlucky	/an'laki/
şen şakrak	vivacious	/vi'veyşıs/
şen, neşeli	cheerful	/'çiıfıl/
şevkli, gayretli	zealous	/'zelıs/
şeytani	wicked	/'wikid/
şımarık	spoiled	/spoyld/
şirin, sevimli	cute	/kyu:t/
şişman	fat	/fet/
tedbirli	cautious	/'ko:şıs/
tembel	lazy	/leyzi/
ufak	small	/smo:l/
utangaç	shy, bashful	/şay, 'beşfıl/
uzman	expert	/'ekspö:t/
uzun boylu	tall	/to:l/
üçkâğıtçı	devious	/'di:viıs/
ünlü	famous	/'feymıs/
üretken	productive	/prı'daktiv/
ürkek, çekingen	timid	/'timid/
üzgün	sad	/sed/
vahşi	wild	/wayld/
vasıfsız	unqualified	/an'kwolifayd/
vefalı, sadık	loyal	/'loyıl/
yakışıklı	handsome	/'hensım/
yalnız	lonely	/'lounli/
yaratıcı	inventive	/'inventiv/
yardımsever	helpful	/'helpfıl/
yaşlı	old	/ould/
yavaş	slow	/slou/
yetenekli	talented	/'telıntıd/
yetişkin	adult	/ı'dalt/
yorgun	tired	/'tayıd/
zalim, gaddar	cruel	/'kru:ıl/
zarif	graceful	/'greysfıl/
zeki	intelligent	/in'telicınt/
zengin	rich	/riç/

81/B. **DİĞER ÖNEMLİ SIFATLAR** / OTHER IMPORTANT ADJECTIVES

açık	open	/'oupın/
aydınlık	light	/layt/
bayat	stale	/'steyl/
boş	empty	/empti/
bulutlu	cloudy	/'klaudi/
dar	narrow	/'nerou/
derin	deep	/di:p/
dolu	full	/ful/
erken	early	/ö:li/
geç	late	/leyt/
geniş	wide	/wayd/
güzel	good	/gud/
ıslak	wet	/wet/
ince	thin	/tin/
iyi	fine	/fayn/
kalın	thick	/tik/
karanlık	dark	/da:k/
karlı	snowy	/snoui/
kısa	short	/şo:t/
kolay	easy	/i:zi/
kötü	bad	/bed/
kuru	dry	/dray/
lezzetli	delicious	/di'lişıs/
pahalı	expensive	/ik'spensiv/
sıcak	hot	/hot/
sığ	shallow	/'şelou/
sisli	foggy	/fogi/
soğuk	cold	/kould/
taze	fresh	/'freş/
ucuz	cheap	/çi:p/
uzun	long	/long/
yağmurlu	rainy	/reyni/
yeni	new	/nyu:/
zor	difficult	/'difikılt/

82. EDATLAR / PREPOSITIONS

-de, -da	in, at	/in, et/
-den başka	besides	/bi'saydz/
-den beri	since	/sins/
-den dolayı	for	/fo:/
-den önce	before	/bi'fo:/
-den, -dan	from	/from/
-e doğru	towards	/tı'wo:dz/
-e kadar	till, until	/til, antil/
-e, -a	to	/tu/
-in, -ın	of	/ov, ıv/
-siz, -sız	without	/wi'daut/
altında, altına	under	/andı/
aralarında	among	/ı'mang/
arasında	between	/bitwi:n/
ardından	after	/a:ftı/
arkasında	behind	/bi'haynd/
aşağı	down	/daun/
aşağısında	below	/bi'lou/
boyunca	along	/ı'long/
dışında	outside	/'autsayd/
etrafında	round	/raund/
hakkında	about	/ı'baut/
hariç	except	/ik'sept/
için	for	/fo:/
içine	into	/intu/
ile	with, by	/wit, bay/
ile ilgili	on, of	/on, ov/
karşı	against	/ı'genst/
ötesinde	behind	/bi'haynd/
süresince	during	/dyu:ring/
tarafından	by	/bay/
üstünde	on	/on/
üzerinde	over	/ouvı/
yanında	near	/niı/
yukarısında	above	/ı'bav/

81. FİİLLER / VERBS

acele etmek	hurry	/'hari/
acıkmak	be hungry	/bi hangri/
açıklamak	explain	/ik'spleyn/
açmak	open	/oupın/
açmak (ışık)	switch (turn) on	/swiç (tö:n) on/
adamak	devote	/di'vout/
adım atmak	step	/step/
affetmek	forgive	/fı'giv/
ağlamak	cry, weep	/kray, wi:p/
ait olmak	belong to	/bi'long tu/
akmak (sıvı)	flow	/flou/
alay etmek	make fun of	/meyk fan ov/
aldırmak	mind	/maynd/
aldırmamak	ignore	/ig'no:/
alkışlamak	applaud	/ı'plo:d/
almak	take, get	/teyk, get/
anlamak	understand	/andı'stend/
anlaşmak	agree	/ı'gri:/
aramak	look for	/luk fo:/
araştırmak	search, seek	/sö:ç, si:k/
artırmak	increase	/in'kri:s/
arzu etmek	desire	/di'zayı/
askere almak	enlist	/in'list/
asmak	hang	/heng/
âşık olmak	fall in love	/fo:l in lav/
ateş etmek	shoot	/şu:t/
atlamak	jump	/camp/
atmak	throw	/trou/
ayakta durmak	stand up	/stend ap/
ayarlamak	adjust	/ı'cast/
ayıplamak	condemn	/kın'dem/
ayırmak	separate	/'sepıreyt/
ayırt etmek	distinguish	/di'stingwiş/
ayrılmak	leave	/li:v/
azaltmak	reduce, decrease	/ri'dyu:s, di'kri:s/
bağırmak	shout	/şaut/
bağlamak	tie	/tay/

bahse girmek	bet	/bet/
basmak (kitap)	print	/print/
bastırmak	press	/pres/
başaramamak	fail	/feyl/
başarmak	succeed	/sık'si:d/
başına gelmek	happen	/'hepın/
başlamak	start, begin	/sta:t, bi'gin/
batmak	sink	/sink/
bayılmak	faint	/feynt/
beklemek	wait	/weyt/
benzemek	look like, resemble	/luk layk, ri'zembıl/
beslemek	feed	/fi:d/
biçim vermek	form	/fo:m/
bildirmek	report	/ri'po:t/
bilgi almak	inquire	/in'kwayı/
bilgilendirmek	inform	/in'fo:m/
bilmek	know	/nou/
binmek (at, bisiklet)	ride	/rayd/
binmek (oto)	get on	/get on/
birleştirmek	join, unite	/coyn, yu:nayt/
bitirmek	finish, end	/'finiş, end/
blöf yapmak	bluff	/blaf/
boğulmak	drown	/draun/
borçlu olmak	owe	/ou/
boşaltmak	empty	/'empti/
boyamak	paint	/peynt/
böbürlenmek	boast	/boust/
bölmek	divide	/di'vayd/
bulmak	find	/faynd/
buluşmak	meet	/mi:t/
bükmek, eğmek	bend	/bend/
büyümek	grow	/grou/
can atmak	long for	/long fo:/
canı istemek	feel like	/fi:l layk/
canını sıkmak	bore	/bo:/
cesaret etmek	dare	/deı/
cevap vermek	answer, reply	/a:nsı, ri'play/
çağırmak	call	/ko:l/
çalışmak	work	/wö:k/
çalmak (müzik)	play	/pley/

çalmak, aşırmak	steal	/sti:l/
çalmak (zil)	ring	/ring/
çarpmak (mat)	multiply by	/'maltiplay bay/
çekmek	pull	/pul/
çizmek	draw	/dro:/
çözmek	solve	/solv/
dağıtmak	distribute	/di'stribyu:t/
dağıtmak	scatter	/sketı/
dahil etmek	include	/in'klu:d/
daktilo etmek	type	/tayp/
dalmak	dive	/dayv/
danışmak	consult	/kın'salt/
dansetmek	dance	/da:ns/
davet etmek	invite	/in'vayt/
davranmak	act	/ekt/
davranmak	behave	/bi'heyv/
değiştirmek	change	/çeync/
denemek	try	/tray/
denetlemek	inspect	/in'spekt/
desteklemek	assist	/ı'sist/
devam etmek	continue	/kın'tinyu:/
dikkat etmek	notice	/'noutis/
dikmek	sew	/sou/
dilemek	wish	/wiş/
dindirmek (acı)	relieve	/ri'li:v/
dinlemek	listen	/'lisın/
dinlenmek	rest	/rest/
diz çökmek	kneel	/ni:l/
doğmak	be born	/bi bo:n/
doğramak	saw	/so:/
dokumak	weave	/wi:v/
dokunmak	touch	/taç/
doldurmak	fill	/fil/
dökmek	pour, spill	/po:, spil/
dönmek	turn	/tö:n/
dövmek	beat	/bi:t/
dövüşmek	fight	/fayt/
dua etmek	pray	/prey/
durmak	stop	/stop/
duyurmak	announce	/ı'nauns/

düşmek	fall	/fo:l/
düşünmek	think	/tink/
düşürmek	drop	/drop/
düzenlemek	arrange	/ı'reync/
düzleştirmek	flatten	/fletın/
egemen olmak	dominate	/'domineyt/
eğitmek	educate	/'edyukeyt/
ekip biçmek	cultivate	/'kaltiveyt/
eklemek	add	/ed/
elde etmek	acquire, obtain	/ı'kwayı, ıb'teyn/
emmek	suck	/sak/
emretmek	order	/'o:dı/
endişe etmek	worry	/'wari/
eritmek	melt	/melt/
ertelemek	postpone	/pıs'poun/
esmek (rüzgâr)	blow	/blou/
eşlik etmek	accompany	/ı'kampıni/
etkilemek	affect	/ı'fekt/
evlenmek	get married	/get merid/
evlenmek	marry	/meri/
ezmek	crush	/kraş/
farklı olmak	differ from	/difı from/
fethetmek	conquer	/'konkı/
fısıldamak	whisper	/'wispı/
garantilemek	guarantee	/gerınti:/
gecikmek	delay	/di'ley/
geçmek	pass	/pa:s/
geliştirmek	develop, improve	/di'velıp, im'pru:v/
gelmek	come	/kam/
gerektirmek	require	/ri'kwayı/
geri çekilmek	withdraw	/wid'dro:/
geri çevirmek	reject	/ri'cekt/
geri dönmek	return	/ri'tö:n/
getirmek	bring	/bring/
gezinmek	stroll	/stroul/
gibi görünmek	seem	/si:m/
girmek	enter	/'entı/
gitmek	go	/gou/
giyinmek	dress	/dres/

giymek	wear	/weı/
göç etmek	immigrate	/'imigreyt/
gömmek	bury	/'beri/
göndermek	send	/send/
görmek	see	/si:/
görüşmek	interview	/'intıvyu:/
göstermek	show	/şou/
gözlemek	observe	/ıb'zö:v/
gülmek	laugh	/la:f/
gülümsemek	smile	/smayl/
güvenmek	trust	/trast/
hak etmek	deserve	/di'zö:v/
hakaret etmek	insult	/in'salt/
haklı olmak	be right	/bi rayt/
hapsetmek	imprison	/im'prizın/
harcamak	spend	/spend/
hareket etmek	move	/mu:v/
harflemek	spell	/spel/
hasar vermek	damage	/'demic/
hata yapmak	make a mistake	/meyk ı mis'teyk/
hatırlamak	remember	/ri'membı/
hatırlatmak	remind	/ri'maynd/
hayal etmek	imagine	/i'mecin/
hayran olmak	admire	/ıd'mayı/
hayret etmek	wonder	/'wandı/
hazır bulunmak	attend	/ı'tend/
hazırlamak	prepare	/pri'peı/
hissetmek	feel	/fi:l/
hizmet vermek	serve	/sö:v/
hoşlanmak	enjoy	/in'coy/
hücum etmek	attack	/ı'tek/
ısıtmak, ısınmak	heat	/hi:t/
ıskalamak	miss	/mis/
ısrar etmek	insist	/in'sist/
icat etmek	invent	/in'vent/
içmek	drink	/drink/
içmek (sigara)	smoke	/smouk/
iddia etmek	assert	/ı'sö:t/
ifade etmek	state	/steyt/
iğrendirmek	disgust	/dis'gast/

ihanet etmek	betray	/bi'trey/
ihracat yapmak	export	/ik'spo:t/
ihtiva etmek	contain	/kın'teyn/
ihtiyacı olmak	need	/ni:d/
ikna etmek	persuade	/pı'sweyd/
ilan etmek	declare	/di'kleı/
ilgilendirmek	interest, concern	/'intrist, kın'sö:n/
ilham vermek	inspire	/in'spayı/
iliştirmek	attach	/ı'teç/
imal etmek	manufacture	/menyu'fekçı/
imzalamak	sign	/sayn/
inanmak	believe	/bi'li:v/
incitmek	injure, hurt	/'incı, hö:t/
inkâr etmek	deny	/di'nay/
inlemek	groan, moan	/groun, moun/
inmek (oto)	get off	/get of/
inşa etmek	build	/bild/
ispat etmek	prove	/pru:v/
israf etmek	waste	/weyst/
istemek	want	/wont/
istila etmek	invade	/in'veyd/
iş vermek	employ	/im'ploy/
işaret etmek	point	/poynt/
işaret vermek	signal	/'signıl/
işitmek, duymak	hear	/hiı/
işletmek	operate	/'opıreyt/
itaat etmek	obey	/ou'bey/
itiraf etmek	admit, confess	/ıd'mit, kın'fes/
itiraz etmek	object	/'obcikt/
itmek	push	/puş/
izin vermek	allow, permit	/ı'lau, pı'mit/
kabul etmek	accept	/ık'sept/
kaçmak	escape (from)	/i'skeyp/
kaldırmak	raise, lift	/reyz, lift/
kalkmak	get up	/get ap/
kalmak	stay	/stey/
kanamak	bleed	/bli:d/
kapamak	close, shut	/klouz, şat/
kapamak (ışık)	switch (turn) off	/swiç (tö:n) ov/
kapmak	grab	/greb/

karar vermek	decide	/di'sayd/
kararlaştırmak	arrange	/ı'reync/
karıştırmak	mix, stir	/miks, stö:/
karşı koymak	oppose	/ı'pouz/
karşılaştırmak	compare	/kım'peı/
katılmak	join	/coyn/
katlamak	fold	/fould/
katlanmak	bear, stand	/beı, stend/
kavramak	realize	/'riılayz/
kavramak (el ile)	grasp	/gra:sp/
kaybetmek	lose	/lu:z/
kaybolmak	disappear	/disı'piı/
kaydetmek	record	/ri'ko:d/
kaymak	slip	/slip/
kaynamak	boil	/boyl/
kazanmak	win	/win/
kesmek	cut	/kat/
keşfetmek	discover	/dis'kavı/
kırmak	break	/breyk/
kıskanmak	envy	/'envi/
kilitlemek	lock	/lok/
kiralamak	hire, rent	/'hayı, rent/
kokmak	smell	/smel/
komuta etmek	command	/kı'ma:nd/
kontrol etmek	control, check	/kın'troul, çek/
konuşmak	speak, talk	/spi:k, to:k/
korkmak	fear	/fiı/
korkutmak	frighten	/'fraytın/
korumak	protect	/prı'tekt/
koşmak	run	/ran/
kovalamak	chase	/çeys/
koymak	put	/put/
kucaklamak	embrace	/im'breys/
kullanmak	use	/yu:z/
kumar oynamak	gamble	/'gembıl/
kurmak	establish	/i'stebliş/
kurtarmak	rescue, save	/'reskyu:, seyv/
kurutmak	dry	/dray/
kuşatmak	surround	/sı'raund/
küfretmek	swear	/sweı/
mahvetmek	destroy	/di'stroy/

makyaj yapmak	make up	/meyk ap/
mal olmak	cost	/kost/
mutlu etmek	please	/pli:z/
neden olmak	cause	/ko:z/
nefes almak	breathe	/bri:d/
nefret etmek	hate, detest	/heyt, di'test/
nişanlanmak	get engaged	/get in'geycd/
niyet etmek	intend	/in'tend/
not etmek	note	/nout/
okumak	read	/ri:d/
olmak	be, become	/bi, bi'kam/
oluşmak	consist of	/kın'sist/
onaylamak	confirm	/kın'fö:m/
oruç tutmak	fast	/fa:st/
oturmak	sit (down)	/sit (daun)/
oynamak	play	/pley/
ödemek	pay	/pey/
ödünç almak	borrow	/'borou/
ödünç vermek	lend	/lend/
öğrenmek	learn	/lö:n/
öğretmek	teach	/ti:ç/
öğütmek	grind	/graynd/
ölçmek	measure	/'mejı/
öldürmek	kill	/kil/
ölmek	die	/day/
önermek	suggest	/sı'cest/
öpmek	kiss	/kis/
örgütlemek	organize	/'o:gınayz/
örmek	knit	/nit/
örtmek	cover	/'kavı/
övmek	praise	/preyz/
özlemek	miss	/mis/
özür dilemek	apologise	/ı'polıcayz/
parlamak	shine	/şayn/
parlatmak	polish	/'poliş/
patlamak	burst, explode	/bö:st, ik'sploud/
paylaşmak	share	/şeı/
pişirmek	cook	/kuk/
pişman olmak	regret	/ri'gret/
postalamak	post, mail	/poust, meyl/
poz vermek	pose	/pouz/

rahatsız etmek	disturb	/di'stö:b/
rastlamak	bump into	/bamp intu/
razı olmak	agree	/ı'gri:/
reddetmek	refuse	/ri'fyu:z/
rica etmek	request	/ri'kwest/
rol yapmak	act	/ekt/
rüya görmek	dream	/dri:m/
saç tıraşı olmak	have a haircut	/hev ı heıkat/
sağlamak	provide	/prı'vayd/
sahip olmak	have, own	/hev, oun/
sakınmak	avoid	/ı'voyd/
saklanmak	hide	/hayd/
sallamak	shake	/şeyk/
sarmak	wrap	/rep/
satın almak	buy	/bay/
satmak	sell	/sel/
savunmak	defend	/di'fend/
saymak (sayı)	count	/kaunt/
seçmek	select	/si'lekt/
seçmek	choose	/çu:z/
selâmlamak	greet	/gri:t/
sergilemek	display	/dis'pley/
sessiz olmak	be quiet	/bi 'kwayıt/
sevmek	like, love	/layk, lav/
sevmemek	dislike	/dis'layk/
seyahat etmek	travel	/'trevıl/
seyretmek	watch	/woç/
sınamak	examine	/ig'zemin/
sıralamak	enumerate	/i'nyu:mıreyt/
silmek	erase, wipe	/i'reyz, wayp/
sipariş vermek	order	/'o:dı/
sohbet etmek	chat	/çet/
sormak	ask	/a:sk/
soyunmak	undress	/an'dres/
söylemek	say, tell	/sey, tel/
söz vermek	promise	/'promis/
sözünü kesmek	interrupt	/intı'rapt/
suçlamak	accuse, blame	/ı'kyu:z, bleym/
susamak	be thirsty	/bi tö:sti/
süpürmek	sweep	/swi:p/
sürmek	rub	/rab/

sürmek (oto)	drive	/drayv/
sürüklemek	drag	/dreg/
sürünmek	creep	/kri:p/
süslemek	decorate	/'dekıreyt/
şaka yapmak	joke	/couk/
şarkı söylemek	sing	/sing/
şaşırtmak	amaze, surprise	/ı'meyz, sı'prayz/
şımartmak	spoil	/spoyl/
şikâyet etmek	complain	/kım'pleyn/
şüphelenmek	suspect	/sı'spekt/
tahmin etmek	guess	/ges/
takdim etmek	present	/pri'zent/
takdir etmek	appreciate	/ı'pri:şieyt/
takip etmek	follow	/'folou/
taklit etmek	imitate	/'imiteyt/
talep etmek	demand	/di'ma:nd/
tamamlamak	complete	/kım'pli:t/
tamir etmek	repair, mend	/ri'peı, mend/
tanımak	recognize	/'rekıgnayz/
tanımlamak	describe	/di'skrayb/
tanıştırmak	introduce	/intrı'dyu:s/
taramak	comb	/koum/
tartışmak	discuss , argue	/dis'kas, 'a:gyu:/
tartmak	weigh	/wey/
taşımak	carry	/'keri/
tatmak	taste	/teyst/
tavsiye etmek	advise	/ıd'vayz/
tebrik etmek	congratulate	/kın'greçuleyt/
tecrübe etmek	experience	/ik'spiıriıns/
tedarik etmek	supply	/sı'play/
tedavi etmek	cure	/kyuı/
tehdit etmek	threaten	/'tretın/
teklif etmek	offer	/'ofı/
tekme atmak	kick	/kik/
tekrarlamak	repeat	/ri'pi:t/
telaffuz etmek	pronounce	/prı'nauns/
telefon etmek	telephone, phone	/'telifoun, foun/
temas kurmak	contact	/'kontekt/
temizlemek	clean	/kli:n/
temsil etmek	represent	/repri'zent/
tercih etmek	prefer	/pri'fö:/
tercüme etmek	translate	/trenz'leyt/

tereddüt etmek	hesitate	/'heziteyt/
terk etmek	abandon	/ı'bendın/
teslim etmek	deliver	/di'livı/
teslim olmak	surrender	/sı'rendı/
teşekkür etmek	thank	/tenk/
tıraş olmak	have a shave	/hev ı şeyv/
tırmalamak	scratch	/skreç/
tırmanmak	climb	/klaym/
tokat atmak	slap	/slep/
toplamak	collect, pick	/kı'lekt, pik/
toz almak	dust	/dast/
tutmak	hold	/hould/
tutuklamak	arrest	/ı'rest/
tüketmek	consume	/kın'syu:m/
uçmak	fly	/flay/
ummak	expect	/ik'spekt/
umut etmek	hope	/houp/
unutmak	forget	/fı'get/
uyanmak	wake up	/'weyk ap/
uyarlamak	adapt	/ı'dept/
uyarmak	warn	/wo:n/
uydurmak	make up	/meyk ap/
uygulamak	apply	/ı'play/
uygun olmak	suit	/su:t/
uymak (giysi)	fit	/fit/
uyumak	sleep	/sli:p/
uyuyakalmak	fall asleep	/fo:l, ı'sli:p/
uzanmak	lie down	/lay daun/
üflemek	blow	/blou/
üretmek	produce	/prı'dyu:s/
ütülemek	iron	/'ayın/
üzgün olmak	be sad	/bi sed/
var olmak	exist	/ig'zist/
varmak	arrive	/ı'rayv/
vazgeçmek	give up	/giv ap/
vermek	give	/giv/
vurmak	hit	/hit, strayk/
yakalamak	catch	/keç/
yaklaşmak	approach	/ı'prouç/
yakmak	burn, light	/bö:n, layt/
yalamak	lick	/lik/
yalvarmak	plead	/pli:d/

yanlış anlamak	misunderstand	/misandı'stend/
yansıtmak	reflect	/ri'flekt/
yapıştırmak	stick	/stik/
yapmak	do, make	/du:, meyk/
yaratmak	create	/kri'eyt/
yardım etmek	help	/help/
yasaklamak	forbid	/fı'bid/
yaşamak	live	/liv/
yayın yapmak	broadcast	/'bro:dka:st/
yaymak	spread	/spred/
yazmak	write	/rayt/
yemek	eat	/i:t/
yenmek	defeat	/di'fi:t/
yer ayırtmak	book, reserve	/buk, ri'zö:v/
yerleştirmek	place	/pleys/
yetişememek	miss	/mis/
yetişmek	catch	/keç/
yetişmek (bitki)	grow	/grou/
yıkamak	wash	/wo:ş/
yırtmak	tear	/teı/
yok etmek	demolish	/di'moliş/
yoksun olmak	lack	/lek/
yol göstermek	guide	/gayd/
yönetmek	direct	/di'rekt, day'rekt/
yumruklamak	punch	/panç/
yürümek	walk	/wo:k/
yüzmek	swim	/swim/
zannetmek	suppose	/sı'pouz/
zarar vermek	harm	/ha:m/
ziyaret etmek	visit	/'visit/
zorlamak	force	/fo:s/

83. DÜZENSİZ FİİLLER LİSTESİ
LIST OF IRREGULAR VERBS

Infinitive	Past Tense	Past Participle
abide	abided (abode)	abided (abode)
arise	arose	arisen
awake	awoke	awoken
be	was/were	been
bear	bore	borne
beat	beat	beaten
become	became	become
begin	began	begun
bend	bent	bent
bet	bet, betted	bet, betted
bid	bade (bid)	bidden (bid)
bind	bound	bound
bite	bit	bitten
bleed	bled	bled
bless	blessed	blessed, blest
blow	blew	blown (blowed)
break	broke	broken
breed	bred	bred
bring	brought	brought
broadcast	broadcast	broadcast
build	built	built
burn	burnt, burned	burnt, burned
bust	bust, busted	bust, busted
buy	bought	bought
cast	cast	cast
catch	caught	caught
choose	chose	chosen
cling	clung	clung
come	came	come
cost	cost	cost
creep	crept	crept
crow	crowed	crowed
cut	cut	cut
deal	dealt	dealt
dig	dug	dug

dive	dived (Aİ. dove)	dived
do	did	done
draw	drew	drawn
dream	dreamt, dreamed	dreamt, dreamed
drink	drank	drunk
drive	drove	driven
dwell	dwelt	dwelt
eat	ate	eaten
fall	fell	fallen
feed	fed	fed
feel	felt	felt
fight	fought	fought
find	found	found
flee	fled	fled
fly	flew	flown
forbid	forbade, forbad	forbidden
forecast	forecast, forecasted	forecast, forecasted
foresee	foresaw	foreseen
forget	forgot	forgotten
forgive	forgave	forgiven
forsake	forsook	forsaken
freeze	froze	frozen
get	got	got (Aİ. gotten)
give	gave	given
go	went	gone
grind	ground	ground
grow	grew	grown
hang	hung (hanged)	hung (hanged)
have	had	had
hear	heard	heard
hide	hid	hidden
hit	hit	hit
hold	held	held
hurt	hurt	hurt
input	input, inputted	input, inputted
inset	inset	inset
keep	kept	kept
kneel	knelt (Aİ. kneeled)	knelt (Aİ. kneeled)
knit	knitted (knit)	knitted (knit)
know	knew	known
lay	laid	laid
lead	led	led

lean	leant, leaned	leant, leaned
leap	leapt, leaped	leapt, leaped
learn	learnt, learned	learnt, learned
leave	left	left
lend	lent	lent
let	let	let
lie	lay	lain
light	lighted, lit	lighted, lit
lose	lost	lost
make	made	made
mean	meant	meant
meet	met	met
misread	misread	misread
misspell	misspelt, misspelled	misspelt, misspelled
mistake	mistook	mistaken
misunderstand	misunderstood	misunderstood
mow	mowed	mown, mowed
overcome	overcame	overcome
overtake	overtook	overtaken
pay	paid	paid
plead	pleaded (Aİ. pled)	pleaded (Aİ. pled)
prove	proved	proved (Aİ. proven)
put	put	put
quit	quit, quitted	quit, quitted
read	read	read
rebuild	rebuilt	rebuilt
rewrite	rewrote	rewritten
rid	rid	rid
ride	rode	ridden
ring	rang	rung
rise	rose	risen
run	ran	run
saw	sawed	sawn (Aİ. sawed)
say	said	said
see	saw	seen
seek	sought	sought
sell	sold	sold
send	sent	sent
set	set	set
sew	sewed	sewn, sewed
shake	shook	shaken
shine	shone (shined)	shone, shined

shoot	shot	shot
show	showed	shown, showed
shrink	shrank, shrunk	shrunk
shut	shut	shut
sing	sang	sung
sink	sank	sunk
sit	sat	sat
sleep	slept	slept
slide	slid	slid
sling	slung	slung
smell	smelt, smelled	smelt, smelled
sow	sowed	sown, sowed
speak	spoke	spoken
speed	sped (speeded)	sped (speeded)
spell	spelt, spelled	spelt, spelled
spend	spent	spent
spill	spilt, spilled	spilt, spilled
spin	spun	spun
spit	spat (Aİ. spit)	spat (Aİ. spit)
split	split	split
spoil	spoilt, spoiled	spoilt, spoiled
spread	spread	spread
spring	sprang	sprung
stand	stood	stood
steal	stole	stolen
stick	stuck	stuck
sting	stung	stung
stink	stank, stunk	stunk
stride	strode	stridden
strike	struck	struck
string	strung	strung
strive	strove	striven
swear	swore	sworn
sweep	swept	swept
swell	swelled	swollen, swelled
swim	swam	swum
swing	swung	swung
take	took	taken
teach	taught	taught
tear	tore	torn
tell	told	told
think	thought	thought

thrive	thrived, throve	thrived
throw	threw	thrown
thrust	thrust	thrust
tread	trod	trodden, trod
unbend	unbent	unbent
undergo	underwent	undergone
understand	understood	understood
undertake	undertook	undertaken
undo	undid	undone
unfreeze	unfroze	unfrozen
unsay	unsaid	unsaid
unwind	unwound	unwound
uphold	upheld	upheld
upset	upset	upset
wake	woke	woken
wear	wore	worn
weave	wove (weaved)	woven (weaved)
wed	wedded, wed	wedded, wed
weep	wept	wept
wet	wet, wetted	wet, wetted
win	won	won
wind	wound	wound
withdraw	withdrew	withdrawn
withhold	withheld	withheld
withstand	withstood	withstood
work	worked (wrought)	worked (wrought)
write	wrote	written

(Ai. = Amerikan İngilizcesi)

LÜGATÇE

A

a /ı, ey/ (herhangi) bir
abandon /ı'bendın/ terk etmek, bırakmak
abbreviate /ı'bri:vieyt/ kısaltmak
abbreviation /ı'bri:vieyşın/ kısaltma
ability /ı'bilıti/ yetenek
able /'eybıl/ yapabilen, yetenekli
abnormal /eb'no:mıl/ anormal
aboard /ı'bo:d/ gemide, uçakta
abolish /ı'boliş/ kaldırmak, bozmak
abound /ı'baund/ bol olmak
about /ı'baut/ hakkında; yaklaşık olarak
above /ı'bav/ üstünde
abroad /ı'bro:d/ yurtdışına, yurtdışında
abrupt /ı'brapt/ ani
absent /'ebsınt/ bulunmayan, yok
absolutely /ebsı'lu:tli/ tümüyle; kesinlikle
absorb /ıb'so:b/ emmek, soğurmak
absurd /ıb'sö:d/ saçma
abundance /ı'bandıns/ bolluk
abuse /ı'byu:z/ kötüye kullanmak
accent /'eksınt/ vurgu; şive
accept /ık'sept/ kabul etmek
acceptable /ık'septıbıl/ kabul edilebilir
access /'ekses/ giriş
accident /'eksidınt/ kaza; rastlantı
accommodate /ı'komıdeyt/ yerleştirmek, barındırmak
accommodation /ı'komıdeyşın/ kalacak yer
accompany /ı'kampıni/ eşlik etmek
accord /ı'ko:d/ anlaşma, uygunluk
according to /ı'ko:ding tı/ -e göre
account /ı'kaunt/ hesap; tasvir, betim
accountancy /ı'kauntınsi/ muhasebe
accountant /ı'kauntınt/ muhasebeci
accumulator /ı'kyu:myuleytı/ akümülatör
accurate /'ekyurit/ doğru, kesin, tam
ache /eyk/ ağrı; ağrımak
achieve /ı'çi:v/ başarmak; erişmek
achievement /ı'çi:vmınt/ başarı
acid /'esid/ asit
acknowledge /ık'noliç/ kabul etmek, tanımak; aldığını bildirmek
acquaintance /ı'kweyntıns/ tanıdık
across /ı'kros/ karşıdan karşıya; karşıda; çapraz, çaprazlama
act /ekt/ hareket etmek, davranmak; (rol) oynamak; hareket, iş
action /'ekşn/ hareket, iş
active /'ektiv/ aktif, etkin; etken
activity /ek'tiviti/ etkinlik
actor /'ektı/ erkek oyuncu
actress /'ektris/ kadın oyuncu
actually /'ekçuıli/ gerçekten, aslında
A.D. /ey di:/ Milattan Sonra, MS
adapt /ı'dept/ uyarlamak
adaptation /edıp'teyşın/ uyarlama
add /ed/ ilave etmek, eklemek
addition /ı'dişın/ ekleme; ek
address /ı'dres/ adres
adjective /'eciktiv/ sıfat
adjust /ı'cast/ ayarlamak
administration /ıdmini'streyşın/ yönetim
admiral /'edmırıl/ amiral
admire /ıd'mayı/ hayran olmak
admission /ıd'mişın/ itiraf; giriş
admit /ıd'mit/ kabul etmek
adopt /ı'dopt/ evlat edinmek; benimsemek
adore /ı'do:/ tapmak
adult /'edalt, ı'dalt/ yetişkin
advance /ıd'va:ns/ ilerlemek
advanced /ıd'va:nst/ ileri
advantage /ıd'va:ntic/ avantaj, yarar
adventure /ıd'vençı/ macera, serü-

ven
adverb /'edvö:b/ zarf, belirteç
advertise /'edvıtayz/ ilan vermek
advertisement /ıd'vö:tismınt/ ilan
advice /ıd'vays/ nasihat, öğüt
advise /ıd'vayz/ öğüt vermek
adviser /ıd'vayzı/ danışman
aerial /'eıriıl/ anten
aeroplane /'eırıpleyn/ uçak
affair /ı'feı/ mesele, iş
affect /ı'fekt/ etkilemek
affection /ı'fekşın/ sevgi
affirm /ı'fö:m/ doğrulamak
afford /ı'fo:d/ (paraca) gücü yetmek
afraid /ı'freyd/ korkmuş, korkar
after /'a:ftı/ -den sonra
afternoon /a:ftı'nu:n/ öğleden sonra
afterwards /'a:ftıwıdz/ sonradan
again /ı'gen, ı'geyn/ tekrar, yine
against /ı'genst, ı'geynst/ karşı; karşısında
age /eyc/ yaş; çağ
agent /'eycınt/ ajan
ago /ı'gou/ önce
agree /ı'gri:/ aynı fikirde olmak, katılmak; razı olmak; uyuşmak
agreement /ı'gri:mınt/ sözleşme; anlaşma
agriculture /'egrikalçı/ tarım
ahead /ı'hed/ önde
aid /eyd/ yardım
aim /eym/ nişan almak, yöneltmek; amaçlamak; amaç
air /eı/ hava
air-conditioned /'eıkındişınd/ havalandırma tesisatlı, havalandırmalı
aircraft /'eıkra:ft/ uçak(lar)
airfield /'eıfi:ld/ havaalanı
airforce /'eıfo:s/ hava kuvvetleri
airline /'eılayn/ hava yolu
airmail /'eımeyl/ uçak postası
airplane /'eıpleyn/ uçak
airport /'eıpo:t/ havalimanı
alarm /ı'la:m/ alarm
alarm clock /ı'la:m klok/ çalar saat
Albania /el'beyniı/ Arnavutluk
album /'elbım/ albüm
alcohol /'elkıhol/ alkol
alcoholic /elkı'holik/ alkollü
algebra /'elcibrı/ cebir
alike /ı'layk/ benzer
alive /ı'layv/ canlı
all /o:l/ bütün, hep
allied /'elayd/ müttefik, bağlaşık
alligator /'eligeytı/ timsah
allow /ı'lau/ izin vermek
all right /o:l 'rayt/ bir şeyi yok, sağlıklı, iyi; peki, hay hay
ally /'elay/ müttefik
almond /'a:mınd/ badem
almost /'o:lmoust/ hemen hemen, neredeyse
alone /ı'loun/ tek başına, yalnız
along /ı'long/ boyunca, uzunluğuna
aloud /ı'laud/ yüksek sesle
alphabet /'elfıbet/ alfabe, abece
already /o:l'redi/ çoktan, bile
also /'o:lsou/ de, da
alter /'o:ltı/ değiştirmek
alternative /o:l'tö:nıtiv/ seçenek; başka
although /o:l'dou/ -dığı halde, -e karşın
altitude /'eltityu:d/ irtifa, yükseklik
altogether /o:ltı'gedı/ tümüyle, büsbütün
always /'o:lweyz/ daima, hep
am /ım, em/ -im, -ım, -um
a.m. /ey em/ öğleden önce
amateur /'emıtö:/ amatör
amaze /ı'meyz/ şaşırtmak
ambassador /em'besıdı/ büyükelçi
ambition /em'bişın/ ihtiras, tutku
ambulance /'embyulıns/ cankurtaran
ammunition /emyu'nişın/ cephane
among /ı'mang/ aralarında, arasında
amount /ı'maunt/ miktar
amuse /ı'myu:z/ eğlendirmek
amusement /ı'myu:zmınt/ eğlence

amusing /ı'myu:zing/ eğlenceli
an /ın, en/ (herhangi) bir
analyse /'enılayz/ çözümlemek
analysis /ı'nelısis/ çözümleme
anarchist /'enıkist/ anarşist
anarchy /'enıki/ anarşi
ancestor /'ensestı/ ata
anchor /'enkı/ gemi demiri
ancient /'eynşınt/ eski
and /ınd, end/ ve
angel /'eyncıl/ melek
anger /'engı/ öfke, kızgınlık
angle /'engıl/ açı
angry /'engri/ kızgın
animal /'enimıl/ hayvan
ankle /'enkıl/ ayak bileği
anniversary /eni'vö:sıri/ yıldönümü
announce /ı'nauns/ duyurmak
announcement /ı'naunsmınt/ duyuru
announcer /ı'naunsı/ spiker
annoy /ı'noy/ canını sıkmak; kızdırmak
annual /'enyuıl/ yıllık
another /ı'nadı/ başka (bir)
answer /'a:nsı/ cevap vermek, yanıtlamak; cevap, yanıt
ant /ent/ karınca
anti- /'enti/ (önek) karşı
anticipate /en'tisipeyt/ beklemek, ummak
antique /en'ti:k/ antika
anxiety /eng'zayıti/ endişe, kaygı
anxious /'enkşıs/ endişeli, üzüntülü
any /'eni/ hiç; (herhangi) bir
anybody /'enibodi/ kimse, birisi
anyone /'eniwan/ kimse, birisi
anything /'eniting/ (herhangi) bir şey
anyway /'eniwey/ neyse, yine de
anywhere /'eniweı/ (herhangi) bir yer(d)e
apart /ı'pa:t/ ayrı
apartment /ı'pa:tmınt/ daire
apologize /ı'polıcayz/ özür dilemek
apology /ı'polıci/ özür
apostrophe /ı'postrıfi/ apostrof
apparatus /epı'reytıs/ aygıt
appeal /ı'pi:l/ yalvarmak; hoşuna gitmek
appear /ı'piı/ gibi görünmek; ortaya çıkmak, görünmek
appearance /ı'piırıns/ görünüş
appetite /'epitayt/ iştah
applaud /ı'plo:d/ alkışlamak
applause /ı'plo:z/ alkış
apple /'epıl/ elma
appliance /ı'playıns/ alet, araç
apply /ı'play/ başvurmak; uygulamak
application /epli'keyşın/ başvuru
appoint /ı'poynt/ atamak
appointment /ı'poyntmınt/ randevu
appreciate /ı'pri:şieyt/ takdir etmek
apprentice /ı'prentis/ çırak
approach /ı'prouç/ yaklaşmak
appropriate /ı'proupriıt/ uygun
approve /ıpru:v/ uygun bulmak, onamak
approximately /ı'proksimıtli/ yaklaşık olarak
apricot /'eyprikot/ kayısı
April /'eyprıl/ nisan
apron /'eyprın/ önlük
apt /ept/ uygun; yetenekli
aquarium /ı'kweıriım/ akvaryum
arch /a:ç/ kemer; takı
archaeology /a:ki'olıci/ arkeoloji
architect /'a:kitekt/ mimar
architecture /'a:kitekçı/ mimari
are /ı, a:/ -sın; -sınız; -ız; -dırlar
area /'eıriı/ alan, bölge
Argentina /a:cın'tinı/ Arjantin
argue /'a:gyu / tartışmak
argument /'a:gyumınt/ tartışma
arise /ı'rayz/, **arose** /ı'rouz/, **arisen** /ı'rizn/ baş göstermek, çıkmak; kalkmak
arithmetic /ı'ritmıtik/ aritmetik
arm /a:m/ kol
armchair /'a:mçeı/ koltuk

armed forces /a:md 'fo:siz/ silahlı kuvvetler
army /'a:mi/ ordu
around /ı'raund/ çevresinde, çevresine
arrange /ı'reync/ düzenlemek; ayarlamak
arrest /ı'rest/ tutuklamak; tutuklama
arrival /ı'rayvıl/ varış
arrive /ı'rayv/ varmak, gelmek
arrow /'erou/ ok
art /a:t/ sanat
article /'a:tikıl/ makale, yazı; eşya, şey; artikel, tanımlık
artificial /a:ti'fişıl/ yapay
artist /'a:tist/ sanatçı; ressam
as /ız, ez/ iken, -ken; gibi; -dığı için, çünkü
ash /eş/ kül
ashamed /ı'şeymd/ mahcup, utanmış
aside /ı'sayd/ bir kenara
ask /a:sk/ sormak; istemek
asleep /ı'sli:p/ uykuda
aspirin /'esprin/ aspirin
ass /es/ eşek
assemble /ı'sembıl/ topla(n)mak
assembly /ı'sembli/ toplantı; kurul
assign /ı'sayn/ tahsis etmek, ayırmak
assist /ı'sist/ yardım etmek
assistant /ı'sistınt/ yardımcı
association /ısousi'eyşın/ dernek, kurum
assure /ı'şuı/ temin etmek, garanti etmek
astonish /ı'stoniş/ şaşırtmak
astonishing /ı'stonişing/ şaşırtıcı
astonishment /ı'stonişmınt/ şaşkınlık
astronaut /'estrono:t/ astronot, uzayadamı
astronomy /ı'stronımi/ astronomi, gökbilim
asylum /ı'saylım/ sığınacak yer
at /ıt, et/ de, da **at all** hiç **at last** sonunda **at least** en azından
athlete /'etlit/ (sporcu) atlet
athletics /ıt'letiks/ atletizm
atlas /'etlıs/ atlas
atmosphere /'etmısfiı/ atmosfer
atom /'etım/ atom
attach /ı'teç/ bağlamak
attack /ı'tek/ saldırı; saldırmak
attempt /ı'tempt/ girişim; kalkışmak, girişmek
attend /ı'tend/ devam etmek, gitmek
attendant /ı'tendınt/ hizmetçi; görevli
attention /ı'tenşın/ dikkat
attentive /ı'tentiv/ dikkatli
attitude /'etityu:d/ tutum; fikir, düşünce
attract /ı'trekt/ cezbetmek, çekmek
attraction /ı'trekşın/ cazibe, çekicilik
attractive /ı'trektiv/ çekici
aubergine /'aubıji:n/ patlıcan
audience /'o:diıns/ dinleyiciler, izleyiciler
August /'o:gıst/ ağustos
aunt /a:nt/ hala, teyze, yenge
Australia /o'streylıı/ Avustralya
Austria /'ostrıı/ Avusturya
author /'o:tı/ yazar
authority /o:'torıti/ yetki; yetkili
automatic /o:tı'metik/ otomatik
autumn /'o:tım/ sonbahar, güz
auxiliary /o:g'zilyıri/ yardımcı (eylem)
available /ı'veylıbıl/ mevcut, elde edilebilir
aviation /eyvi'eyşın/ havacılık
avenue /'evınyu/ bulvar
average /'evric/ orta; ortalama
avoid /ı'voyd/ sakınmak, kaçınmak
awake /ı'weyk/ uyanık
award /ı'wo:d/ ödül
aware /ı'weı/ farkında, bilen
away /ı'wey/ uzakta, uzağa

awful /'o:fıl/ korkunç; berbat, kötü
awkward /'o:kwıd/ sakar, beceriksiz; uygunsuz, ters
axe /eks/ balta

B

baby /'beybi/ bebek
bachelor /'beçılı/ bekâr erkek
back /bek/ sırt, arka; arkada, arkaya; geri
backbone /'bekboun/ belkemiği
background /'bekgraund/ arka plan
backgammon /'bekgemın/ tavla (oyunu)
backwards /'bekwıds/ geriye (doğru)
bacon /'beykın/ domuz pastırması
bad /bed/ kötü
bag /beg/ çuval, torba, çanta
baggage /'begic/ bagaj
bake /beyk/ fırında pişirmek
baker /'beykı/ fırıncı
bakery /beykıri/ fırın
balance /'belıns/ dengelemek; denge; terazi
balcony /'belkıni/ balkon
bald /bo:ld/ dazlak, kel
ball /bo:l/ top
ballet /'beley/ bale
balloon /bı'lu:n/ balon
ballpoint /'bo:lpoynt/ tükenmezkalem
ban /ben/ yasaklamak; yasak
banana /bı'na:nı/ muz
band /bend/ şerit, bant; topluluk, sürü; bando
bandage /'bendic/ sargı
bandit /'bendit/ haydut, eşkıya
bang /beng/ gürültü, çarpma sesi
banish /'beniş/ sürgüne göndermek
bank /benk/ banka; (ırmak, vb.) kenar, kıyı
banker /'benkı/ bankacı
banknote /'benknout/ kâğıt para
bankrupt /'benkrapt/ iflas etmiş
baptize /bep'tayz/ vaftiz etmek
bar /ba:/ çubuk, kol, demir; bar; kapamak, kesmek, engellemek
barber /'ba:bı/ berber
bare /beı/ çıplak, açık; boş
bargain /'ba:gin/ pazarlık etmek; ucuz şey, kelepir
bark /ba:k/ havlamak
barn /ba:n/ ambar; ahır
barracks /'berıks/ kışla
barrel /'berıl/ fıçı, varil
barren /'berın/ kısır; kurak, çorak
barrow /'berou/ el arabası
base /beys/ taban, dip; üs
baseball /'beysbo:l/ beysbol
basic /'beysik/ esas, temel
basis /'beysis/ esas, temel
basket /'ba:skit/ sepet
basketball /'ba:skitbo:l/ basketbol
bastard /'ba:stıd/ piç; alçak
bath /ba:t/ banyo; banyo yapmak
bathe /beyd/ yıkamak; (denizde, ırmakta) yüzmek
bathing suit /'beyding su:t/ mayo
bathroom /'ba:tru:m/ banyo odası
battery /'betıri/ akü; pil
battle /'betıl/ savaş
bay /bey/ körfez, koy
bazaar /bı'za:/ çarşı
BC /bi: 'si:/ Milattan Önce, MÖ
be /bi, bi:/ olmak
beach /bi:ç/ plaj, kumsal
beam /bi:m/ putrel, kiriş; ışın
bean /bi:n/ fasulye
bear /beı/ ayı
bear /beı/, **bore** /bo:/, **borne** /bo:n/ taşımak, kaldırmak; katlanmak
beard /bıd/ sakal
beat /bi:t/, **beat** /bi:t/, **beaten** /'bi:tın/ dövmek; yenmek
beautiful /'byu:tifıl/ güzel
beauty /'byu:ti/ güzellik
because /bi'koz/ çünkü

become /bi'kam/, **became** /bi'keym/, **become** /bi'kam/ olmak
bed /bed/ yatak
bedroom /'bedrum, 'bedru:m/ yatak odası
bee /bi:/ arı
beef /bi:f/ sığır eti
beefsteak /'bi:fsteyk/ biftek
beer /biı/ bira
before /bi'fo:/ önce
beg /beg/ dilenmek; yalvarmak
beggar /'begı/ dilenci
begin /bi'gin/, **began** /bi'gen/, **begun** /bi'gan/ başlamak
beginner /bi'ginı/ yeni başlayan, acemi
behave /bi'heyv/ hareket etmek, davranmak
behaviour /bi'heyvyı/ davranış
behind /bi'haynd/ arkasında, arkasına
being /'bi:ing/ mevcudiyet, varlık; yaratık
Belgium /'belcım/ Belçika
belief /bi'li:f/ inanç
believe /bi'li:v/ inanmak
bell /bel/ zil, çan
belly /'beli/ karın, göbek
belong /bi'long/ ait olmak
belongings /bi'longingz/ eşya, pılı pırtı
beloved /bi'lavd/ sevgili
below /bi'lou/ aşağısında, altında
belt /belt/ kemer, kayış
bench /benç/ sıra, bank; tezgâh
bend /bend/ **bent** /bent/ bükmek, eğmek; bükülmek, eğilmek
beneath /bi'ni:t/ altında
benefit /'benifit/ yarar, çıkar
beside /bi'sayd/ yanına, yanında
besides /bi'saydz/ bundan başka, üstelik; -den başka
best /best/ en iyi
bet /bet/, **bet** /bet/ bahse girmek
bet /bet/ bahis
betray /bi'trey/ ihanet etmek
better /'betı/ daha iyi
between /bi'twi:n/ arasına, arasında
beware /bi'weı/ sakınmak, korunmak
beyond /bi'yond/ ötesinde, ötesine
bib /bib/ çocuk önlüğü
Bible /'baybıl/ İncil
bicycle /'baysikıl/ bisiklet
bid /bid/ fiyat teklifi
big /big/ büyük
bill /bil/ hesap, fatura; yasa tasarısı
billiards /'bilyıdz/ bilardo
billion /'bilyın/ trilyon; (Amerika'da) milyar
bind /baynd/, **bound** /baund/ bağlamak
binoculars /bi'nokyulız/ dürbün
biography /bay'ogrıfi/ biyografi, yaşamöyküsü
biology /bay'olıci/ biyoloji
bird /bö:d/ kuş
birth /bö:t/ doğum
birthday /'bö:tdey/ doğum günü
biscuit /'biskit/ bisküvi
bishop /'bişıp/ piskopos
bit /bit/ az miktar, parça
bitch /biç/ dişi köpek
bite /bayt/, **bit** /bit/, **bitten** /'bitın/ ısırmak; sokmak
biting /'bayting/ acı, yakıcı
bitter /'bitı/ acı, keskin
black /blek/ siyah, kara
blackboard /'blekbo:d/ kara tahta, yazı tahtası
blackmail /'blekmeyl/ şantaj
black market /blek 'ma:kit/ karaborsa
blade /bleyd/ (kesici şeyde) ağız
blame /bleym/ suçlamak; kabahat, suç
blank /blenk/ yazısız, boş
blanket /'blenkit/ battaniye
bleach /bli:ç/ beyazlatmak, ağartmak

bleed /bli:d/ kanamak
blend /blend/ karıştırmak; karışım
bless /bles/ kutsamak
blind /blaynd/ kör
blink /blink/ göz kırpıştırmak
block /blok/ kütük; blok; engel; tıkamak, kapamak
blond /blond/ sarışın erkek
blonde /blond/ sarışın kadın
blood /blad/ kan
bloody /'bladi/ kanlı; Allahın belası, kahrolası
bloom /blu:m/ çiçek; çiçek açmak
blossom /'blosım/ (ağaçta) çiçek
blot /blot/ lekelemek, kirletmek
blouse /blauz/ bluz
blow /blou/, **blew** /blu:/, **blown** /bloun/ üflemek; (rüzgâr) esmek
blow /blou/ darbe, vuruş
blue /blu:/ mavi
blunt /blant/ kesmeyen, kör
blush /blaş/ (yüzü) kızarmak
board /bo:d/ tahta; kurul; binmek
board and lodging /bo:d ın 'locing/ pansiyon, yiyecek ve yatacak
boarder /'bo:dı/ pansiyoner
boast /boust/ övünmek
boat /bout/ sandal; gemi
body /'bodi/ vücut, beden; kurul
boil /boyl/ kaynamak; haşlamak, kaynatmak
bold /bould/ cesur, atılgan
bolt /boult/ cıvata
bomb /bom/ bomba; bombalamak
bone /boun/ kemik; kılçık
bonnet /'bonit/ kaporta, kaput
book /buk/ kitap; yer ayırtmak
bonus /'bounıs/ ikramiye
booklet /'buklit/ kitapçık, broşür
bookseller /'bukselı/ kitapçı
bookshop /'bukşop/ kitapçı dükkânı
boot /bu:t/ bot, çizme
bootlace /'bu:tleys/ ayakkabı bağı
border /'bo:dı/ kenar; sınır
bore /bo:/ canını sıkmak; delmek
boring /'bo:ring/ can sıkıcı
born /bo:n/ doğmuş
borrow /'borou/ ödünç almak, borç almak
bosom /'buzım/ göğüs; kucak, koyun
boss /bos/ patron, işveren
botany /'botıni/ botanik, bitkibilim
both /bout/ her iki; her ikisi (de)
bother /'bodı/ canını sıkmak, rahatsız etmek; zahmet etmek
bottle /'botıl/ şişe
bottom /'botım/ alt; dip; kıç
boundary /'baundri/ sınır
bow /bou/ yay
bowl /boul/ kâse, tas
box /boks/ kutu; sandık; boks yapmak
boxer /'boksı/ boksör
boxing /'boksing/ boks
boy /boy/ erkek çocuk, oğlan
bra /bra:/ sutyen
bracelet /'breyslit/ bilezik
bracket /'brekit/ parantez, ayraç
brag /breg/ övünmek
brain /breyn/ beyin
brake /breyk/ fren; fren yapmak
branch /bra:nç/ dal; şube
brand /brend/ marka
brand-new /brend'nyu:/ yepyeni
brass /bra;s/ pirinç
brassiere /'brezyı/ sutyen
brave /breyv/ cesur, yiğit
Brasil /brı'zil/ Brezilya
bread /bred/ ekmek
breadth /bredt/ genişlik, en
break /breyk/, **broke** /brouk/, **broken** /'broukın/ kırmak; kırılmak
breakdown /'breykdoun/ bozulma
breakfast /'brekfıst/ kahvaltı
breast /brest/ göğüs
breath /bret/ nefes, soluk
breathe /bri:d/ nefes almak, solumak

breed /bri:d/ yavrulamak, doğurmak; beslemek, yetiştirmek
breeze /bri:z/ hafif esinti, meltem
bribe /brayb/ rüşvet; rüşvet vermek
brick /brik/ tuğla
bride /brayd/ gelin
bridegroom /braydgru:m/ güvey
bridge /bric/ köprü
brief /bri:f/ kısa
briefcase /'bri:fkeys/ evrak çantası
bright /brayt/ parlak; zeki
bring /bring/,**brought** /bro:t/ getirmek
Britain /'britın/ Britanya
British /'britiş/ İngiliz
brittle /'britıl/ gevrek, kırılgan
broad /bro:d/ geniş
broadcast /'bro:dka:st/ yayımlamak; yayım
brochure /'brouşı/ broşür
broken /'broukın/ kırık; bozuk
bronchitis /bron'kaytis/ bronşit
bronze /bronz/ bronz, tunç
brooch /brouç/ broş
broom /bru:m/ süpürge
brother /'bradı/ erkek kardeş
brother-in-law /'bradırinlo:/ kayınbirader, bacanak, enişte
brow /brau/ kaş; alın
brown /braun/ kahverengi
bruise /bru:z/ bere, çürük; berelemek, çürütmek
brush /braş/ fırça; fırçalamak
bubble /'babıl/ hava kabarcığı
bucket /'bakit/ kova
bud /bad/ tomurcuk; gonca
budget /'bacit/ bütçe
buffalo /'bafılou/ manda
build /bild/, **built** /bilt/ inşa etmek, yapmak
building /'bilding/ bina, yapı
bulb /balb/ ampul
Bulgaria /bal'geırii/ Bulgaristan
bull /bul/ boğa
bulldozer /buldouzı/ buldozer
bullet /'bulit/ kurşun, mermi
bully /buli/ kabadayılık etmek; kabadayı
bump /bamp/ çarpmak
bumper /'bampı/ tampon
bunch /banç/ demet, salkım
buoy /boy/ şamandıra
burden /'bö:dın/ yük
bureau /'byurou/ büro, yazıhane
burglar /'bö:glı/ (ev soyan) hırsız
burn /bö:n/ **burned, burnt** /bö:nd, bö:nt/ yanmak; yakmak
burn /bö:n/ yanık
burst /bö:st/, **burst** /bö:st/ patlamak
bury /'beri/ gömmek
bus /bas/ otobüs
bush /buş/ çalı, çalılık
business /'biznis/ iş
businessman /'biznismın/ işadamı
busy /'bizi/ meşgul; işlek
but /bıt, bat/ fakat, ama, ancak
butcher /'buçı/ kasap
butter /'batı/ tereyağı
butterfly /'batıflay/ kelebek
button /'batın/ düğme
buy /bay/, **bought** /bo:t/ satın almak
buzzer /'bazı/ vızıltılı ses çıkaran; elektrik zili
by /bay/ yanında; den önce, ile
bye-bye /bay'bay/ Allahaısmarladık; güle güle

C

cab /keb/ taksi
cabbage /'kebic/ lahana
cabin /'kebin/ kamara; kulübe; kabin
cabinet /'kebinit/ dolap; kabine
cable /'keybıl/ kablo; halat; telgraf
café /'kefey/ küçük lokanta, bar
cage /keyc/ kafes
cake /keyk/ kek, pasta

calculate /'kelkyuleyt/ hesaplamak
calendar /'kelındı/ takvim
calf /ka:f/ buzağı, dana; baldır
call /ko:l/ adlandırmak; bağırmak; ziyaret etmek; telefon etmek; çağırmak; çağırma; ziyaret; telefon etme
calm /ka:m/ sakin, durgun
camel /'kemıl/ deve
camera /'kemırı/ fotoğraf makinesi; kamera
camouflage /'kemıfla:j/ kamuflaj
camp /kemp/ kamp
campaign /kem'peyn/ sefer; kampanya
can /kın, ken/ -ebilir, -abilir; teneke kutu
Canada /'kenıdı/ Kanada
Canadian /kı'neydiın/ Kanadalı
canary /kı'neıri/ kanarya
cancel /'kensıl/ iptal etmek, kaldırmak
cancer /'kensı/ kanser
candidate /'kendidıt/ aday
candle /'kendıl/ mum
canteen /ken'ti:n/ kantin
cap /kep/ kasket, başlık; kapak
capable /'keypıbıl/ yetenekli
capacity /kı'pesıti/ kapasite; yetenek
capital /'kepitıl/ başkent; büyük harf
captain /'keptin/ yüzbaşı; kaptan
captive /'keptiv/ tutsak
capture /'kepçı/ yakalamak
car /ka:/ otomobil, araba
caravan /'kerıven/ karavan
card /ka:d/ kart
cardboard /'ka:dbo:d/ karton, mukavva
cardigan /'ka:digın/ örgü ceket, hırka
care /keı/ umursamak, aldırmak; ilgilenmek, bakmak; canı istemek; dikkat, özen; dert, kaygı
career /kı'rii/ meslek
careful /'keıfıl/ dikkatli; özenli
cargo /'ka:gou/ yük
carnival /'ka:nivıl/ karnaval, şenlik
carpenter /'ka:pıntı/ marangoz
carpet /'ka:pit/ halı
carriage /'keric/ vagon
carrot /'kerıt/ havuç
carry /'keri/ taşımak
cart /ka:t/ at arabası
carton /'ka:tın/ karton kutu
cartoon /ka:'tu:n/ karikatür; çizgi film
case /keys/ durum, olay; kutu
cash /keş/ (nakit) para; paraya çevirmek, bozdurmak
cashier /ke'şiı/ kasiyer
casino /kı'si:nou/ gazino
cassette /kı'set/ kaset
cast /ka:st/ oyuncular
castle /'ka:sıl/ şato
cat /ket/ kedi
catalogue /'ketılog/ katalog
catch /keç/, **caught** /ko:t/ yakalamak
category /'ketigıri/ tür, ulam
cathedral /kı'ti:drıl/ büyük kilise
catholic /'ketılik/ Katolik
cattle /'ketıl/ sığır
cauliflower /'koliflauı/ karnabahar
cause /ko:z/ sebep, neden; neden olmak, yol açmak
cautious /'ko:şıs/ ihtiyatlı
cave /keyv/ mağara
cease /si:s/ durmak, kesilmek; bitirmek
ceiling /'si:ling/ tavan
celebrate /'selibreyt/ kutlamak
cell /sel/ hücre
cellar /'selı/ kiler, bodrum
cement /si'ment/ çimento
cemetery /'semitri/ mezarlık
census /'sensıs/ nüfus sayımı
cent /sent/ doların yüzde biri, sent
centigrade /'sentigreyd/ santigrat
centimetre /'sentimi:tı/ santimetre
central /'sentrıl/ merkezi
centre /'sentı/ merkez, orta

century /'sençıri/ yüzyıl
ceremony /'serimıni/ tören
certain /'sö:tın/ emin; bazı, belirli; kesin
certificate /sı'tifikıt/ belge
chain /çeyn/ zincir
chairman /'çeımın/ (toplantıda) başkan
chalk /ço:k/ tebeşir
challenge /'çelinc/ meydan okumak
champagne /şem'peyn/ şampanya
champion /'çempiın/ şampiyon
championship /'çempiınşip/ şampiyona
chance /ça:ns/ şans, talih; fırsat; olasılık
change /çeync/ değişiklik; bozuk para; değişmek; değiştirmek
channel /'çenıl/ kanal
chapter /'çeptı/ bölüm
character /'keriktı/ karakter
characteristic /keriktı'ristik/ özellik
charge /ça:c/ fiyat istemek; suçlamak; yüklemek, bedel, ücret; suçlama; yük
charity /'çeriti/ hayırseverlik
charm /ça:m/ çekicilik; büyü
charming /'ça:ming/ çekici, güzel
chart /ça:t/ harita; grafik, çizelge
charter /'ça:tı/ patent; (araba, uçak, vb.) kiralama
chase /çeys/ kovalamak
chat /çet/ sohbet etmek; sohbet
cheap /çi:p/ ucuz
cheat /çi:t/ aldatmak, dolandırmak; dolandırıcı
check /çek/ kontrol etmek; kontrol
cheek /çi:k/ yanak
cheeky /'çi:ki/ arsız, yüzsüz
cheer /çiı/ neşelendirmek
cheerful /'çiıfıl/ neşeli
cheese /çi:z/ peynir
chemical /'kemikıl/ kimyasal (madde)
chemist /'kemist/ kimyager; eczacı
chemistry /'kemistri/ kimya
cheque /çek/ çek
cherry /'çeri/ kiraz
chess /çes/ satranç
chest /çest/ göğüs; sandık, kutu
chestnut /'çesnat/ kestane
chew /çu:/ çiğnemek
chicken /'çikin/ piliç; tavuk eti
chief /çi:f/ en önemli, başlıca; şef, başkan
chiefly /'çi:fli/ başlıca
child /çayld/ çocuk
childish /'çayldiş/ çocukça
children /'çildrın/ çocuklar
chimney /'çimni/ baca
chin /çin/ çene
China /'çaynı/ Çin
Chinese /çay'niz/ Çinli; Çince
chip /çip/ yonga, kırıntı; patates kızartması
chocolate /'çoklıt/ çikolata
choice /çoys/ seçme, seçim
choir /kwayı/ koro
choose /çu:z/, **chose** /çouz/, **chosen** /'çouzın/ seçmek
chorus /'ko:rıs/ koro
Christian /'krisçın, 'kristiın/ Hıristiyan
Christmas /'krismıs/ Noel
church /çö:ç/ kilise
cigar /si'ga:/ puro
cigarette /sigı'ret/ sigara
cinema /'sinımı/ sinema
circle /'sö:kıl/ daire
circular /'sö:kyulı/ dairevi; genelge
circumstance /'sö:kımstıns/ durum, koşul
circus /'sö:kıs/ sirk
citizen /'sitizn/ yurttaş
city /'siti/ şehir, kent
civil /'sivil/ sivil; nazik
civilian /si'vilyın/ sivil
civilization /sivilay'zeyşın/ uygarlık
claim /kleym/ sahip çıkmak, istemek; iddia etmek; talep, istek; iddia

clap /klep/ alkışlamak; çarpışma
clash /kleş/ çarpışmak; çatışmak
class /kla:s/ sınıf
classify /'klesifay/ sınıflamak
classroom /'kla:srum/ sınıf, derslik
clause /klo:z/ yan cümle, yantümce
claw /klo:/ pençe
clean /kli:n/ temiz; temizlemek
clear /kliı/ açık, anlaşılır; (yerine) kaldırmak
clerk /kla:k/ kâtip, sekreter
clever /'klevı/ akıllı
client /'klayınt/ müvekkil, müşteri
cliff /klif/ uçurum
climate /'klaymit/ iklim
climb /klaym/ tırmanmak
clinic /'klinik/ klinik
clip /klip/ kırkmak, kesmek
cloakroom /'kloukrum/ vestiyer
clock /klok/ masa saati, duvar saati
close /klouz/ kapamak
close /klous/ yakın; samimi
cloth /klot/ kumaş; bez
clothe /kloud/ giydirmek
clothes /kloudz/ elbise, giysi
clothing /'klouding/ giyim
cloud /klaud/ bulut
cloudy /'klaudi/ bulutlu
club /klab/ kulüp
clue /klu:/ ipucu
clumsy /'klamzi/ beceriksiz, sakar
clutch /klaç/ kapmak, kavramak; debriyaj
c/o /si:ou/ (mektup, vb.) eli ile
coach /kouç/ yolcu arabası, otobüs; antrenör
coal /koul/ kömür
coarse /ko:s/ kaba
coast /koust/ sahil, kıyı
coat /kout/ ceket; palto
cock /kok/ horoz
cocktail /'kokteyl/ kokteyl
coconut /'koukınat/ hindistancevizi
code /koud/ şifre
coffee /'kofi/ kahve
coffin /'kofin/ tabut
coin /koyn/ madeni para
cold /kould/ soğuk; soğuk algınlığı
collapse /kı'leps/ çökmek
collar /'kolı/ yaka
colleague /'koli:g/ meslektaş
collect /kı'lekt/ toplamak
collection /kı'lekşın/ koleksiyon
college /'kolic/ yüksekokul
collide /kı'layd/ çarpışmak
collision /kı'lijın/ çarpışma
colon /'koulon/ iki nokta üst üste (:)
colonel /'kö:nıl/ albay
colour /'kalı/ renk
colourful /'kalıfıl/ renkli
column /'kolım/ sütun
comb /koum/ tarak; taramak
combine /kım'bayn/ birleştirmek, karıştırmak
come /kam/, **came** /keym/, **come** /kam/ gelmek
comedy /'komıdi/ güldürü
comfort /'kamfıt/ rahat, konfor
comfortable /'kamfıtıbıl/ rahat
comic /'komik/ gülünç
comma /'komı/ virgül
command /kı'ma:nd/ emretmek; emir
commander /kı'ma:ndı/ komutan
comment /'koment/ yorum; yorumlamak
commentary /'komıntri/ yorum
commerce /'komö:s/ ticaret
commercial /kı'mö:şıl/ ticari; televizyon reklamı, radyo reklamı
commission /kı'mişın/ iş, görev; kurul; komisyon, yüzdelik
committee /kı'miti/ komisyon, kurul
common /'komın/ yaygın; ortak, genel
common sense /komın 'sens/ sağduyu
communication /kımyu:ni'keyşın/ haberleşme, bildirişim

communism /'komyunizm/ komünizm
community /'kımyu:nıti/ topluluk
companion /kım'penyın/ arkadaş
company /'kampıni/ arkadaş; şirket
comparative /kım'perıtiv/ karşılaştırmalı; üstünlük derecesi
compare /kım'peı/ karşılaştırmak
comparison /kım'perisın/ karşılaştırma
compartment /kım'pa:tmınt/ kompartıman
compass /'kampıs/ pusula
compel /kım'pel/ zorlamak
compensate /'kompınseyt/ tazmin etmek, zararı ödemek
competence /'kompitıns/ yeterlik, beceri
competition /kompı'tişın/ yarışma
competitor /kım'petitı/ yarışmacı
complain /kım'pleyn/ şikâyet etmek, yakınmak
complaint /kım'pleynt/ şikâyet
complement /'komplimınt/ tümleç
complete /kım'pli:t/ tam, tamam; tamamlamak, bitirmek
compliment /'komplimınt/ iltifat
complicated /komplikeytid/ karmaşık
composer /kım'pouzı/ besteci
composition /kompı'zişın/ kompozisyon; beste
compound /'kompaund/ bileşim, alaşım
comprehend /kompri'hend/ anlamak
compress /kım'pres/ sıkıştırmak, basmak
compulsory /kım'palsıri/ zorunlu
computer /kım'pyu:tı/ bilgisayar
conceal /kın'si:l/ gizlemek
concentrate /'konsıntreyt/ konsantre olmak
concentration /konsın'treyşın/ konsantrasyon
concept /'konsept/ kavram
concern /kın'sö:n/ ilgilendirmek
concerning /kın'sö:ning/ hakkında
concert /'konsıt/ konser, dinleti
concise /kın'says/ kısa, özlü
conclusion /kın'klu:jın/ sonuç; karar
concrete /'konkri:t/ beton; somut
condition /kın'dişın/ hal, durum; şart, koşul
conditional /kın'dişınıl/ şarta bağlı
conduct /kın'dakt/ götürmek; yönetmek; /'kondakt/ davranış
conductor /kın'daktı/ orkestra şefi; (taşıtlarda) biletçi
cone /koun/ koni
conference /'konfırıns/ görüşme, toplantı
confess /kın'fes/ itiraf etmek
confession /kın'feşın/ itiraf
confidence /'konfidıns/ kendine güvenme, özgüven
confident /'konfidınt/ emin
confidential /konfi'denşıl/ gizli; güvenilir
confirm /kın'fö:m/ doğrulamak
conflict /'konflikt/ çatışma
conform /kın'fo:m/ uymak
confuse /kın'fyu:z/ karıştırmak
confusion /kın'fyu:jın/ karışıklık; şaşkınlık
congratulate /kın'greçuleyt/ kutlamak
congratulations /kıngreçu'leyşınz/ tebrikler!
congress /'kongres/ kongre
conjunction /kın'cankşın/ bağlaç
connect /kı'nekt/ bağlamak; birleştirmek
connection /kı'nekşın/ bağlantı
conquer /'konkı/ fethetmek, zapt etmek
conquest /'konkwest/ fetih
conscience /'konşıns/ vicdan
conscientious /konşi'enşıs/ vicdanlı

conscious /'konşıs/ kendinde, ayık; bilinçli
consent /kın'sent/ rıza; razı olmak
consequence /'konsikwıns/ sonuç olarak; bu nedenle
conservative /kın'sö:vıtiv/ muhafazakâr, tutucu
conserve /kın'sö:v/ muhafaza etmek, korumak
consider /kın'sidı/ düşünmek, gözönünde tutmak
considerable /kın'sidırıbıl/ hatırı sayılır, epey
consideration /kınsidı'reyşın/ gözönüne alma; önem
consist /kın'sist/ oluşmak (of, -den)
consistent /kın'sistınt/ tutarlı
console /kın'soul/ teselli etmek
consonant /'konsınınt/ sessiz harf, ünsüz
conspirator /kın'spirıtı/ suikastçı
constant /'konstınt/ daimi, sabit
constitution /konsti'tyu:şın/ anayasa
construct /kın'strakt/ yapmak, kurmak
construction /kın'strakşın/ inşa, yapım; bina, yapı
consul /'konsıl/ konsolos
consult /kın'salt/ danışmak
consume /kın'syu:m/ tüketmek
consumption /kın'sampşın/ tüketim
contact /'kontekt/ temasa geçmek, görüşmek; temas, bağlantı; kontak
contagious /kın'teycıs/ (hastalık) bulaşıcı
contain /kın'teyn/ içermek, kapsamak
container /kın'teynı/ kap
contemporary /kın'tempırıri/ çağdaş
content /kın'tent/ memnun, hoşnut
contest /'kontest/ yarışma
continent /'kontinınt/ kıta
continue /kın'tinyu:/ devam etmek
continuous /kın'tinyuıs/ sürekli
contract /'kontrekt/ sözleşme
contrary /'kontrıri/ aksi; karşı, aykırı
contrast /'kıntra:st/ karşılaştırmak
contribution /kontri'byu:şın/ katkı, katılım
control /kın'troul/ kontrol, denetim; yönetmek; denetlemek
convenient /kın'vi:nyınt/ uygun
convent /'konvınt/ manastır
conversation /konvı'seyşın/ konuşma
convey /kın'vey/ taşımak, götürmek
convince /kın'vins/ ikna etmek, inandırmak
cook /kuk/ yemek yapmak, pişirmek; ahçı
cool /ku:l/ serin; soğutmak
cooperate /ko'upıreyt/ işbirliği yapmak
cooperation /koupı'reyşın/ işbirliği
cop /kop/ polis, aynasız
copper /'kopı/ bakır; polis
copy /'kopi/ kopya etmek; kopya, suret
cork /ko:k/ şişe mantarı
corkscrew /'ko:kskru:/ tirbuşon, burgu
corn /ko:n/ buğday; mısır
corner /'ko:nı/ köşe
corpse /ko:ps/ ceset
correct /kı'rekt/ doğru; düzeltmek
correction /kı'rekşın/ düzeltme
correspond /kori'spond/ yazışmak
correspondence /kori'spondıns/ yazışma
corridor /'korido:/ koridor
corset /'ko:sit/ korse
cosmetics /koz'metiks/ kozmetik
cosmopolitan /kozmı'politın/ kozmopolit
cost /kost/ fiyat; fiyatı ... olmak, ... etmek
cot /kot/ çocuk karyolası

cottage /'kotic/ kulübe; yazlık ev, köşk
cotton /'kotın/ pamuk
couch /kauç/ kanepe; koç, antrenör
cough /kof/ öksürmek; öksürük
could /kıd, kud/ -ebilirdi, -abilirdi; -er misin(iz); -ar mısın(ız)
council /'kaunsıl/ konsey, meclis
count /kaunt/ saymak
country /'kantri/ ülke
couple /'kapıl/ çift
courage /'karic/ cesaret
course /ko:s/ kurs
court /ko:t/ mahkeme
cousin /'kazın/ kuzen
cover /'kavı/ örtmek; örtü
cow /'kau/ inek
crazy /'kreyzi/ çılgın
cream /kri:m/ krem; krema, kaymak
create /kri'eyt/ yaratmak
creature /'kri:çı/ yaratık
credit /'kredit/ kredi; itibar, güven
creditor /'kreditı/ alacaklı
creep /kri:p/, **crept** /krept/ sürünmek
crew /kru:/ mürettebat
cricket /'krikit/ kriket
crime /kraym/ cinayet, suç
criminal /'kriminıl/ cani, suçlu
cripple /'kripıl/ sakat, topal
crisis /'kraysis/ bunalım
crisp /krisp/ gevrek
critic /'kritik/ eleştirmen
critical /'kritikıl/ tehlikeli, kritik
criticism /'kritisizım/ eleştiri
criticize /'kritisayz/ eleştirmek
crockery /'krokıri/ çanak çömlek
crocodile /'krokıdayl/ timsah
crop /krop/ ekin, ürün
cross /kros/ (karşıya) geçmek, aşmak; dargın; çarpı işareti
crossing /'krosing/ geçit
crossword /'kroswö:d/ bulmaca
crouch /krauç/ çömelmek
crow /krou/ karga
crowd /kraud/ kalabalık
crowded /'kraudid/ kalabalık
crown /kraun/ taç
crude /kru:d/ ham
cruel /kru:ıl/ zalim, acımasız
crumb /kram/ kırıntı
crush /kraş/ ezmek, sıkıştırmak
crutch /kraç/ koltuk değneği
cry /kray/ bağırmak; ağlamak; bağırış, çığlık
cube /kyu:b/ küp
cucumber /'kyu:kambı/ hıyar
cuddle /'kadıl/ kucaklamak
culture /'kalçı/ kültür
cunning /'kaning/ kurnaz, açıkgöz
cup /kap/ fincan; kupa
cupboard /'kabıd/ dolap
cure /kyuı/ tedavi etmek; tedavi
curiosity /kyuri'ositi/ merak; antika
curious /'kyuıriıs/ meraklı
curl /kö:l/ kıvrım; kıvırmak
curly /'kö:li/ kıvırcık
currency /'karınsi/ tedavül, geçerlik; döviz, para
current /'karınt/ akıntı; akım
curse /kö:s/ beddua etmek; küfretmek; beddua; küfür
curtain /'kö:tın/ perde
curve /kö:v/ kavis, kıvrım; dönemeç
cushion /'kuşın/ yastık
custom /'kastım/ görenek, töre
customer /'kastımı/ müşteri
customs /'kastımz/ gümrük
cut /kat/, **cut** /kat/ kesmek
cut /kat/ kesik; kesinti
cutlery /'katlıri/ bıçak takımı
cutlet /'katlit/ pirzola
cycle /'saykıl/ bisiklet; bisiklete binmek
cylinder /'silindı/ silindir
Cypriot /'sipriyıt/ Kıbrıslı
Cyprus /'sayprıs/ Kıbrıs

D

dad, daddy /ded, 'dedi/ baba
daily /'deyli/ günlük
daisy /'deyzi/ papatya
dam /dem/ baraj
damage /'demic/ zarar, hasar; zarar vermek
damn /dem/ lanetlemek; küfretmek
damp /demp/ rutubetli, nemli, ıslak
dance /da:ns/ dans; dans etmek
dancer /'da:nsı/ dansçı
danger /'deyncı/ tehlike
dangerous /'deyncırıs/ tehlikeli
Danish /'deyniş/ Danimarkalı
dare /deı/ cesaret etmek
dark /da:k/ karanlık; esmer; koyu
darkness /'da:knis/ karanlık
darling /'da:ling/ sevgili
dash /deş/ tire, çizgi; koşmak, fırlamak
date /deyt/ tarih; hurma
daughter /'do:tı/ kız evlat
dawn /do:n/ şafak, tan
day /dey/ gün
daylight /'deylayt/ gün ışığı, gündüz
daytime /'deytaym/ gündüz
dead /ded/ ölü
deaf /def/ sağır
deal /di:l/ vermek, dağıtmak; alışveriş yapmak; uğraşmak, ilgilenmek; miktar; alışveriş, iş
dear /diı/ sevgili; pahalı
death /det/ ölüm
debate /di'beyt/ tartışmak; tartışma
debt /det/ borç
decay /di'key/ çürümek, bozulmak
deceive /di'si:v/ aldatmak
December /di'sembı/ aralık (ayı)
decent /'di:sınt/ oldukça iyi, uygun, yeterli
decide /di'sayd/ karar vermek
decision /di'sijın/ karar
deck /dek/ güverte; süslemek
declaration /deklı'reyşın/ bildiri
declare /di'kleı/ bildirmek
decorate /'dekıreyt/ donatmak, süslemek
decoration /dekı'reyşın/ dekorasyon, süsleme
decrease /di'kri:s/ azalmak; azalma, düşüş
deep /di:p/ derin
deer /diı/ geyik
defeat /di'fi:t/ yenmek; yenilgi
defect /'difekt/ kusur; eksik
defence /di'fens/ savunma
defend /di'fend/ savunmak
definite /'definıt/ kesin; belirli
defy /di'fay/ karşı gelmek, saymamak
degenerate /di'cenıreyt/ yozlaşmak
degree /di'gri:/ derece
delay /di'ley/ geciktirmek; ertelemek; gecikme
delegate /'deligit/ delege
deliberate /di'librıt/ kasti
deliberately /di'librıtli/ kasten
delicate /'delikıt/ narin, nazik
delicious /di'lişıs/ lezzetli
delight /di'layt/ sevindirmek; sevinç
delightful /di'laytfıl/ nefis, hoş
deliver /di'livı/ teslim etmek, vermek
delivery /di'livıri/ teslim; dağıtım
demand /di'ma:nd/ talep, istek; istemek; sormak
democracy /di'mokrısi/ demokrasi
demolish /di'moliş/ yıkmak
demonstrate /'demınstreyt/ göstermek; gösteri yapmak
demonstration /demın'streyşın/ gösteri
Denmark /'denma:k/ Danimarka
dense /dens/ yoğun; sık
dentist /'dentist/ dişçi
deny /di'nay/ yalanlamak, inkâr etmek
depart /di'pa:t/ ayrılmak, gitmek, kalkmak
department /di'pa:tmınt/ bölüm

departure /di'pa:çı/ hareket, kalkış
depend /di'pend/ bağlı olmak
dependant /di'pendınt/ muhtaç; bağlı, bağımlı
deposit /di'pozit/ yere bırakmak; bankaya yatırmak; depozito, kaparo
depot /'depou/ ambar, depo
depression /di'preşın/ depresyon
depth /dept/ derinlik
descend /di'send/ inmek
descent /di'sent/ iniş; nesil, soy
describe /di'skrayb/ tanımlamak, betimlemek
description /di'skripşın/ tanım, betim
desert /'dezıt/ çöl
desert /di'zö:t/ bırakıp gitmek
deserve /di'zö:v/ hak etmek
design /di'zayn/ model, desen; plan, proje; çizmek
desire /di'zayı/ arzu, istek; arzu etmek, istemek
desk /desk/ yazı masası; okul sırası
despair /di'speı/ umutsuzluk
desperate /'desprıt/ deliye dönmüş, umutsuz
despise /di'spayz/ hor görmek, küçümsemek
dessert /di'zö:t/ tatlı, yemiş, üstlük
destination /desti'neyşın/ gidilecek yer, hedef
destiny /'destini/ kader, yazgı
destroy /di'stroy/ yıkmak, yok etmek
detail /'di:teyl/ ayrıntı
detect /di'tekt/ ortaya çıkarmak, bulmak
detective /di'tektiv/ dedektif
detergent /di'tö:cınt/ deterjan
determination /ditö:mi'neyşın/ azim, karar
develop /di'velıp/ gelişmek; geliştirmek
development /di'velıpmınt/ gelişme, kalkınma
device /di'vays/ alet, aygıt
devil /'devıl/ şeytan
devote /di'vout/ adamak
diabetes /dayı'bi:ti:z/ şeker hastalığı
diagnose /dayıg'nouz/ teşhis etmek, tanılamak
diagonal /day'egınıl/ çapraz
diagram /'dayıgrem/ diyagram, çizge
dial /'dayıl/ (telefon) numaraları çevirmek; kadran
dialogue /'dayılog/ diyalog, konuşma
diameter /day'emitı/ çap
diamond /'dayımınd/ elmas
diarrhoea /dayı'riı/ ishal
diary /'dayıri/ hatıra defteri, günce
dice /days/ zar(lar)
dictate /dik'teyt/ yazdırmak
dictation /dik'teyşın/ dikte, yazdırma
dictionary /'dikşınri/ sözlük
die /day/ ölmek
diesel /'di:zıl/ dizel
diet /'dayıt/ yiyecek; perhiz, rejim
differ /'difı/ farklı olmak
difference /'difrıns/ fark
different /'difrınt/ farklı
difficult /'difikılt/ güç, zor
dig /dig/, **dug** /dag/ kazmak
digest /day'cest/ sindirmek
digestion /di'cesçın/ sindirim
dimension /day'menşın/ boyut
dine /dayn/ akşam yemeği yemek
dinner /'dinı/ akşam yemeği
dip /dip/ daldırmak, banmak
diplomacy /di'ploumısi/ diplomasi
direct /di'rekt, day-/ dolaysız, düz; yol göstermek
direction /di'rekşın, day-/ yön
directly /di'rektli, day-/ doğrudan doğruya
director /di'rektı, day-/ yönetmen
directory /day'rektıri, di-/ rehber
dirt /dö:t/ kir, pislik
dirty /'dö:ti/ pis, kirli

disadvantage /disıd'va:ntic/ dezavantaj
disagree /disı'gri:/ aynı fikirde olmamak
disappear /disı'piı/ gözden kaybolmak
disappoint /disı'poynt/ düş kırıklığına uğratmak
disappointment /disı'poyntmınt/ düş kırıklığı
disaster /di'za:stı/ felaket, afet
disc /disk/ disk
discharge /dis'ça:c/ tahliye etmek, salmak; akıtmak, çıkarmak; boşaltmak
discipline /'disiplin/ disiplin
disclose /dis'klouz/ açığa vurmak
discount /'diskaunt/ iskonto, indirim
discourage /dis'kariç/ cesaretini kırmak
discover /di'skavı/ keşfetmek; bulmak
discovery /di'skavri/ keşif
discuss /di'skas/ tartışmak; görüşmek
discussion /di'skaşın/ tartışma; görüşme
disease /di'zi:s/ hastalık
disgrace /dis'greys/ gözden düşme; utanç
disgust /dis'gast/ tiksindirmek; tiksinti
disgusting /dis'gasting/ iğrenç
dish /diş/ tabak
dishonest /di'sonist/ namussuz
disillusion /disı'lu:jın/ hayalden kurtarmak, gerçekleri göstermek
disinfect /disin'fekt/ dezenfekte etmek
dislike /di'slayk/ sevmemek
disloyal /dis'loyıl/ vefasız
dismiss /dis'mis/ kovmak
disobey /disı'bey/ itaat etmemek
disorder /di'so:dı/ karışıklık
dispatch /di'speç/ göndermek
dispensary /di'spensıri/ dispanser, sağlıkevi
display /di'spley/ göstermek; gösteri, sergi
disprove /dis'pru:v/ yalanlamak
dispute /di'spyu:t/ tartışma, çekişme
dissolve /di'zolv/ erimek; eritmek
distant /'distınt/ uzak
distance /'distıns/ mesafe, uzaklık
distinct /di'stinkt/ açık; ayrı
distinction /di'stinkşın/ ayırım
distinguish /di'stingwiş/ ayırt etmek, seçmek
distinguished /di'stingwişt/ ünlü
distract /di'strekt/ (zihni) başka tarafa çekmek
distress /di'stres/ üzüntü, sıkıntı
distribute /di'stribyu:t/ dağıtmak
distribution /distri'byu:şın/ dağıtım
district /'distrikt/ bölge
disturb /di'stö:b/ rahatsız etmek; karıştırmak
disturbance /di'stö:bıns/ karışıklık, patırtı
ditch /diç/ hendek
dive /dayv/ dalmak
diver /'dayvı/ dalgıç
diversion /day'vö:şn/ oyalama; eğlence
divide /di'vayd/ bölmek; ayırmak
divine /di'vayn/ kutsal
divorce /di'vo:s/ boşanma; boşamak; boşanmak
dizzy /'dizi/ sersem, başı dönen
do /du:/, **did** /did/, **done** /dan/ yapmak
dock /dok/ rıhtım
doctor /'doktı/ doktor
document /'dokyumınt/ belge
dog /dog/ köpek
doll /dol/ oyuncak bebek
dollar /'dolı/ dolar
dolphin /'dolfin/ yunus balığı
dome /doum/ kubbe

domestic /dı'mestik/ evle ilgili; evcil
donation /dou'neyşın/ bağış
donkey /'danki/ eşek
door /do:/ kapı
dormitory /'do:mitri/ yatakhane, koğuş
dose /dous/ doz
dot /dot/ nokta
double /'dabıl/ çift; iki misli
doubt /daut/ kuşku; kuşkulanmak
doubtful /'dautfıl/ kuşkulu, belirsiz
doubtless /'dautlis/ kuşkusuz
dough /dou/ hamur
dove /dav/ kumru
down /daun/ aşağı, aşağıya
downstairs /daun'steız/ alt kat; alt kata, alt katta
doze /douz/ uyuklamak; uyuklama, şekerleme
dozen /'dazın/ düzine
draft /dra:ft/ müsvedde, tasarı; poliçe; taslağını yapmak
drag /dreg/ sürüklemek, çekmek
drain /dreyn/ lağım, su yolu; akıtmak, kurulmak
dramatic /drı'metik/ heyecanlı, çarpıcı
draught /dra:ft/ hava akımı, cereyan
draw /dro:/, **drew** /dru:/, **drawn** /dro:n/ çizmek; çekmek
drawer /'dro:/ çekmece, göz
drawing /'dro:ing/ çizim
dread /dred/ korku
dreadful /'dredfıl/ korkunç, kötü
dream /dri:m/ rüya, düş; rüya görmek
dress /dres/ elbise, giysi; giydirmek
dressmaker /'dresmeykı/ kadın terzisi
dried /drayd/ kurutulmuş
drill /dril/ matkap, delgi; delmek
drink /drink/, **drank** /drenk/, **drunk** /drank/ içmek; içki
drive /dravy/, **drove** /drouv/, **driven** /'drivn/ araba sürmek
drop /drop/ damla; düşürmek
dropper /'dropı/ damlalık
drought /draut/ kuraklık
drown /draun/ boğulmak
drug /drag/ ilaç; uyuşturucu madde
drum /dram/ davul; varil
drunk /drank/ sarhoş
dry /dray/ kuru; kurumak; kurutmak
dubious /'dyu:biıs/ şüpheli; kararsız
duck /dak/ ördek
due /dyu:/ ödenmesi gereken, beklenen
due to /dyu: tı/ -den dolayı
duel /'dyu:ıl/ düello; düello etmek
dull /dal/ sıkıcı, yavan; kesmeyen, kör; mat
dumb /dam/ dilsiz; kalın kafalı, aptal
dump /damp/ atmak, boşaltmak; damping yapmak
duplicate /'dyu:plikeyt/ suretini çıkarmak
duplicator /'dyu:plikeytı/ teksir makinesi
during /'dyuıring/ sırasında, süresince
dusk /dask/ alacakaranlık
dust /dast/ toz; tozunu almak
dustbin /'dastbin/ çöp tenekesi
dustmen /'dastmın/ çöpçü
dusty /'dasti/ tozlu
duty /'dyu:ti/ görev
dwarf /dwo:f/ cüce
dye /day/ boya; boyamak
dysentery /'disıntri/ dizanteri

E

each /i:ç/ her (bir); her biri
eager /'i:gı/ hevesli, istekli
eagle /'i:gıl/ kartal
ear /iı/ kulak
early /'ö:li/ erken
earn /ö:n/ (para) kazanmak

earring /'iıring/ küpe
earth /ö:t/ dünya, yeryüzü; toprak
earthquake /'ö:tkweyk/ deprem
ease /i:z/ kolaylık
easily /'i:zili/ kolayca
east /i:st/ doğu
eastern /'i:stın/ doğu
easy /'i:zi/ kolay
eat /i:t/, **ate** /et, eyt/, **eaten** /'i:tın/ yemek
echo /'ekou/ yankı; yankılamak
economic /i:kı'nomik, ekı-/ ekonomik, iktisadi
economical /i:kı'nomikıl, ekı-/ idareli, ekonomik
economy /i'konımi/ ekonomi
edge /ec/ kenar, kıyı; (bıçak, vb.) ağız
edition /i'dişın/ baskı
editor /'editı/ yayımcı
educate /'edyukeyt/ eğitmek
education /edyu'keyşın/ eğitim, öğretim
effect /i'fekt/ etki, sonuç
effective /i'fektiv/ etkili
effervescent /efı'vesınt/ köpüren
efficient /i'fişnt/ işten anlayan, ehil
effort /'efıt/ çaba
e.g. /i: 'ci:/ örneğin
egg /eg/ yumurta
egoist /'egouist/ bencil
eight /eyt/ sekiz
eighteen /ey'ti:n/ on sekiz
eighty /'eyti/ seksen
either /'aydı/ ikisinden biri, her; (her) iki
elastic /i'lestik/ esnek
elbow /'elbou/ dirsek
elder /'eldı/ daha yaşlı, büyük
eldest /'eldist/ en yaşlı
election /i'lekşın/ seçim
electric /i'lektrik/ elektrikli
electrical /i'lektrikıl/ elektrikle ilgili
electrician /ilek'trişın/ elektrikçi
electricity /ilek'trisiti/ elektrik
elegance /'eligıns/ zarafet, şıklık
elegant /'eligınt/ zarif
element /'elimınt/ element
elementary /eli'mentri/ başlangıç, ilk
elephant /'elifınt/ fil
elevator /'eliveytı/ asansör
eleven /i'levın/ on bir
eliminate /i'limineyt/ çıkarmak, elemek
else /els/ başka
elsewhere /el'sweı/ başka yer(d)e
embarrass /im'berıs/ utandırmak, bozmak
embassy /'embısi/ elçilik
emblem /'emblım/ amblem, simge
embrace /im'breys/ kucaklamak
embroidery /im'broydıri/ nakış, işleme
emerald /'emrıld/ zümrüt
emerge /i'mö:c/ ortaya çıkmak
emergency /i'mö:cınsi/ olağanüstü durum, tehlike
emigrant /'emigrınt/ göçmen
emigrate /'emigreyt/ (başka bir ülkeye) göç etmek
emigration /emi'greyşın/ dışagöç, göç
emotion /i'mouşın/ duygu
emperor /'emprı/ imparator
empire /'empayı/ imparatorluk
emphasize /'emfısayz/ vurgulamak
employ /im'ploy/ iş vermek, çalıştırmak
employee /imploy'i:/ işçi, memur
employer /im'ployı/ patron, işveren
employment /im'ploymınt/ iş
empty /'empti/ boş; boşaltmak
enable /i'neybıl/ olanaklı kılmak, sağlamak
enamel /i'nemıl/ mine
encircle /in'sö:kıl/ çevrelemek
enclose /in'klouz/ kuşatmak; ilişikte göndermek
enclosure /in'kloujı/ çit; ilişikte gön-

derilen şey
encourage /in'karic/ cesaret vermek, teşvik etmek
encyclopedia /insayklı'pi:diı/ ansiklopedi
end /end/ son; bitmek; bitirmek
endless /'endlis/ sonsuz
endure /in'dyuı/ katlanmak, çekmek
enemy /'enımi/ düşman
energetic /enı'cetik/ enerjik
energy /'enıci/ enerji
engage /in'geyc/ işe almak; ilgisini çekmek
engaged /in'geycd/ meşgul; nişanlı, sözlü
engagement /in'geycmınt/ nişan; iş
engine /'encin/ motor
engineer /enci'niı/ mühendis
engineering /enci'niıring/ mühendislik
England /'inglınd/ İngiltere
English /'ingliş/ İngiliz; İngilizce
enjoy /in'coy/ zevk almak, hoşlanmak, sevmek
enlarge /in'la:c/ büyütmek, genişletmek
enlist /in'list/ askere almak
enormous /i'no:mıs/ kocaman, iri
enough /i'naf/ yeter
enrol /in'roul/ kaydolmak, yazılmak
ensure /in'şuı/ garantiye almak
enterprise /'entıprayz/ girişim
entertain /entı'teyn/ eğlendirmek; ağırlamak
entertainment /entı'teynmınt/ eğlence
enthusiasm /in'tyu:ziezım/ şevk, heves
enthusiastic /intyu:zi'estik/ şevkli, istekli, coşkun
entirely /in'tayıli/ tümüyle
entrance /'entrıns/ giriş
entry /'entri/ giriş
envelope /'envıloup/ zarf
environment /in'vayrınmınt/ çevre, ortam
envy /'envi/ gıpta, kıskançlık; gıpta etmek, kıskanmak
epidemic /epi'demik/ salgın hastalık
equal /'i:kwıl/ eşit; eşit olmak
equality /i:'kwoliti/ eşitlik
equator /i'kweytı/ ekvator
equipment /i'kwipmınt/ teçhizat, donatı
era /'iırı/ devir, çağ
eraser /i'reyzı/ silgi
erect /i'rekt/ inşa etmek, dikmek
erotic /i'rotik/ erotik
error /'erı/ hata
escalator /'eskıleytı/ yürüyen merdiven
escape /i'skeyp/ kaçmak; kaçış
escort /'isko:t/ eşlik etmek
especially /i'speşıli/ özellikle
essay /'esey/ deneme
essence /'esıns/ esas, öz; esans
essential /i'senşıl/ gerekli
establish /i'stebliş/ kurmak
estate /i'steyt/ mal, mülk
estate agent /i'steyt eycınt/ emlakçı
estimate /'estimeyt/ tahmin etmek
etc. /etsetrı/ vesaire, vs., vb.
eternal /i'tö:nıl/ sonsuz
eternity /i'tö:niti/ sonsuzluk
etiquette /'etiket/ görgü kuralları
Europe /'yuırıp/ Avrupa
European /yuırı'piın/ Avrupalı
evaporate /i'vepıreyt/ buharlaşmak
even /'i:vın/ düz, pürüzsüz; eşit; (sayı) çift; hatta, bile
evening /'i:vning/ akşam
event /i'vent/ olay
eventually /i'vençıli/ en sonunda
ever /'evı/ hiç
every /'evri/ her (bir)
everybody /'evribodi/ herkes
everyday /'evridey/ her günkü
everyone /'evriwan/ herkes
everything /'evriting/ her şey
everywhere /'evriweı/ her yer(d)e

evidence /'evidıns/ delil, kanıt
evident /'evidınt/ besbelli, açık
evil /'i:vıl/ kötü
exact /ig'zekt/ tam, doğru
exactly /ig'zektli/ tamamen, aynen
exaggerate /ig'zecıreyt/ abartmak
exaggeration /igzecı'reyşın/ abartı
exam /ig'zem/ sınav
examination /igzemi'neyşın/ sınav
examine /ig'zemin/ muayene etmek, bakmak, incelemek
example /ig'za:mpıl/ örnek
excellent /'eksılınt/ mükemmel
except /ik'sept/ hariç, -den başka
exception /ik'sepşın/ istisna
excess /ek'ses/ fazla
exchange /iks'çeync/ değiş tokuş; kambiyo; değiştirmek
excite /ik'sayt/ heyecanlandırmak
excitement /ik'saytmınt/ heyecan
exciting /ik'sayting/ heyecan verici
exclaim /ik'skleym/ bağırmak
exclamation /eksklı'meyşın/ ünlem
exclude /ik'sklu:d/ atmak, çıkarmak
exclusive /ik'sklu:siv/ özel
excuse /ik'skyu:z/ mazur görmek, affetmek
excuse /ik'skyu:s/ mazeret, özür
excuse me /ik'skyu:z mi/ affedersiniz
execute /'eksikyu:t/ idam etmek
exemption /ig'zempşın/ muafiyet, bağışıklık
exercise /'eksısayz/ alıştırma
exhale /eks'heyl/ nefesi dışarı vermek
exhaust /ig'zo:st/ çok yormak; egzoz
exhibit /ig'zibit/ sergilemek
exhibition /eksi'bişın/ sergi
exile /'eksayl/ sürgün
exist /ig'zist/ var olmak
existence /ig'zistıns/ var oluş, varlık; yaşam
exit /'eksit/ çıkış
exotic /eg'zotik/ yabancı ülkeden gelen, egzotik
expand /ik'spend/ büyümek; büyütmek
expect /ik'spekt/ ummak, beklemek
expectation /ekspek'teyşın/ bekleme, umut; beklenti
expel /ik'spel/ kovmak, atmak
expense /ik'spens/ masraf, gider
expensive /ik'spensiv/ pahalı
experience /ik'spiıriıns/ deneyim; yaşantı
experienced /ik'spiıriınst/ deneyimli
experiment /ik'sperimınt/ deney
experimental /iksperi'mentıl/ deneysel
expert /'ekspö:t/ uzman
expire /ik'spayı/ süresi dolmak
explain /ik'spleyn/ açıklamak
explanation /eksplı'neyşın/ açıklama
explode /ik'sploud/ patlamak
exploration /eksplı'reyşın/ keşif; araştırma
explore /ik'splo:/ keşfetmek; araştırmak
explorer /ik'splo:rı/ kâşif
export /ik'spo:t/ ihraç etmek; /'ekspo:t/ ihraç, dışsatım
explosion /ik'sploujın/ patlama
explosive /ik'splousiv/ patlayıcı (madde)
expose /ik'spouz/ maruz bırakmak; sergilemek
exposure /ik'spoujı/ (fotoğraf) poz
express /ik'spres/ dile getirmek, anlatmak; ekspres tren
expression /ik'spreşın/ anlatım; ifade
extend /ik'stend/ uzatmak
extension /ik'stenşın/ uzatma; ek
extensive /ik'stensiv/ geniş
extent /ik'stent/ derece, ölçü; uzunluk, büyüklük, genişlik, miktar
external /ik'stö:nıl/ dış

extinguish /ik'stingwiş/ söndürmek
extra /'ekstrı/ fazla
extraordinary /ik'stro:dnıri/ olağanüstü
extravagant /ik'strevıgınt/ savurgan
extremely /ik'stri:mli/ son derece, çok
eye /ay/ göz
eyebrow /'aybrau/ kaş
eyelash /'ayleş/ kirpik
eyelid /'aylid/ gözkapağı

F

fabric /'febrik/ kumaş
face /feys/ yüz
facilities /fı'silıtiz/ olanak, tesisler
fact /fekt/ gerçek
factory /'fektri/ fabrika
fade /feyd/ solmak
fail /feyl/ başarısızlığa uğramak
failure /'feylyı/ başarısızlık
faint /feynt/ bayılmak; zayıf, soluk
fair /feı/ adil, doğru; şöyle böyle, orta; sarışın; fuar
fairly /'feıli/ oldukça
fairy /'feıri/ peri
faith /feyt/ inanç
faithful /'feytfıl/ sadık
fall /fo:l/, **fell** /fel/, **fallen** /'fo:lın/ düşmek; düşüş
false /fo:ls/ yanlış; sahte
fame /feym/ ün
familiar /fı'miliı/ bildik, tanıdık
family /'femıli/ aile
famous /'feymıs/ ünlü
fan /fen/ vantilatör; hayran
fanatic /fı'netik/ bağnaz
fancy /'fensi/ süslü; tasavvur etmek, imgelemek
fantasy /'fentısi/ hayal
far /fa:/ uzak; (pek) çok
fare /feı/ yol parası
farewell /feı'wel/ elveda
farm /fa:m/ çiftlik
farmer /'fa:mı/ çiftçi
farther /'fa:dı/ daha uzak
fascinate /'fesineyt/ büyülemek
fashion /'feşın/ moda
fashionable /'feşnıbıl/ modaya uygun
fast /fa:st/ hızlı; oruç
fasten /'fa:sın/ bağlamak, tutturmak
fat /fet/ şişman; yağ
fate /feyt/ kader, yazgı
father /'fa:dı/ baba
father-in-law /'fadırinlo:/ kayınpeder
fault /fo:lt/ hata, kusur
favour /'feyvı/ lütuf, iyilik
favourable /'feyvırıbıl/ elverişli, uygun
favourite /'feyvrit/ favori, gözde
fear /fiı/ korku; korkmak
fearful /'fiıfıl/ korkunç
fearless /'fiılis/ korkusuz
feast /fi:st/ ziyafet, şölen
feature /'fi:çı/ özellik
February /'februıri/ şubat
federal /'fedrıl/ federal
federation /fedı'reyşın/ federasyon
fee /fi:/ ücret
feed /fi:d/, **fed** /fed/ yedirmek, beslemek
feel /fi:l/, **felt** /felt/ hissetmek, duymak
feeling /'fi:ling/ duygu
feet /fi:t/ ayaklar
fellow /'felou/ herif, adam
female /'fi:meyl/ dişi
fence /fens/ çit, parmaklık
fermentation /fö:men'teyşın/ mayalanma
ferry /'feri/ feribot, araba vapuru
fertile /'fö:tayl/ verimli
fertilizer /'fö:tılayzı/ gübre
festival /'festivıl/ festival, şenlik
fetch /feç/ gidip getirmek
fever /'fi:vı/ ateş, hararet

few /fyu:/ az
fiancé /fi'onsey/ (erkek) nişanlı
fiancée /fi'onsey/ (kız) nişanlı
field /fi:ld/ tarla; alan
fiction /'fikşın/ romanlar, öyküler, kurmaca yazın
fidelity /fi'deliti/ sadakat, bağlılık
fierce /fiıs/ azgın
fifteen /fif'ti:n/ on beş
fifty /fifti/ elli
fig /fig/ incir
fight /fayt/ dövüş; savaş
fight /fayt/, **fought** /fo:t/ dövüşmek; savaşmak
figure /'figı/ rakam; endam, boy bos
file /fayl/ dosya, klasör; eğe; dosyalamak; eğelemek
fill /fil/ doldurmak
filling /'filing/ dolgu
film /film/ film; filme almak
filter /'filtı/ süzgeç
final /'faynıl/ son; kesin
finally /'faynıli/ (en) sonunda
finance /fay'nens/ maliye; masraflarını karşılamak
financial /fay'nenşıl/ mali
find /faynd/, **found** /faund/ bulmak
fine /fayn/ güzel; ince; para cezası
finger /'fingı/ parmak
finish /'finiş/ bitmek; bitirmek
Finland /'finlınd/ Finlandiya
fire /fayı/ ateş
fire-brigade /'fayı-brigeyd/ itfaiye
fireman /'fayımın/ itfaiyeci
firm /fö:m/ sağlam, değişmez; firma
first /fö:st/ birinci
first aid /fö:st 'eyd/ ilkyardım
fish /fiş/ balık; balık tutmak
fisherman /'fişımın/ balıkçı
fist /fist/ yumruk
fit /fit/ formda, sağlıklı; uygun; uymak, yakışmak
five /fayv/ beş
fix /fiks/ takmak, yerleştirmek; onarmak; hazırlamak
flag /fleg/ bayrak
flame /fleym/ alev
flash /fleş/ parıltı; parıldamak
flat /flet/ düz, yassı; daire
flatter /'fletı/ pohpohlamak, yağ çekmek
flavour /'fleyvı/ lezzet, tat
flee /fli:/ pire
fleet /fli:t/ filo, donanma
flesh /fleş/ et, vücut
flight /flayt/ uçuş
flirt /flö:t/ flört etmek
float /flout/ yüzmek, batmamak
flood /flad/ su baskını, sel
floor /flo:/ döşeme; kat
florist /'flo:rist/ çiçekçi
flour /'flauı/ un
flow /flou/ akmak; akıntı
flower /'flauı/ çiçek
flu /flu:/ grip
fluent /'flu:ınt/ (konuşma) akıcı
fluently /'flu:ıntli/ akıcı bir biçimde
fluid /'flu:id/ sıvı
flute /flu:t/ flüt
fly /flay/, **flew** /flu:/, **flown** /floun/ uçmak
foam /foum/ köpük
fog /fog/ sis
foggy /'fogi/ sisli
fold /fould/ katlamak; kıvrım, kat
folk /fouk/ halk
follow /'folou/ takip etmek, izlemek
following /'folouing/ aşağıdaki; ertesi
fond /fond/ hoşlanan, seven
food /fu:d/ yiyecek, yemek
fool /fu:l/ aptal kimse; kandırmak
foolish /'fu:liş/ aptalca, saçma
foot /fut/ ayak
football /'futbo:l/ futbol
footnote /'futnout/ dipnot
for /fı, fo:/ için
forbid /fı'bid/, **forbade** /fı'beyd/, **forbidden** /fı'bidın/ yasaklamak
force /fo:s/ kuvvet, güç; zorlamak

forecast /'fo:ka:st/ hava tahmini
forehead /'fo:hed, 'forid/ alın
foreign /'forın/ yabancı
foreigner /'forını/ yabancı
foreman /'fo:mın/ ustabaşı
foresight /'fo:sayt/ sağgörü, önsezi
forest /'forist/ orman
forever /fır'evı/ her zaman
forge /fo:c/ sahtesini yapmak
forget /fı'get/, **forgot** /fı'got/, **forgotten** /fı'gotın/ unutmak
forgetful /fı'getfıl/ unutkan
forgive /fı'giv/, **forgave** /fı'geyv/, **forgiven** /fı'givın/ affetmek, bağışlamak
fork /fo:k/ çatal
form /fo:m/ biçim; kurmak, oluşturmak
formal /'fo:mıl/ resmi
formality /fo:'meliti/ formalite
former /'fo:mı/ önceki, ilki
formula /'fo:myulı/ formül
fort /fo:t/ kale
fortnight /'fo:tnayt/ iki hafta
forthcoming /fo:t'kaming/ gelecek
fortunate /'fo:çınit/ talihli, şanslı
fortunately /'fo:çınitli/ bereket versin ki, Allahtan
fortune /'fo:çın/ talih; kısmet; fal
forty /'fo:ti/ kırk
forward /'fo:wıd/ ileri
foul /faul/ kirli; bozuk; faul
found /faund/ kurmak
foundation /faun'deyşın/ kuruluş
founder /'faundı/ kurucu
fountain /'fauntın/ çeşme, fıskiye
four /fo:/ dört
fourteen /fo:'ti:n/ on dört
fowl /faul/ kümes hayvanı
fox /foks/ tilki
fraction /'frekşın/ kesir
fracture /'frekçı/ kırık; kırmak
fragile /'frecayl/ kolay kırılır, kırılgan
fragment /'fregmınt/ parça, kırık
frame /freym/ çerçeve
framework /'freymwö:k/ çatı, iskelet
France /fra:ns/ Fransa
frankly /'frenkli/ açıkçası
free /fri:/ serbest; boş; parasız; serbest bırakmak
freedom /'fri:dım/ özgürlük
freeze /fri:z/, **froze** /frouz/, **frozen** /'frouzn/ donmak; dondurmak
freezer /'fri:zı/ dondurucu, soğutucu
freight /freyt/ yük
French /frenç/ Fransız; Fransızca
frequently /'fri:kwıntli/ sık sık
fresh /freş/ taze; yeni
friction /'frikşın/ sürtünme
Friday /'fraydi/ cuma
fridge /fric/ buzdolabı
friend /frend/ arkadaş
friendly /'frendli/ cana yakın, dostça
friendship /'frendşip/ arkadaşlık, dostluk
frighten /'fraytın/ korkutmak
frog /frog/ kurbağa
from /frım, from/ -den, -dan
front /frant/ ön
frontier /'frantiı/ sınır
frost /frost/ don, ayaz
frown /fraun/ kaşlarını çatmak
fruit /fru:t/ meyve, yemiş
fruitful /'frutfıl/ verimli
fry /fray/ yağda kızartmak
frying-pan /'fraying-pen/ tava
fuel /'fyu:ıl/ yakacak, yakıt
fulfil /ful'fil/ yerine getirmek, yapmak
full /ful/ dolu
full stop /ful 'stop/ nokta
fun /fan/ eğlence
function /'fankşın/ işlev; işlemek, çalışmak
fund /fand/ fon
fundamental /fandı'mentıl/ esas, ana
funeral /'fyu:nırıl/ cenaze töreni
funnel /'fanıl/ huni; baca

funny /'fani/ komik; acayip
fur /fö:/ kürk
furious /'fyuırıis/ çok kızgın
furnish /'fö:niş/ döşemek
furniture /'fö:niçı/ mobilya
further /'fö:dı/ daha ileri; daha fazla
fury /'fyuıri/ öfke, kızgınlık
fuss /fas/ gereksiz telaş, yaygara
future /'fyu:çı/ gelecek

G

gain /geyn/ kazanç; kazanmak
gallery /'gelıri/ galeri
gallon /'gelın/ galon
gallop /'gelıp/ dörtnal
gallows /'gelouz/ darağacı
gamble /'gembıl/ kumar; kumar oynamak
gambler /'gemblı/ kumarbaz
game /geym/ oyun; av
gang /geng/ çete
gangster /'gengstı/ gangster
gaol /ceyl/ hapishane
gap /gep/ gedik, boşluk
garage /'gera:j/ garaj; tamirhane
garden /'gadın/ bahçe
gardener /'ga:dnı/ bahçıvan
garlic /'ga:lik/ sarmısak
garment /'ga:mınt/ elbise, giysi
gas /ges/ gaz
gasoline /'gesıli:n/ benzin
gate /geyt/ (bahçe, vb.) kapı
gather /'gedı/ toplamak; anlamak, çıkarmak
gauge /geyc/ ölçü aleti
gay /gey/ şen, neşeli
gaze /geyz/ dik dik bakmak
gear /giı/ dişli; vites
gendarme /'janda:m/ jandarma
general /'cenrıl/ genel; general
generally /'cenrıli/ genellikle
generation /cenı'reyşın/ nesil, kuşak
generous /'cenırıs/ cömert
generosity /cenı'rosıti/ cömertlik
genius /'ci:niıs/ dahi
gentle /'centıl/ nazik, yumuşak; kibar
gentleman /'centılmın/ centilmen; bey
geography /ci'ogrıfi/ coğrafya
geology /ci'olıci/ jeoloji, yerbilim
geometry /ci'omıtri/ geometri
germ /cö:m/ mikrop
German /'cö:mın/ Alman; Almanca
Germany /'cö:mıni/ Almanya
gerund /'cerınd/ isimfiil, ulaç
gesture /'cesçı/ el kol hareketi, jest
get /get/, **got** /got/ elde etmek; almak; olmak; varmak
ghost /goust/ hortlak
giant /'cayınt/ dev; dev gibi
gift /gift/ armağan
gigantic /cay'gentik/ kocaman
giggle /'gigıl/ kıkır kıkır gülmek
gipsy /'cipsi/ çingene
giraffe /cı'ra:f/ zürafa
girl /gö:l/ kız
give /giv/, **gave** /geyv/, **given** /'givın/ vermek
glad /gled/ memnun
glamour /'glemı/ cazibe, çekicilik
glance /gla:ns/ göz atmak, bakmak; bakış
glass /gla:s/ cam; bardak
glasses /'gla:siz/ gözlük
gleam /gli:m/ parıltı; parıldamak
glide /glayd/ kaymak
glimpse /glimps/ bir an için görmek, gözüne ilişmek; kısa bakış
glitter /'glitı/ parıltı; parıldamak
globe /gloub/ küre
gloom /glu:m/ karanlık; hüzün
gloomy /'glu:mi/ karanlık; kasvetli, umutsuz
glorious /'glo:riıs/ şanlı, ünlü; görkemli
glory /'glo:ri/ şan, ün; görkem
glossary /'glosıri/ küçük sözlük

glove /glav/ eldiven
glue /glu:/ tutkal; yapıştırmak
gnaw /no:/ kemirmek
go /gou/, **went** /went/, **gone** /gon/ gitmek
goal /goul/ kale; gol
goalkeeper /'goulki:pı/ kaleci
goat /gout/ keçi
god /god/ tanrı
goddess /'godes/ tanrıça
gold /gould/ altın
golden /'gouldın/ altından, altın
golf /golf/ golf
good /gud/ iyi; iyilik
good afternoon /gud a:ftı'nu:n/ iyi öğleden sonraları!
goodbye /gud'bay/ allahaısmarladık!; güle güle!
good evening /gud 'i:vning/ iyi akşamlar!
good-looking /gud-'luking/ çekici, güzel
good morning /gud 'mo:ning/ günaydın!
good night /gud 'nayt/ iyi geceler!
goods /gudz/ eşya, mal
goose /gu:s/ (çoğulu **geese** /gi:s/) kaz
gorilla /gı'rilı/ goril
gossip /'gosip/ dedikodu yapmak; dedikodu; dedikoducu
government /'gavımınt/ hükümet
governor /'gavını/ vali
gown /gaun/ rop; cüppe
grab /greb/ kapmak
grace /greys/ zarafet
graceful /'greysfıl/ zarif
gracious /'greyşıs/ nazik, güler yüzlü
grade /greyd/ derece; sınıf; rütbe; sınıflandırmak
gradually /'grecuıli/ yavaş yavaş
graduate /'grecueyt/ (üniversiteden) mezun olmak
graduate /'grecuıt/ üniversite mezunu
grain /greyn/ tahıl
gram(me) /grem/ gram
grammar /'gremı/ dilbilgisi
grand /grend/ büyük
grandchild /'grençayld/ torun
granddaughter /'grendo:tı/ kız torun
grandfather /'grenfa:dı/ büyükbaba
grandmother /'grenmadı/ büyükanne
grandson /'grensan/ erkek torun
grant /gra:nt/ bağış; bağışlamak
grape /greyp/ üzüm
grapefruit /'greypfru:t/ greypfrut
graph /gra:f/ grafik, çizge
grasp /gra:sp/ tutmak; kavramak
grass /gra:s/ ot; çimen
grasshopper /'gra:shopı/ çekirge
grateful /'greytfıl/ minnettar
gratitude /'gretityu:d/ minnettarlık
grave /greyv/ mezar; ciddi
gravel /'grevıl/ çakıl
gravestone /'greyvstoun/ mezar taşı
graveyard /'greyvya:d/ mezarlık
gravity /'grevıti/ yerçekimi
grease /gri:s/ yağ; yağlamak
great /greyt/ büyük; harika, çok iyi
Greece /gri:s/ Yunanistan
greed /gri:d/ hırs, açgözlülük
Greek /gri:k/ Yunan; Yunanca
green /gri:n/ yeşil
greengrocer /'gri:ngrousı/ manav
greet /gri:t/ selamlamak
grey /grey/ gri
grief /gri:f/ üzüntü
grin /grin/ sırıtmak; sırıtış
grip /grip/ sıkıca tutmak
groan /groun/ inlemek
grocer /'grousı/ bakkal
grocer's /'grousız/ bakkal (dükkânı)
groom /gru:m/ damat
gross /grous/ kaba, kırıcı; şişko; brüt; 12 düzine, grosa
ground /graund/ zemin, yer
groundnut /'graundnat/ yer fıstığı

group /gru:p/ grup, topluluk
grove /grouv/ koru
grow /grou/, **grew** /gru:/, **grown** /groun/ büyümek; olmak
growl /graul/ hırlamak
grumble /'grambıl/ şikâyet etmek
grumpy /'grampi/ huysuz
guarantee /gerın'ti:/ garanti; garanti etmek
guard /ga:d/ korumak, beklemek; muhafız, bekçi
guardian /'ga:diın/ bekçi; veli, vasi
guerilla /gı'rilı/ gerilla
guess /ges/ tahmin; tahmin etmek
guest /gest/ misafir, konuk
guide /gayd/ rehber, kılavuz
guidance /'gaydıns/ kılavuzluk
guilt /gilt/ suç
guilty /'gilti/ suçlu
guitar /gi'ta:/ gitar
gulf /galf/ körfez
gull /gal/ martı
gulp /galp/ yudum; yutmak
gum /gam/ zamk; dişeti
gun /gan/ top, tüfek, tabanca
gunpowder /'ganpaudı/ barut
guy /gay/ adam, herif
gym /cim/ cimnastik; cimnastik salonu
gymnasium /cim'neyziım/ cimnastik salonu
gymnast /'cimnest/ cimnastikçi
gymnastics /cim'nestiks/ cimnastik
gypsy /cipsi/ Çingene

H

habit /'hebit/ alışkanlık
hail /heyl/ dolu; dolu yağmak
hair /heı/ saç
hairdresser /'heıdresı/ kuaför
hairpin /'heıpin/ saç tokası
half /ha:f/ yarım; buçuk
hall /ho:l/ salon; hol
hallo /hı'lou/ alo
ham /hem/ jambon
hamburger /'hembö:gı/ hamburger
hammer /'hemı/ çekiç; çekiçle çakmak
hand /hend/ el; (el ile) vermek, uzatmak
handbag /'hendbeg/ el çantası
handball /'hendbo:l/ hentbol
handbill /'hendbil/ el ilanı
handbook /'hendbuk/ el kitabı
handbrake /'hendbreyk/ el freni
handful /'hendful/ avuç dolusu
handicap /hendikep/ engel; engellemek
handkerchi'ef /'henkıçi:f/ mendil
handle /'hendıl/ sap, kulp; kullanmak; ele almak
handsome /'hensım/ yakışıklı
handwriting /'hendrayting/ el yazısı
handy /'hendi/ elverişli, kullanışlı
hang /heng/, **hung** /hang/ asmak
hang /heng/ asarak idam etmek
hanger /'hengı/ askı, çengel
happen /'hepın/ vuku bulmak, olmak
happening /'hepıning/ olay
happiness /'hepinis/ mutluluk
happy /'hepi/ mutlu
harbour /'ha:bı/ liman
hard /ha:d/ sert, katı; zor; güç; sıkı, çok
hardly /'ha:dli/ hemen hemen hiç
hare /heı/ tavşan
harm /ha:m/ zarar; zarar vermek
harmful /'ha:mfıl/ zararlı
harmless /'ha:mlis/ zararsız
harmony /'ha:mıni/ uyum
harsh /ha:ş/ sert, acımasız
harvest /'ha:vist/ hasat; ürün; tarladan kaldırmak
haste /heyst/ acele
hasty /'heysti/ acele, çabuk; aceleci
hat /het/ şapka
hate /heyt/ nefret etmek, sevmemek

hatred /'heytrid/ kin
have /hıv, hev/, **had** /hed/ sahip olmak
have to /hevtı/, **had to** /hedtı/ -mek zorunda olmak
hazard /'hezıd/ tehlike
haze /heyz/ sis, pus
hazelnut /'heyzılnat/ fındık
hazy /heyzi/ sisli, puslu
he /hi, hi:/ o (eril)
head /hed/ baş
headache /'hedeyk/ baş ağrısı
headlight /'hedlayt/ far
headline /'hedlayn/ (gazete) başlık
headmaster /hed'ma:stı/ okul müdürü
headquarters /hed'kwo:tız/ karargâh, merkez
heal /hi:l/ iyileşmek; iyileştirmek
health /helt/ sağlık
healthy /'helti/ sağlıklı
heap /hi:p/ yığın, küme
hear /hiı/, **heard** /hö:d/ işitmek, duymak
heart /ha:t/ kalp, yürek; gönül
heartbeat /'ha:tbi:t/ kalp atışı
heartless /'ha:tlis/ kalpsiz; acımasız
hearty /'ha:ti/ samimi, içten; sağlam, dinç
heat /hi:t/ sıcaklık; ısıtmak
heaven /'hevın/ cennet
heavy /'hevi/ ağır
heel /hi:l/ topuk, ökçe
height /hayt/ yükseklik
heir /eı/ varis, mirasçı
heliccpter /'helikoptı/ helikopter
hell /hel/ cehennem
hello /he'lou/ merhaba
help /help/ yardım; yardım etmek
helpful /'helpfıl/ yardımcı
helpless /'helplis/ çaresiz
hemisphere /'hemisfiı/ yarımküre
hen /hen/ tavuk
her /hı, hö:/ onu, ona; onun
herb /hö:b/ ot, bitki
herd /hö:d/ sürü
here /hiı/ buraya; burada
hero /'hiırou/ kahraman
heroin /'herouin/ eroin
hers /hö:z/ (dişil) onunki
herself /hı'self, hö:-/ (dişil) kendisi
hesitate /'heziteyt/ tereddüt etmek
hide /hayd/, **hid** /hid/ saklamak, gizlemek; saklanmak
hide /hayd/ deri, post
hi-fi /'hay fay/ sesi çok net veren (aygıt)
high /hay/ yüksek
highlands /'haylendz/ dağlık bölge
highness /'haynis/ yükseklik
highway /'haywey/ anayol, karayolu
hijack /'haycek/ (taşıt) kaçırmak
hijacker /'haycekı/ taşıt kaçıran kimse, korsan
hill /hil/ tepe
him /him/ (eril) onu, ona
himself /him'self/ (eril) kendisi
hinder /'hindı/ engellemek
hint /hint/ ima; ima etmek
hip /hip/ kalça
hire /hayı/ kiralamak, tutmak
his /hiz/ (eril) onun; onunki
historic /hi'storik/ tarihi, önemli
historical /hi'storikıl/ tarihi
history /'histri/ tarih
hit /hit/ darbe, vuruş; çok sevilen film/şarkı
hoarse /ho:s/ (ses) boğuk, kısık
hobby /'hobi/ hobi
hockey /'hoki/ hokey
hoe /hou/ çapa
hold /hould/, **held** /held/ tutmak; (içine) almak; düzenlemek
hole /houl/ delik, çukur
holiday /'holidey/ tatil
hollow /'holou/ oyuk, çukur
holy /'houli/ kutsal
home /houm/ ev
homesick /'houmsik/ yurt özlemi çeken, yurtsamış

homework /'houmwö:k/ ev ödevi
honest /'onist/ dürüst
honesty /'onisti/ dürüstlük
honey /'hani/ bal
honeymoon /'hanimu:n/ balayı
honorary /'onırıri/ fahri, onursal
honour /'onı/ onur; saygı göstermek
hood /hud/ motor kapağı, kaput
hook /huk/ çengel, kanca
hooligan /'hu:ligın/ serseri
hop /hop/ sekmek; sıçramak
hope /houp/ umut; ummak
hopeful /'houpfıl/ umutlu
hopeless /'houplis/ umutsuz; adam olmaz
horizon /hı'rayzın/ ufuk
horizontal /hori'zontıl/ yatay
hormone /'ho:moun/ yatay
horn /ho:n/ boynuz; korna, klakson; boru
horrible /'horıbıl/ korkunç; berbat
horrify /'horifay/ korkutmak
horror /'horı/ dehşet, korku
horse /ho:s/ at
hose /houz/ hortum
hospital /'hospitıl/ hastane
hospitality /hospi'telıti/ konukseverlik
host /houst/ ev sahibi; otelci
hostage /'hostic/ rehine, tutsak
hostel /'hostıl/ öğrenci yurdu, otel
hostess /'houstis/ hostes
hot /hot/ sıcak; acı
hotel /hou'tel/ otel
hour /auı/ saat
house /haus/ ev
household /'haushould/ ev halkı
housewife /'hauswayf/ ev hanımı
how /hau/ nasıl
however /hau'evı/ bununla birlikte, yine de
how many /hau meni/ kaç tane
how much /hau maç/ ne kadar
howl /haul/ ulumak
hug /hag/ kucaklamak
huge /hyu:c/ kocaman
hullo /ha'lou/ alo; merhaba
hum /ham/ vızıldamak
human being /'hyu:mın bi:ing/ insanoğlu
humanity /hyu:'meniti/ insanlık
humble /'hambıl/ alçakgönüllü
humiliate /hyu:'milieyt/ küçük düşürmek
humorous /'hyu:mırıs/ komik
humour /'hyu:mı/ mizah, şaka
hundred /'handrıd/ yüz
Hungry /'hangıri/ Macaristan
hunger /'hangı/ açlık
hungry /'hangri/ aç
hunt /hant/ avlamak; aramak
hunter /'hantı/ avcı
hurray /'hurey/ yaşasın!
hurricane /'harikın/ kasırga
hurry /'hari/ acele etmek; acele
hurt /hö:t/, **hurt** /hö:t/ yaralamak; incitmek; ağrımak
husband /'hazbınd/ koca, eş
hush /haş/ susmak; susturmak
hut /hat/ kulübe
hydrogen /'haydrıcın/ hidrojen
hygienic /hay'ci:nik/ sıhhi, temiz
hymn /him/ ilahi
hyphen /'hayfın/ tire, çizgi
hypnosis /hip'nousis/ ipnoz

I

I /ay/ ben
ice /ays/ buz
ice-cream /'ayskri:m/ dondurma
idea /ay'diı/ fikir, düşünce
ideal /ay'diıl/ ideal; ülkü
idealist /ay'diılist/ idealist, ülkücü
identical /ay'dentikıl/ aynı
identification /aydentifi'keyşın/ kimlik
identify /ay'dentifay/ kimliğini saptamak

identity /ay'dentiti/ kimlik
idiom /'idiım/ deyim
idle /'aydıl/ aylak, işsiz
i.e. /ay i:/ yani
if /if/ eğer
ignorance /'ignırıns/ cahillik
ignorant /'ignırınt/ cahil
ignore /ig'no:/ aldırış etmemek, görmezlikten gelmek
ill /il/ hasta
illegal /i'li:gıl/ yasadışı
illegible /i'lecıbıl/ okunaksız
illegitimate /ili'citimit/ gayri meşru
illiterate /i'litrit/ okuma yazma bilmeyen
illness /'ilnis/ hastalık
illumination /ilyu:mi'neyşın/ aydınlatma
illustrate /'ilıstreyt/ resimlerle süslemek
illustration /ilı'streyşın/ resim
image /'imic/ imaj, imge
imagination /imeci'neyşın/ tasavvur, imgelem
imagine /i'mecın/ tasavvur etmek, imgelemek; sanmak
imitate /'imiteyt/ taklit etmek
imitation /imi'teyşın/ taklit
immediately /i'mi:diıtli/ derhal, hemen
immigrant /'imigrınt/ göçmen
immigration /imi'greyşın/ göçmenlik
immortal /i'mo:tıl/ ölümsüz
impatient /im'peyşınt/ sabırsız
imperative /im'perıtiv/ emir, buyrum kipi
imperfect /im'pö:fikt/ kusurlu, noksan
impertinent /im'pö:tinınt/ küstah
imply /im'play/ ima etmek
impolite /impı'layt/ nezaketsiz
import /im'po:t/ ithal etmek; ithal, dışalım
importance /im'po:tıns/ önem
important /im'po:tınt/ önemli
importer /im'po:tı/ ithalatçı
impossible /im'posıbıl/ olanaksız
impress /im'pres/ etkilemek
impression /im'preşın/ etki, izlenim
impressive /im'presiv/ etkileyici
imprison /im'prizın/ hapsetmek
imprisonment /im'prizınmınt/ hapis
improbable /im'probıbıl/ muhtemel olmayan, olmayacak
improve /im'pru:v/ düzeltmek, geliştirmek; düzelmek
improvement /im'pru:vmınt/ gelişme, ilerleme
impulse /'impals/ ani istek, tepi, itki
in /in/ içine, içinde
inability /inı'biliti/ güçsüzlük
incapable /in'keypıbıl/ yeteneksiz, beceriksiz
inch /inç/ inç, pus (25.4 mm)
incident /'insidınt/ olay
inclination /inkli'neyşın/ eğilim; eğim
include /in'klu:d/ içermek
inclusive /in'klu:siv/ (her şey) dahil, içine alan
income /'inkam/ gelir
incomparable /in'komprıbıl/ benzersiz, eşsiz
inconvenient /inkın'vi:nyınt/ elverişsiz
incorrect /inkı'rekt/ yanlış
increase /in'kri:s/ artmak; artırmak; artış
incredible /in'kredibıl/ inanılmaz
indebted /in'detid/ minnettar
indeed /in'di:d/ gerçekten
indefinite /in'definit/ belirsiz
independence /indi'pendıns/ bağımsızlık
independent /indi'pendınt/ bağımsız
index /'indeks/ dizin
India /'indiı/ Hindistan

Indian /'indiın/ Hintli
indicate /'indikeyt/ göstermek
indication /indi'keyşın/ belirti
indicator /'indikeytı/ ibre, gösterge; sinyal lambası
indigestion /indi'cesçın/ hazımsızlık, sindirimsizlik
indirect /indi'rekt/ dolaylı
individual /indi'vicuıl/ birey; bireysel
individually /indi'vicuıli/ teker teker
indoor /'indo:/ ev içinde olan
industrial /in'dastriıl/ endüstriyel
industrious /in'dastriıs/ çalışkan
industry /'indıstri/ endüstri
inefficient /ini'fişınt/ yetersiz, verimsiz
inevitable /i'nevitıbıl/ kaçınılmaz
inexperienced /inik'spiriınst/ deneyimsiz
infection /in'fekşın/ sirayet, bulaşma
infectious /in'fekşıs/ bulaşıcı
inferior /in'fiıriı/ aşağı
infinite /'infinit/ sonsuz
infinitive /in'finitiv/ mastar, eylemlik
inflammation /inflı'meyşın/ iltihap, yangı
inflation /in'fleyşın/ enflasyon
influence /'influıns/ etki; etkilemek
influential /influ'enşıl/ etkili
influenza /influ:'enzı/ grip
inform /in'fo:m/ bildirmek
informal /in'fo:mıl/ resmi olmayan, teklifsiz
information /infı'meyşın/ bilgi; danışma
inhabitant /in'hebitınt/ sakin, oturan
inherit /in'herit/ miras olarak almak
inheritance /in'heritıns/ miras, kalıt
initial /i'nişıl/ bir sözcüğün baş harfi; ilk
initiative /i'nişıtiv/ ön ayak olma, ilk adım; girişim
inject /in'cekt/ iğne yapmak
injection /in'cekşın/ enjeksiyon, iğne
injure /'incı/ zarar vermek; yaralamak
injury /'incıri/ zarar; yara
injustice /in'castis/ adaletsizlik
ink /ink/ mürekkep
inn /in/ han, otel
inner /'inı/ iç
innocent /'inısınt/ suçsuz
inoculate /i'nokyuleyt/ aşılamak
inquire /in'kwayı/ sormak
inquiry /in'kwayıri/ soruşturma, araştırma
insane /in'seyn/ deli
insect /'insekt/ böcek
inside /in'sayd/ iç; içinde, içine
insist /in'sist/ ısrar etmek
insolent /'insılınt/ küstah
inspect /in'spekt/ teftiş etmek
inspector /in'spektı/ müfettiş
inspiration /inspi'reyşın/ ilham, esin
inspire /in'spayı/ ilham etmek, esinlemek
install /in'sto:l/ yerleştirmek, kurmak
instalment /in'sto:lmınt/ taksit; bölüm
instance /'instıns/ örnek
instant /'instınt/ an; ani, derhal
instantly /'instıntli/ derhal, hemen
instead /in'sted/ yerine
instead of /in'sted ıv/ -cek yerde, yerine
instinct /'instinkt/ içgüdü
institute /'instityu:t/ enstitü, kurum
institution /insti'tyu:şın/ kuruluş, kurum
instruction /in'strakşın/ öğretim, eğitim
instrument /'instrumınt/ alet; çalgı
insufficient /insı'fişınt/ yetersiz
insulate /'insyuleyt/ izole etmek, yalıtmak
insult /'insalt/ hakaret /in'salt/ haka-

ret etmek
insurance /in'şuırıns/ sigorta
intellectual /intı'lekçuıl/ zihni; akıllı; aydın
intelligence /in'telicıns/ zekâ; istihbarat
intelligent /in'telicınt/ akıllı
intend /in'tend/ niyetinde olmak
intention /in'tenşın/ niyet
intercourse /'intıko:s/ cinsel ilişki; görüşme, ilişki
interest /'intrist/ ilgi; ilgilendirmek
interesting /'intristing/ ilginç
interfere /intı'fiı/ burnunu sokmak, karışmak
interior /in'tiıriı/ iç
intermediate /intı'mi:dyıt/ orta (düzeydeki)
internal /in'tö:nıl/ iç
international /intı'neşınıl/ uluslararası
interrupt /intı'rapt/ (sözünü) kesmek
interruption /intı'rapşın/ söze karışma; ara
intersect /intı'sekt/ kesişmek
interval /'intıvıl/ ara
interview /'intıvyu:/ görüşme; ile görüşme yapmak
intimate /'intimit/ içli dışlı, sıkı fıkı; ayrıntılı, derin
into /'intı, 'intu:/ içine
intolerant /in'tolırınt/ hoşgörüsüz
intonation /intı'neyşın/ tonlama
intoxicate /in'toksikeyt/ sarhoş etmek
intransitive /in'trensitiv/ geçişsiz (eylem)
introduce /intrı'dyu:s/ tanıştırmak
introduction /intrı'dakşın/ tanışma; önsöz
invade /in'veyd/ istila etmek
invasion /in'veyjın/ istila
invent /in'vent/ icat etmek
invention /in'venşın/ icat, buluş
inventor /in'ventı/ mucit
inverted commas /invö:tid 'komız/ tırnak işareti
invest /in'vest/ yatırım yapmak
investigate /in'vestigeyt/ araştırmak
investigation /investi'geyşın/ araştırma
investment /iN'vestmınt/ yatırım
invisible /in'vizibıl/ görülmez
invitation /invi'teyşın/ davet, çağrı
invite /in'vayt/ davet etmek, çağırmak
invoice /'invoys/ fatura
involve /in'volv/ sokmak, bulaştırmak, karıştırmak
Iran /i'ra:n/ İran
Iranian /i'reyniın/ İranlı
Iraq /i'ra:k/ Irak
Iraqi /i'ra:ki/ Iraklı
Irish /'ayıriş/ İrlandalı
iron /'ayın/ demir; ütü; ütülemek
irregular /i'regyulı/ düzensiz
irritate /'iriteyt/ canını sıkmak, sinirlendirmek
is /iz/ -dir, -dır
islam /'izla:m/ İslamiyet
islamic /iz'lemik/ İslam
island /'aylınd/ ada
isolate /'aysıleyt/ tecrit etmek, ayırmak; yalıtmak
issue /'işu:/ çıkarmak, dağıtmak, yayınlamak; çıkış; çıkarma; sayı; sorun
it /it/ o; onu, ona
italian /i'telyın/ İtalyan; İtalyanca
italy /'itıli/ İtalya
itch /iç/ kaşıntı; kaşınmak
item /'aytım/ parça, adet; madde, fıkra
its /its/ onun
itself /it'self/ kendi

J

jack /cek/ kriko
jacket /'cekit/ ceket
jaguar /'cegyuı/ jaguar

jail /ceyl/ cezaevi
jam /cem/ reçel; trafik sıkışıklığı; tıka basa doldurmak; sıkışmak
January /'cenyuıri/ ocak (ayı)
Japan /cı'pen/ Japonya
Japanese /cepı'ni:z/ Japon; Japonca
jar /ca:/ kavanoz
jaw /co:/ çene
jazz /cez/ caz
jealous /'celıs/ kıskanç
jealousy /'celısi/ kıskançlık
jeans /ci:nz/ blucin
jeep /ci:p/ cip
jelly /'celi/ pelte
jellyfish /'celifiş/ denizanası
jersey /'cö:zi/ (yün) kazak
jest /cest/ şaka yapmak
jet /cet/ fışkırma; jet uçağı
jetty /'ceti/ dalgakıran; iskele
Jew /cu:/ Yahudi
jewel /'cu:ıl/ değerli taş, mücevher
jewellery /'cu:ılri/ mücevherat
jigsaw (puzzle) /'cigso: (pazıl)/ bozyap (oyunu)
job /cob/ iş
jog /cog/ hafifçe itmek, vurmak; ağır ağır koşmak
join /coyn/ birleştirmek; birleşmek; katılmak
joint /coynt/ eklem; ortak, birleşik
joke /couk/ şaka; şaka yapmak
journal /'cö:nıl/ gazete
journalist /'cö:nılist/ gazeteci
journey /'cö:ni/ seyahat, yolculuk
joy /coy/ neşe, sevinç
judge /cac/ yargıç; hakem; yargılamak
judgement /'cacmınt/ karar, yargı
judo /'cu:dou/ judo
jug /cag/ sürahi, testi
juice /cu:s/ meyve suyu; sebze suyu
July /cu:'lay/ temmuz
jump /camp/ atlama, sıçrama; atlamak, sıçramak
jumper /'campı/ kazak
junction /'cankşın/ kavşak
June /cu:n/ haziran
jungle /'cangıl/ cengel
junior /'cu:niı/ (yaşça) küçük, ast
jury /'cuıri/ jüri
just /cast/ tam; az önce, demin, şimdi; sadece, yalnız; adil, dürüst
justice /'castis/ adalet

K

kangaroo /keng'ru:/ kanguru
keen /ki:n/ hevesli, istekli
keep /ki:p/, **kept** /kept/ tutmak; alıkoymak; bakmak, geçindirmek
kerosene /'kerısi:n/ gazyağı
kettle /'ketıl/ çaydanlık
key /ki:/ anahtar
khaki /'ka:ki/ haki
kick /kik/ tekme; tekmelemek
kid /kid/ çocuk; takılmak
kidnap /'kidnep/ (adam, çocuk) kaçırmak
kidney /'kidni/ böbrek
kill /kil/ öldürmek
killer /'kilı/ katil
kilo /'kilou/ kilo
kilogram(me) /'kilıgrem/ kilogram
kilometre /'kilımi:tı/ kilometre
kind /kaynd/ çeşit, tür; nazik
kindergarten /'kindıgatın/ anaokulu, yuva
king /king/ kral
kiss /kis/ öpücük; öpmek
kitchen /'kiçin/ mutfak
kite /kayt/ uçurtma
kitten /'kitın/ yavru kedi
knee /ni:/ diz
kneel /ni:l/, **kneeled (knelt)** /ni:lt/ (nelt) diz çökmek
knife /nayf/ (çoğulu **knives** /nayvz/) bıçak
knight /nayt/ şövalye

knit /nit/ örmek
knitting /'niting/ örme, örgü
knob /nob/ tokmak, topuz
knock /nok/ vurmak, çalmak; darbe, vuruş
knot /not/ düğüm; düğümlemek
know /nou/, **knew** /nyu:/, **known** /noun/ bilmek; tanımak
knowledge /'nolic/ bilgi
Koran /kı'ra:n/ Kuran

L

lab /leb/ laboratuvar
label /'leybıl/ etiket
laboratory /lı'borıtri/ laboratuvar
labour /'leybı/ iş; emek; çalışmak, uğraşmak
labourer /'leybırı/ işçi
lace /leys/ bağ, bağcık; dantel
ladder /'ledı/ (taşınır) merdiven
ladle /'leydıl/ kepçe
lady /'leydi/ hanım, bayan
lake /leyk/ göl
lamb /lem/ kuzu
lame /leym/ topal
lamp /lemp/ lamba
lamppost /'lemp-poust/ elektrik direği
land /lend/ toprak, kara; arazi; ülke; karaya çıkmak; yere inmek
landlady /'lendleydi/ ev sahibesi
landlord /'lendlo:d/ ev sahibi, pansiyoncu adam
landscape /'lendskeyp/ manzara
language /'lengwiç/ dil
lantern /'lentın/ fener
lap /lep/ kucak; etek
larder /'la:dı/ kiler
large /la:c/ geniş; büyük
lash /leş/ kirpik; kamçı
last /la:st/ sonuncu; son; geçen, önceki; sürmek; dayanmak
late /leyt/ geç
lately /'leytli/ son zamanlarda, geçenlerde
latest /'leytist/ en yeni, en son; en geç
lather /'la:dı/ sabun köpüğü
latitude /'letityu:d/ enlem
latter /'letı/ ikincisi, sonuncusu; sonraki
laugh /la:f/ gülmek; gülüş
laughter /'la:ftı/ kahkaha
launch /lo:nç/ (gemi) suya indirmek; (füze) fırlatmak
laundry /'lo:ndri/ çamaşır; çamaşırhane
lavatory /'levıtri/ tuvalet, hela
law /lo:/ yasa; hukuk
lawful /'lo:fıl/ yasal
lawn /lo:n/ çimenlik
lawyer /'lo:yı/ avukat
lay /ley/, **laid** /leyd/ koymak, yaymak, sermek
layer /'leyı/ tabaka, katman
lazy /'leyzi/ tembel
lead /li:d/, **led** /led/ yol göstermek; götürmek
lead /li:d/ kılavuzluk; kurşun
leader /'li:dı/ önder
leading /'li:ding/ en önemli, ana
leaf /li:f/ (çoğulu **leaves** /li:vz/) yaprak
league /li:g/ birlik; lig
leak /li:k/ delik, çatlak; sızmak
lean /li:n/, **leaned (leant)** /li:nd (lent)/ dayanmak; dayamak
leap /li:p/, **leaped (leapt)** /li:pt (lept)/ atlamak, sıçramak
learn /lö:n/, **learned (learnt)** /lö:nd (lö:nt)/ öğrenmek
least /li:st/ en az
leather /'ledı/ deri
leave /li:v/, **left** /left/ ayrılmak, bırakmak
leave /li:v/ izin
Lebanon /'lebının/ Lübnan
lecture /'lekçı/ konferans; ders

leek /li:k/ pırasa
left /left/ sol
leg /leg/ bacak
legal /'li:gıl/ yasal
legend /'lecınd/ efsane, söylence
legible /'lecıbıl/ okunaklı
leisure /'lejı/ boş vakit
lemon /'lemın/ limon
lemonade /lemı'neyd/ limonata
lend /lend/, **lent** /lent/ ödünç vermek
length /lengt/ uzunluk
lens /lenz/ mercek
lentil /'lentil/ mercimek
leopard /'lepıd/ leopar
less /les/ daha az
lesson /'lesın/ ders
let /let/, **let** /let/ izin vermek, bırakmak; kiraya vermek
letter /'letı/ mektup; harf
letter box /'letı boks/ posta kutusu
lettuce /'letis/ kıvırcık salata
level /'levıl/ düz; düzlük; düzey
lever /'li:vı/ kaldıraç
liar /'layı/ yalancı
liberty /'libıti/ özgürlük
librarian /lay'breıriın/ kütüphaneci
library /'laybrıri/ kütüphane
Libya /'libiı/ Libya
licence /'laysıns/ ruhsat, izin
lick /lik/ yalamak
lid /lid/ kapak
lie /lay/, **lay** /ley/, **lain** /leyn/ yatmak, uzanmak
lie /lay/ yalan söylemek; yalan
lieutenant /lef'tenınt/ teğmen
life /layf/ (çoğulu **lives** /layvz/) hayat, yaşam; ömür
lift /lift/ kaldırmak; asansör
light /layt/ ışık; aydınlık; (renk) açık; hafif
light /layt/, **lighted (lit)** /'laytid (lit)/ yakmak; yanmak
lightning /'laytning/ şimşek, yıldırım
like /layk/ hoşlanmak, beğenmek, sevmek; gibi
likely /'laykli/ muhtemel, olası
lily /'lili/ zambak
limb /lim/ uzuv, organ
lime /laym/ kireç
limit /'limit/ sınır; sınırlandırmak
limp /limp/ topallamak
line /layn/ çizgi; satır, dize; sıra, kuyruk; sıra, dizi; dizmek, sıralamak
linen /'linın/ keten bezi; iç çamaşır
lining /'layning/ astar
link /link/ bağlamak
lion /'layın/ aslan
lip /lip/ dudak
lipstick /'lipstik/ ruj, dudak boyası
liquid /'likwid/ sıvı
list /list/ liste
listen /'lisın/ dinlemek
listener /'lisnı/ dinleyici
literature /'litrıçı/ edebiyat, yazın
litre /'li:tı/ litre
little /'litıl/ küçük; az
live /liv/ yaşamak; oturmak
live /layv/ canlı, diri
lively /'layvli/ hareketli, canlı, neşeli
liver /'livı/ karaciğer
lizard /'lizıd/ kertenkele
load /loud/ yük; yüklemek
loaf /louf/ (çoğulu **loaves** /louvz/) ekmek somunu
loan /loun/ ödünç para
lobster /'lobstı/ ıstakoz
local /'loukıl/ yöresel
locate /lou'keyt/ yerini saptamak
lock /lok/ kilit; kilitlemek
locker /'lokı/ dolap
locust /'loukıst/ çekirge
lodge /loc/ kirada oturmak
lodger /'locı/ kiracı, pansiyoner
lodgings /'locingz/ pansiyon
lonely /'lounli/ yalnız
long /long/ uzun; çok istemek
longitude /'loncityu:d/ boylam
look /luk/ bakmak; görünmek; bakış
loop /lu:p/ ilmik, düğüm

loose /lu:s/ gevşek
loosen /'lu:sın/ gevşetmek; gevşemek
lord /lo:d/ lort
lorry /'lori/ kamyon
lose /lu:z/, **lost** /lost/ kaybetmek, yitirmek
loss /los/ kayıp; zarar
lot /lot/ çok miktar
lotion /'louşın/ losyon
lottery /'lotıri/ piyango
loud /laud/ (ses) yüksek
loudly /'laudli/ yüksek sesle
loudspeaker /laud'spi:kı/ hoparlör
lounge /launc/ dinlenme salonu, hol
louse /laus/ (çoğulu **lice** /lays/) bit
love /lav/ sevmek; aşk, sevgi; sevgili
lovely /'lavli/ sevimli, güzel
lover /'lavı/ âşık, sevgili
low /lou/ alçak; düşük
lower /'louı/ alçaltmak, düşürmek
loyal /'loyıl/ sadık
luck /lak/ talih, şans
lucky /'laki/ talihli, şanslı
luggage /'lagic/ bagaj
lukewarm /'lu:kwo:m/ ılık
lump /lamp/ topak, yumru
lunatic /'lu:nıtik/ deli
lunch /lanç/ öğle yemeği
lung /lang/ akciğer
lust /last/ şehvet; hırs
luxurious /lag'zyuırıs/ konforlu, lüks
luxury /'lakşıri/ lüks

M

macaroni /mekı'rouni/ makarna
machine /mı'şi:n/ makine
machine-gun /mı'şi:n-gan/ makineli tüfek
mackerel /'mekrıl/ uskumru
mackintosh /'mekintoş/ yağmurluk
mad /med/ deli, çılgın
madam /'medım/ hanımefendi, bayan
magazine /megı'zi:n/ dergi
magic /'mecik/ büyü; büyülü
magician /mı'cişın/ sihirbaz, büyücü
magnet /'megnit/ mıknatıs
magnificent /meg'nifisınt/ muhteşem
magnifying glass /'megnifaying gla:s/ büyüteç
maid /meyd/ kadın hizmetçi
maiden /'meydın/ kız
mail /meyl/ posta
main /meyn/ esas, ana
mainly /'meynli/ başlıca
maintain /meyn'teyn/ bakmak
maintenance /'meyntinıns/ bakım
maize /meyz/ mısır
major /'meycı/ en önemli, esas; binbaşı
majority /mı'corıti/ çoğunluk
make /meyk/, **made** /meyd/ yapmak
make /meyk/ marka
maker /'meykı/ yapıcı; imalatçı, yapımcı
make-up /'meykap/ makyaj
malaria /mı'leıriı/ sıtma
male /meyl/ erkek
mammal /'memıl/ memeli hayvan
man /men/ (çoğulu **men** /men/) adam, erkek; insan
manage /'menic/ başarmak, becermek; yönetmek
management /'menicmınt/ yönetim
manager /'menicı/ müdür, yönetici
manner /'menı/ tarz, biçim, yol; terbiye, görgü
manual /'menyuıl/ elle yapılan; el kitabı
manufacture /menyu'fekçı/ imal, yapım; imal etmek, yapmak
manuscript /'menyuskript/ el yazması
many /'meni/ birçok, çok
map /mep/ harita

marble /'ma:bıl/ mermer; bilye
march /ma:ç/ marş; (askeri) yürüyüş; düzenli adımlarla yürümek
march /ma:ç/ mart
mare /meı/ kısrak
margarine /ma:cı'ri:n/ margarin
mark /ma:k/ işaret, im; iz; leke; (okulda) not; işaretlemek
market /'ma:kit/ çarşı, pazar, piyasa
marmalade /'ma:mıleyd/ marmelat
marriage /'meriç/ evlilik
married /'merid/ evli
marry /'meri/ ... ile evlenmek
marsh /ma:ş/ bataklık
marvellous /'ma:vılıs/ şahane
masculine /'meskyulin/ eril
mask /ma:sk/ maske
massacre /'mesıkı/ katliam, kırım
master /'ma:stı/ usta; sahip
masterpiece /'ma:stıpi:s/ şaheser, başyapıt
mat /met/ paspas
match /meç/ kibrit; maç; uymak, benzemek
material /mı'tiriıl/ malzeme, gereç; kumaş
mathematics /metı'metiks/ matematik
matter /'metı/ madde; mesele, sorun
mattress /'metris/ şilte, döşek
mature /mı'çuı/ olgun
mausoleum /mo:sı'liım/ anıtkabir, türbe
maximum /'meksimım/ azami, en çok
May /mey/ mayıs
may /mey/ -ebilir, -abilir
maybe /'meybi/ belki
mayor /meyı/ belediye başkanı
me /mi:/ beni, bana
meal /mi:l/ yemek, öğün
mean /mi:n/, **meant** /ment/ anlamına gelmek; demek istemek
meaning /'mi:ning/ anlam
means /mi:nz/ varlık, para; araç; yol, olanak
meanwhile /'mi:nwayl/ bu arada
measles /'mi:zılz/ kızamık
measure /'mejı/ ölçü; ölçmek
meat /mi:t/ et
mechanic /mi'kenik/ makinist, teknisyen; tamirci
mechanical /mi'kenikıl/ mekanik
medal /'medıl/ madalya
medical /'medikıl/ tıbbi
medicine /'medsin/ ilaç; tıp
mediterranean /meditı'reyniın/ Akdeniz
medium /'mi:dyım/ orta
meet /mi:t/, **met** /met/ rastlamak, karşılaşmak; buluşmak; tanışmak; karşılamak
meeting /'mi:ting/ toplantı
melody /'melıdi/ melodi, ezgi
melon /'melın/ kavun
melt /melt/ erimek; eritmek
member /'membı/ üye
memorial /mı'mo:riıl/ anıt
memory /'memıri/ hatıra, bellek; hatıra, anı
mend /mend/ onarmak
mental /'mentıl/ zihni
mention /'menşın/ anmak, değinmek, bahsetmek
menu /'menyu/ menü
merchant /'mö:çınt/ tüccar
merciful /'mö:sifıl/ merhametli
mercy /'mö:si/ merhamet, acıma
meridian /mı'ridiın/ meridyen
merry /'meri/ neşeli
mess /mes/ karışıklık dağınıklık
message /'mesic/ mesaj, ileti
metal /'metıl/ metal
meter /'mi:tı/ metre; sayaç
method /'metıd/ yöntem
metropolis /mı'tropılis/ büyük kent
Mexico /'meksikou/ Meksika
microbe /'maykroub/ mikrop
microcomputer /'maykroukımpyu:tı/ mikrobilgisayar

microphone /'maykrıfoun/ mikrofon
microscope /'maykrıskoup/ mikroskop
midday /'middey/ öğle
middle /'midıl/ orta
midnight /'midnayt/ gece yarısı
might /mayt/ -ebilir, -abilir; -ebilirdi, -abilirdi
migrate /may'greyt/ göçmek
migration /may'greyşın/ göç
mild /mayld/ hafif, yumuşak
mile /mayl/ mil
military /'militri/ askeri
milk /milk/ süt
milkman /'milkmın/ sütçü
mill /mil/ değirmen; fabrika
millet /'milit/ darı
millimetre /'milimi:tı/ milimetre
million /'milyın/ milyon
mimic /'mimik/ taklit etmek
minaret /minı'ret/ minare
mince /mins/ (eti) kıymak; kıyma
mind /maynd/ akıl; hatır, zihin; aldırış etmek, umursamak; dikkat etmek, bakmak
mine /mayn/ benimki; maden ocağı
mineral /'minırıl/ mineral
minimum /'minimım/ asgari, en az
minister /'ministı/ bakan
ministry /'ministri/ bakanlık
mink /mink/ vizon
minor /'maynı/ daha küçük; önemsiz
minority /may'noriti/ azınlık
minus /'maynıs/ eksi; -den küçük
minute /'minit/ dakika
miracle /'mirıkıl/ mucize
mirror /'mirı/ ayna
misbehave /misbi'heyv/ yaramazlık yapmak
miscellaneous /misı'leynııs/ çeşitli
mischief /'misçi:f/ yaramazlık
miserable /'mizrıbıl/ perişan, mutsuz
misery /'mizıri/ perişanlık, mutsuzluk, acı
misfortune /mis'fo:çın/ felaket, bela, talihsizlik, terslik
miss /mis/ özlemek; kaçırmak; vuramamak
Miss /mis/ (evlenmemiş) bayan
missile /'misayl/ mermi; füze
missing /'mising/ bulunmayan, eksik, kayıp
mission /'mişın/ görev
missionary /'mişınri/ misyoner
mist /mist/ sis, duman
mistake /mi'steyk/ hata, yanlış
mistake /mi'steyk/, **mistook** /-tuk/, **mistaken** /-teykın/ benzetmek (for, -e); yanılmak
mistress /'mistris/ ev sahibesi, hanım; bayan öğretmen
misty /'misti/ sisli, dumanlı
mix /miks/ karıştırmak
mixture /'miksçı/ karışım
moan /moun/ inlemek
mob /mob/ ayaktakımı
mobile /'moubayl/ hareket eden, oynak; gezici
mock /mok/ alay etmek
model /'modıl/ model
moderate /'modırıt/ ılımlı
modern /'modın/ çağdaş
modernize /'modınayz/ çağdaşlaştırmak, yenileştirmek
modest /'modist/ alçakgönüllü
modesty /'modisti/ alçakgönüllülük
moist /moyst/ nemli
moisture /'moysçı/ nem
molecule /'molikyu:l/ molekül
moment /'moumınt/ an
monarchy /'monıki/ monarşi, tekerki
monastery /'monıstri/ manastır
Monday /'mandi/ pazartesi
money /'mani/ para
monk /monk/ rahip
monkey /'manki/ maymun
monopoly /mı'nopıli/ tekel

monotonous /mı'notınıs/ monoton, tekdüze
monster /'monstı/ canavar
month /mant/ ay
monthly /'mantli/ aylık
monument /'monyumınt/ anıt
mood /mu:d/ ruhsal durum, hava
moon /mu:n/ ay
moral /'morıl/ ahlak dersi; ahlaki
morale /mı'ra:l/ moral
more /mo:/ daha (çok)
moreover /mo:'rouvı/ bundan başka, üstelik
morning /'mo:ning/ sabah
mortal /'mo:tıl/ ölümlü
mortgage /'mo:gic/ rehin, ipotek
moslem /'mozlim/ Müslüman
mosque /mosk/ cami
mosquito /mı'ski:tou/ sivrisinek
moss /mos/ yosun
most /moust/ en çok; en; çok
motel /mou'tel/ motel
mother /'madı/ anne
mother-in-law /'madırinlo:/ kaynana
motion /'mouşın/ hareket
motive /'moutiv/ güdü, dürtü
motor /'moutı/ motor
motorbike /'moutıbayk/ motosiklet
motorboat /'moutıbo:t/ motorbot
motorcar /'moutıka:/ otomobil
motorcycle /'moutısaykıl/ motosiklet
motorist /'moutırist/ otomobil sürücüsü
motorway /'moutıwey/ otoyolu, karayolu
mould /mould/ kalıp; kalıba dökmek
mountain /'mauntin/ dağ
mourn /mo:n/ yas tutmak
mouse /maus/ (çoğulu **mice** /mays/) fare
moustache /mı'sta:ş/ bıyık
mouth /maut/ ağız
move /mu:v/ hareket etmek; hareket ettirmek; taşınmak; taşımak
movement /'mu:vmınt/ hareket
Mr /'mistı/ bay
Mrs /'misiz/ bayan
much /maç/ çok, fazla
mud /mad/ çamur
muddy /madi/ çamurlu
mug /mag/ maşrapa, bardak
mule /myu:l/ katır
multiple /'maltipıl/ çeşitli, birçok
multiply /'maltiplay/ çarpmak; çoğalmak
mumble /'mambıl/ mırıldanmak
mummy /'mami/ anne(ciğim)
mumps /mamps/ kabakulak
municipality /myu:nisi'pelıti/ belediye
murder /'mö:dı/ adam öldürme, cinayet; öldürmek
murderer /'mö:dırı/ katil
murmur /'mö:mı/ mırıldanmak, homurdanmak
muscle /'masıl/ kas
museum /myu:'ziım/ müze
mushroom /'maşru:m/ mantar
music /'myu:zik/ müzik
musical /'myu:zikıl/ müzikal
musician /myu:'zişın/ müzisyen
Muslim /'muzlim/ Müslüman
mussel /'masıl/ midye
must /mıst, mast/ -meli, -malı
mustard /'mastıd/ hardal
mutter /'matı/ mırıldanmak
mutton /'matın/ koyun eti
my /may/ benim
myself /may'self/ kendim
mysterious /mi'stiıriıs/ esrarengiz
mystery /'mistıri/ sır; esrar

N

nail /neyl/ tırnak; çivi
naked /'neykid/ çıplak

name /neym/ ad; ad vermek
nanny /'neni/ dadı
nap /nep/ kısa uyku, şekerleme
napkin /'nepkin/ peçete
nappy /'nepi/ çocuk bezi
narrow /'nerou/ dar
nasty /'na:sti/ pis, kötü
nation /'neyşın/ ulus
national /'neşınıl/ ulusal
nationality /neşı'nelıti/ uyruk
native /'neytiv/ yerli
natural /'neçrıl/ doğal
naturally /'neçrıli/ doğal olarak
nature /'neyçı/ doğa; huy
naughty /'no:ti/ yaramaz
naval /'neyvıl/ bahriyeye ilişkin, deniz
navigation /nevi'geyşın/ denizcilik
navy /'neyvi/ deniz kuvvetleri; donanma
near /niı/ yakın; yanına, yanında
nearly /'niıli/ hemen hemen, neredeyse
neat /ni:t/ temiz, derli toplu
necessary /'nesısıri/ gerekli
necessity /ni'sesiti/ gereklilik
neck /nek/ boyun
necklace /'neklis/ gerdanlık, kolye
need /ni:d/ lüzum, gerek; ihtiyaç, gereksinim; ihtiyacı olmak, gereksinim duymak; gerektirmek, istemek
needle /'ni:dıl/ iğne
negative /'negıtiv/ olumsuz
neglect /ni'glekt/ ihmal etmek; ihmal
negotiation /nigouşi'eyşın/ görüşme
negro /'ni:grou/ zenci
neighbour /'neybı/ komşu
neighbourhood /'neybıhud/ semt, çevre, dolay
neither /'naydı, ni:dı/ (ikisinden) hiçbiri
nephew /'nefyu:/ erkek yeğen
nerve /nö:v/ sinir
nervous /'nö:vıs/ heyecanlı, ürkek
nest /nest/ yuva
net /net/ ağ
Netherlands /'nedılındz/ Hollanda
neuter /'nyu:tı/ eril ya da dişil olmayan; yansız
never /'nevı/ asla, hiç
new /nyu:/ yeni
news /nyu:z/ haber
newspaper /'nyu:speypı/ gazete
next /nekst/ bitişik; en yakın; bir sonraki; gelecek, önümüzdeki
nice /nays/ güzel, hoş, şirin
nickname /'nikneym/ takma ad
niece /ni:s/ kız yeğen
night /nayt/ gece
nine /nayn/ dokuz
nineteen /nayn'ti:n/ on dokuz
ninety /'naynti/ doksan
no /nou/ hayır
noble /'noubıl/ soylu
nobody /'noubıdi/ hiç kimse
nod /nod/ başını sallamak
noise /noyz/ gürültü
noisy /'noyzi/ gürültülü
none /nan/ hiç biri; hiç
nonsense /'nonsıns/ saçma
nonstop /non'stop/ durmadan, direkt
noon /nu:n/ öğle
no one /'nou wan/ hiç kimse
nor /no:/ ne de
normal /'no:mıl/ normal
north /no:t/ kuzey
northern /'no:dın/ kuzey
Norway /'no:wey/ Norveç
nose /nouz/ burun
not /not/ değil
note /nout/ not; nota; kâğıt para
notebook /'noutbuk/ defter
nothing /'nating/ hiçbir şey
notice /'noutis/ ilan, duyuru; ihbar, bildiri; farkına varmak, dikkat etmek
nought /no:t/ sıfır
noun /naun/ isim, ad

nourish /'nariş/ beslemek
novel /'novıl/ roman
November /nou'vembı/ kasım
now /nau/ şimdi
nowadays /'nauıdeyz/ bu günlerde, şimdilerde
nowhere /'nouweı/ hiçbir yer(d)e
nuclear /'nyu:klii/ nükleer
nucleus /'nyu:kliıs/ çekirdek
nuisance /'nyu:sıns/ sıkıntı veren kişi, şey, bela, dert
numb /nam/ uyuşmuş, uyuşuk
number /'nambı/ sayı; rakam; numara
numeral /'nyu:mırıl/ rakam
nun /nan/ rahibe
nurse /nö:s/ hemşire, hastabakıcı
nursery /'nö:sıri/ çocuk yuvası, kreş
nut /nat/ fındık, ceviz
nylon /'naylon/ naylon

O

oar /o:/ kürek
oath /out/ yemin, ant
obedient /ı'bi:diınt/ itaatli, söz dinler
obey /ı'bey/ itaat etmek, uymak
object /'obcikt/ şey; nesne; amaç
object /ıb'cekt/ itiraz etmek
objection /ıb'cekşın/ itiraz
objective /ıb'cektiv/ nesnel
obligation /obli'geyşın/ zorunluluk
obscene /ıb'si:n/ müstehcen, açık saçık
observation /obzı'veyşın/ gözlem
observe /ıb'zö:v/ gözlemek
obstacle /'obstıkıl/ engel
obstinate /'obstinıt/ inatçı
obtain /ıb'teyn/ elde etmek, edinmek
obvious /'obviıs/ açık, belli
obviously /'obviısli/ belli ki
occasion /ı'keyjın/ fırsat, vesile; durum, olay
occasionally /ı'keyjınıli/ ara sıra, bazen
occupation /okyu'peyşın/ meşgale, iş
occupy /'okyupay/ işgal etmek
occur /ı'kö:/ vuku bulmak, olmak
ocean /'ouşın/ okyanus
o'clock /ı'klok/ saat (tam saatlerle kullanılır)
October /ok'toubı/ ekim (ayı)
octopus /'oktıpıs/ ahtapot
oculist /'okyulist/ göz doktoru
odd /od/ tuhaf, garip; (sayı) tek
of /ıv, ov/ -in, -ın, -nin, -nın
of course /ıv 'ko:s/ tabi, elbette
off /of/ -den uzak; uzağa, uzakta; izinli; kesilmiş, çalışmayan
offence /ı'fens/ suç; hakaret, gücendirme
offend /ı'fend/ gücendirmek
offensive /ı'fensiv/ kırıcı, iğrenç, çirkin
offer /'ofı/ teklif, öneri; teklif etmek, önermek
office /'ofis/ büro
officer /'ofisı/ memur; subay
official /ı'fişıl/ resmi; memur
offside /of'sayd/ ofsayt
often /'ofın/ sık sık
oil /oyl/ yağ; petrol; yağlamak
ointment /'oyntmınt/ merhem
OK /ou'key/ tamam, peki
old /ould/ eski; yaşlı
old-fashioned /ould-'feşınd/ modası geçmiş
olive /'oliv/ zeytin
olive oil /oliv 'oyl/ zeytinyağı
omelet /'omlit/ omlet
omit /ı'mit/ dahil etmemek, atlamak
on /on/ üstüne, üstünde
once /wans/ bir defa, bir zamanlar
one /wan/ bir
oneself /wan'self/ kendisi
onion /'anyın/ soğan

only /'ounli/ sadece, yalnız; biricik, tek
onto /'ontı, ontu/ üstüne
open /'oupın/ açık; açmak; açılmak
opener /'oupını/ açacak
opening /'oupıning/ açıklık, delik
openly /'oupınli/ açıkça, saklamadan
opera /'oprı/ opera
operate /'opıreyt/ işlemek, çalışmak; çalıştırmak, işletmek; ameliyat etmek
operation /opı'reyşın/ çalışma, işleme; ameliyat
opinion /ı'pinyın/ fikir, düşünce
opponent /ı'pounınt/ rakip, aleyhtar
opportunity /opı'tyu:nıti/ fırsat
oppose /ı'pouz/ karşı çıkmak
opposite /'opızit/ karşı; karşıdaki, karşıki; karşıt, ters
optician /op'tişın/ gözlükçü
optimist /'optimist/ iyimser
optional /'opşınıl/ isteğe bağlı, seçmeli
or /ı, o:/ veya, ya da; yoksa
oral /'o:rıl/ sözlü; ağızdan
orange /'orinc/ portakal; turuncu
orchestra /'o:kistrı/ orkestra
order /'o:dı/ düzen; emir; sipariş; emretmek; ısmarlamak
ordinary /'o:dinri/ her zamanki, olağan; alelade, sıradan
organ /'o:gın/ uzuv, organ; org
organization /o:gınay'zeyşın/ örgüt, kuruluş; örgütlenme; düzenleme
organize /'o:gınayz/ düzenlemek; örgütlenmek
origin /'oricin/ köken
original /ı'ricinl/ asıl, ilk; orijinal, özgün
ornament /'o:nımınt/ süs
orphan /'o:fın/ öksüz, yetim
ostrich /'ostriç/ devekuşu
other /'adı/ başka, diğer
otherwise /'adıwayz/ aksi takdirde, yoksa; başka türlü
ought /o:t/ -meli, -malı, gerekir
our /auı/ bizim
ours /auız/ bizimki
ourselves /auı'selvz/ kendimiz
out /aut/ dışarı, dışarıya; dışarıda
outcome /'autkam/ sonuç
outdoor /aut'do:/ açık havada, açıkta
outer /'autı/ dış
outfit /'autfit/ teçhizat, donatı, takım
outing /'auting/ gezinti
outline /'autlayn/ taslak
output /'autput/ verim; üretim
outside /aut'sayd/ dış; dışına, dışında
outskirts /'autskö:ts/ kent dışı, kenar mahalle
outstanding /aut'stending/ göze çarpan, seçkin
oval /'ouvıl/ oval
oven /'avn/ fırın
over /'ouvı/ üzerine, üzerinde; karşı tarafa; bitmiş
overall /'ouvıro:l/ önlük, gömlek
overalls /'ouvıro:lz/ iş elbisesi, tulum
overcast /'ouvıka:st/ bulutlu, kapalı
overcoat /'ouvıkout/ palto
overflow /ouvı'flou/ taşmak
overhear /ouvı'hiı/, **overheard** /ouvı'hö:d/ kulak misafiri olmak
overlook /ouvı'luk/ nazır olmak, bakmak; gözden kaçırmak
overseas /ouvı'si:z/ denizaşırı
overtake /ouvı'teyk/, **overtook** /-'-tuk/, **overtaken** /-'teykın/ yetişip geçmek, sollamak
overtime /ouvı'taym/ fazla mesai
owe /ou/ borcu olmak; borçlu olmak
owl /aul/ baykuş
own /oun/ kendi; sahip olmak
owner /'ounı/ mal sahibi, sahip
ox /oks/ (çoğulu **oxen** /oksın/) öküz

oxygen /'oksicin/ oksijen

P

pack /pek/ bavula koymak; paket yapmak
package /'pekic/ paket; ambalaj
packet /'pekit/ paket
pad /ped/ yastık; kâğıt destesi
page /peyc/ sayfa
pain /peyn/ ağrı, sızı
painful /'peynfıl/ acı veren, ağrılı
paint /peynt/ boya; boyamak
painter /'peyntı/ ressam; boyacı
pair /peı/ çift
Pakistan /pa:ki'sta:n/ Pakistan
palace /'pelıs/ saray
pale /peyl/ soluk, solgun
Palestine /'pelistayn/ Filistin
palm /pa:m/ avuç içi, aya; palmiye
pan /pen/ tava
pane /peyn/ pencere camı
panel /'penıl/ levha, pano; kurul
panic /'penik/ panik; paniğe kapılmak
pants /pents/ don; pantolon
paper /'peypı/ kâğıt; gazete
parachute /'perışu:t/ paraşüt
parade /pı'reyd/ geçit töreni, alay
paradise /'perıdays/ cennet
paraffin /'perıfin/ gazyağı
paragraph /'perıgra:f/ paragraf
parallel /'perılel/ paralel, koşut
paralyse /'perılayz/ felce uğratmak
parasite /'perısayt/ asalak
parcel /'pa:sıl/ paket, koli
pardon /'pa:dın/ af, bağışlama; bağışlamak
parent /'peırınt/ ana ya da baba, veli
park /pa:k/ park; park etmek
parliament /'pa:lımınt/ parlamento
parrot /'perıt/ papağan
part /pa:t/ kısım, parça; pay; rol
participate /pa:'tisipeyt/ katılmak
participle /'pa:tisipıl/ ortaç
particular /pı'tikyulı/ özel; titiz
particularly /pı'tikyulıli/ özellikle
partly /'pa:tli/ kısmen
partner /'pa:tnı/ ortak
party /'pa:ti/ parti
pass /pa:s/ geçmek; geçirmek
passage /'pesic/ koridor, paragraf, parça
passenger /'pesincı/ yolcu
passion /'peşın/ hırs, tutku; öfke, kızgınlık
passive /'pesiv/ edilgen
passport /'pa:spo:t/ pasaport
past /pa:st/ geçmiş, geçen
pastry /'peystri/ hamur işi; pasta
patch /peç/ yama; yamamak
path /pa:t/ patika, keçiyolu
pathetic /pı'tetik/ acıklı
patient /'peyşınt/ sabırlı; hasta
patriot /'petriıt/ yurtsever
patrol /pı'troul/ devriye
pattern /'petın/ örnek; kalıp, desen, süs
pause /po:z/ mola, ara; ara vermek, durmak
pavement /'peyvmınt/ kaldırım
pay /pey/, **paid** /peyd/ ödemek; ödeme; ücret
payment /'peymınt/ ödeme
pea /pi:/ bezelye
peace /pi:s/ barış; huzur
peach /pi:ç/ şeftali
peak /pi:k/ tepe, doruk
peanut /'pi:nat/ fıstık
pear /peı/ armut
pearl /pö:l/ inci
peculiar /pi'kyu:lyı/ tuhaf, acayip
pedal /'pedıl/ pedal
pedestrian /pı'destriın/ yaya
peel /pi:l/ (meyve, sebze) kabuk; (kabuğunu) soymak
peep /pi:p/ röntgen, dikiz; röntgenlemek, dikizlemek
peg /peg/ askı çengeli; mandal

pen /pen/ dolmakalem, kalem
penalty /'penılti/ ceza
pence /pens/ peniler
pencil /'pensıl/ kurşunkalem
penetrate /'penitreyt/ içine girmek, sızmak
penknife /'pennayf/ çakı
penny /'peni/ peni
pension /'penşın/ emekli aylığı
people /'pi:pıl/ halk; insanlar
pepper /'pepı/ biber
peppermint /'pepımint/ nane
per /pı, pö:/ her biri için, başına
percent /pı'sent/ yüzde
percentage /pı'sentic/ yüzde oranı; komisyon, yüzdelik
perceive /pı'si:v/ algılamak
perfect /'pö:fikt/ mükemmel, tam, kusursuz
perform /pı'fo:m/ yerine getirmek, yapmak; (rol) oynamak
performance /pı'fo:mıns/ yapma ; temsil, oyun, gösteri
perfume /'pö:fyu:m/ parfüm, koku
perhaps /pı'heps/ belki
period /'piıriıd/ dönem
permanent /'pö:mınınt/ sürekli
permission /pı'mişın/ izin
permit /pı'mit/ izin vermek
permit /'pö:mit/ izin
persist /pı'sist/ ısrar etmek, inat etmek
person /'pö:sın/ kişi; insan, kimse
personal /'pö:sınıl/ kişisel
personnel /pö:sı'nel/ personel
persuade /pıs'weyd/ ikna etmek, inandırmak
pessimism /'pesimizm/ kötümserlik
pessimist /'pesimist/ kötümser
pet /pet/ evde beslenen hayvan
petition /pı'tişın/ dilekçe
petrol /'petrıl/ benzin
petroleum /pı'troulyım/ petrol
pharmacy /'fa:mısi/ eczane
philosopher /fi'losıfı/ filozof, düşünür
philosophy /fi'losıfi/ felsefe
phone /foun/ telefon; telefon etmek
photograph /'foutıgra:f/ fotoğraf; resmini çekmek
photographer /fı'togrıfı/ fotoğrafçı
phrase /freyz/ ibare, deyim, dizilim
physical /'fizikıl/ fiziksel
physician /fi'zişın/ doktor
physics /'fiziks/ fizik
pianist /'pi:ınist/ piyanist
piano /pi'enou/ piyano
pick /pik/ seçmek; toplamak, koparmak
pickpocket /'pikpokit/ yankesici
picnic /'piknik/ piknik
picture /'pikçı/ resim
pie /pay/ börek
piece /pi:s/ parça
pier /piı/ iskele
pig /pig/ domuz
pigeon /'picın/ güvercin
pile /payl/ yığın, küme; yığmak
pilgrim /'pilgrim/ hacı
pill /pil/ hap
pillar /'pilı/ sütun, direk
pillow /'pilou/ yastık
pilot /'paylıt/ pilot
pin /pin/ topluiğne, çengelliiğne, iğne
pinch /pinç/ çimdiklemek; çalmak, aşırmak
pine /payn/ çam
pineapple /'paynepıl/ ananas
pink /pink/ pembe
pint /paynt/ 0,57 lt
pioneer /payı'niı/ öncü; öncülük etmek
pip /pip/ elma, portakal vb. çekirdeği
pipe /payp/ boru; pipo
pirate /'payırıt/ korsan
piss /pis/ işemek
pistachio /pi'sta:şiou/ şamfıstığı
pistol /'pistıl/ tabanca
pitcher /'piçı/ testi
pity /'piti/ merhamet, acıma; acımak

placard /'pleka:d/ duvar ilanı, afiş
place /pleys/ yer; koymak, yerleştirmek
plain /pleyn/ kolay anlaşılır, açık, belli; basit, sade, yalın; ova
plait /pleyt/ örgü
plan /plen/ plan; proje, tasarı
plane /pleyn/ uçak
planet /'plenit/ gezegen
plant /pla:nt/ bitki; dikmek
plaster /'ple:stı/ alçı; plaster
plastic /'plestik/ plastik
plate /pleyt/ tabak
platform /'pletfo:m/ peron
play /pley/ oyun; oynamak; (müzik aleti) çalmak
player /'pleyı/ oyuncu
playground /'pleygraund/ oyun alanı
pleasant /'plezınt/ hoş, güzel, tatlı
please /'pli:z/ lütfen; memnun etmek
pleasure /'plejı/ zevk
plenty /'plenti/ (pek) çok, bol
pliers /playız/ kerpeten, kıskaç
plot /plot/ arsa, parsel; komplo, dolap
plough /plau/ saban, pulluk
plug /plag/ tıkaç; fiş; buji
plum /plam/ erik
plumber /'plamı/ su tesisatçısı
plump /plamp/ tombul, dolgun
plural /'pluırıl/ çoğul
plus /plas/ artı
p.m. /pi:'em/ öğleden sonra
pneumonia /nyu:'mouniı/ zatürree
pocket /'pokit/ cep
pocket money /'pokit mani/ cep harçlığı
poem /'pouim/ şiir
point /poynt/ işaret etmek, göstermek; uç; yarar; anlam; puan, sayı
poison /'poyzın/ zehir, zehirlemek
Poland /'poulınd/ Polonya
pole /poul/ kutup; direk
police /pı'li:s/ polis, emniyet
policeman /pı'li:smın/ polis (memuru)
police station /pı'li:s steyşın/ karakol
policy /'polisi/ siyaset; poliçe
polish /'poliş/ cila; cilalamak, parlatmak
polite /pı'layt/ kibar, nazik
political /pı'litikıl/ siyasal
politician /poli'tişın/ politikacı
politics /'politiks/ siyaset, politika
poll /poul/ oy verme
pollution /pı'lu:şın/ kirlenme
pool /pu:l/ havuz; su birikintisi, gölcük
poor /puı/ yoksul; zavallı
pop /pop/ pop (müziği/şarkısı)
pope /poup/ papa
popular /'popyulı/ popüler, sevilen, gözde
population /popyu'leyşın/ nüfus
pork /po:k/ domuz eti
port /po:t/ liman
portable /'po:tıbıl/ taşınabilir
porter /'po:tı/ hamal, taşıyıcı
portion /'po:şın/ parça bölüm; porsiyon
portrait /'po:treyt/ portre
position /pı'zişın/ durum; mevki, yer; konum
positive /'pozitiv/ olumlu; emin
possess /pı'zes/ sahip olmak
possible /'posibıl/ mümkün, olanaklı
possibility /posi'biliti/ imkân, olanak; olasılık
post /poust/ posta; görev, iş; direk; postalamak
postage /'poustic/ posta ücreti
postcard /'poustka:d/ kartpostal
poster /'poustı/ poster, afiş
postman /'poustmın/ postacı
post office /'poust ofis/ postane
postpone /pı'spoun/ ertelemek

pot /pot/ çömlek, kap
potato /pı'teytou/ patates
poultry /'poultri/ kümes hayvanları
pound /paund/ paund, sterlin; libre
pour /po:/ dökmek
poverty /'povıti/ yoksulluk
powder /'paudı/ toz; pudra; barut
power /pauı/ kuvvet; güç; yetki; enerji
powerful /'pauıfıl/ güçlü
practical /'prektikıl/ pratik, kullanışlı; işini bilir, deneyimli
practice /'prektis/ pratik, uygulama
practise /'prektis/ pratik yapmak, alıştırma yapmak
praise /preyz/ övgü; övmek
pram /prem/ çocuk arabası
pray /prey/ dua etmek; yalvarmak
prayer /preı/ dua
preach /pri:ç/ vaaz vermek
precaution /pri'ko:şın/ tedbir, önlem
precious /'preşıs/ değerli
preface /'prefis/ önsöz
prefer /pri'fö:/ tercih etmek, yeğlemek
prefix /'pri:fiks/ önek
pregnant /'pregnınt/ hamile, gebe
prejudice /'precıdis/ önyargı
preliminary /pri'limınıri/ başlangıç niteliğindeki, ilk
premier /'premyı/ başbakan
premium /'pri:miım/ ödül, prim; ikramiye
preparation /prepı'reyşın/ hazırlık
prepare /pri'peı/ hazırlamak; hazırlanmak
preposition /prepı'zişın/ edat, ilgeç
prescription /pri'skripşın/ reçete
present /'prezınt/ mevcut, hazır, bulunan; şimdiki; hediye, armağan
present /pri'zent/ sunmak, vermek
preserve /pri'zö:v/ korumak
president /'prezidınt/ başkan
press /pres/ sıkıştırmak; ütülemek; basın; basımevi
pressure /'preşı/ basınç
pretend /pri'tend/ (yalandan) -miş gibi yapmak, taslamak
pretty /'priti/ hoş, güzel; epey, oldukça
prevent /pri'vent/ önlemek
previous /'pri:viıs/ önceki
price /prays/ fiyat
prick /prik/ (iğne, vb.) batırmak, sokmak
pride /prayd/ gurur, kibir
priest /pri:st/ rahip, papaz
primary /'praymıri/ ilk, birinci; en önemli, ana
prime minister /praym 'ministı/ başbakan
primitive /'primıtiv/ ilkel
prince /prins/ prens
princess /prin'ses/ prenses
principal /'prinsipıl/ en önemli, başlıca; okul müdürü
principle /'prinsipıl/ ilke
print /print/ (kitap, vb.) basmak
prison /'prizın/ hapishane
prisoner /'prizını/ tutuklu; tutsak
private /'prayvit/ özel
privilege /'privilic/ ayrıcalık
prize /prayz/ ödül
probable /'probıbıl/ muhtemel, olası
probably /'probıbli/ muhtemelen
problem /'problım/ sorun; problem
procedure /prı'si:cı/ yöntem, işlem
proceed /prı'si:d/ ilerlemek
process /'prouses/ yöntem, işlem, yol; süreç
procession /prı'seşın/ tören alayı, alay
produce /prı'dyu:s/ üretmek, yapmak
produce /'prodyu:s/ ürün
product /'prodakt/ ürün
production /prı'dakşn/ üretim
profession /prı'feşın/ meslek, iş
professional /prı'feşnıl/ mesleki;

profesyonel
professor /prı'fesı/ profesör
proficiency /pro'fişınsi/ yeterlik
profit /'profit/ kazanç
programme /'prougrem/ program
progress /'prougres/ ilerleme
progress /prı'gres/ ilerlemek
prohibit /prou'hibit/ yasaklamak
project /'procekt/ proje, tasarı
projector /prı'cektı/ projektör
prominent /'prominınt/ çıkık, fırlak; önemli
promise /'promis/ söz, söz vermek
promote /prı'mout/ terfi ettirmek
promotion /prı'mouşın/ terfi; tanıtım
prompt /prompt/ hemen, hazır, tez
pronoun /'prounaun/ zamir, adıl
pronounce /prı'nauns/ telaffuz etmek, söylemek
pronunciation /prınansi'eyşın/ telaffuz, sesletim
proof /pru:f/ delil, kanıt
propeller /prı'pelı/ pervane
proper /'propı/ uygun; doğru dürüst
properly /'propıli/ doğru dürüst
property /'propıti/ mal, mülk, arazi, emlak
prophet /'profit/ peygamber
proportion /prı'po:şın/ oran
proposal /prı'pouzl/ öneri
propose /prı'pouz/ önermek; evlenme teklif etmek
proprietor /pro'prayıtı/ mal sahibi
prospect /'prospekt/ görünüş; umut
prospectus /prı'spektıs/ prospektüs, tanıtmalık
prosper /'prospı/ başarılı olmak; gelişmek, ilerlemek
prosperity /pro'sperıti/ başarı; refah, gönenç
prosperous /'prospırıs/ başarılı; müreffeh, gönençli
prostitute /'prostityu:t/ fahişe, orospu
protect /prı'tekt/ korumak
protection /prı'tekşın/ himaye, koruma
protest /'proutest/ itiraz, karşı çıkma
protest /prı'test/ itiraz etmek, karşı çıkmak
Protestant /'protistınt/ Protestan
proud /praud/ gururlu; kendini beğenmiş
prove /pru:v/ ispat etmek, kanıtlamak
proverb /'provö:b/ atasözü
provide /prı'vayd/ temin etmek, sağlamak
province /'provins/ il; eyalet
provision /prı'vijın/ tedarik, hazırlık
provoke /prı'vouk/ tahrik etmek
p.s. /pi:'es/ (mektup sonundaki) not
psychological /saykı'locikıl/ psikolojik
psychologist /say'kolıcist/ psikolog, ruhbilimci
psychology /say'kolıci/ psikoloji, ruhbilim
psychotherapy /saykou'terıpi/ psikoterapi
pub /pab/ birahane
public /'pablik/ halka ait; genel, kamu, halk
publication /pabli'keyşın/ yayım, yayın
publish /'pabliş/ yayımlamak
pull /pul/ çekmek
pullover /'pulouvı/ kazak
pulse /pals/ nabız
pump /pamp/ pompa; pompalamak
pumpkin /'pampkin/ kabak
punch /panç/ yumruk; yumruklamak
punctual /'pankçuıl/ zamanında gelen, dakik
punctuation /pankçu'eyşın/ noktalama
puncture /'pankçı/ patlak; patlat-

mak
punish /'paniş/ cezalandırmak
punishment /'panişmınt/ ceza
pupil /'pyu:pil/ öğrenci
puppet /'papit/ kukla
pure /pyuı/ saf, katıksız; temiz
purple /'pö:pıl/ mor
purpose /'pö:pıs/ maksat, amaç
purse /pö:s/ para çantası
pursue /pı'syu:/ kovalamak
push /puş/ itmek
put /put/, **put** /put/ koymak
puzzle /'pazıl/ bilmece; şaşırtmak
pyjamas /pı'ca:mız/ pijama
pyramid /'pirımid/ piramit

Q

qualification /kwolifi'keyşın/ nitelik
qualified /'kwolifayd/ vasıflı, nitelikli
qualify /'kwolifay/ nitelendirmek
quality /'kwolıti/ nitelik; özellik
quantity /'kwontıti/ nicelik; miktar
quarrel /'kworıl/ kavga, atışma; kavga etmek, atışmak
quarter /'kwo:tı/ çeyrek
quarters /'kwo:tız/ karargâh, kışla
quay /ki:/ rıhtım, iskele
queen /kwi:n/ kraliçe
queer /kwiı/ acayip, garip
quench /kwenç/ gidermek, dindirmek
query /'kwiıri/ soru; sormak
question /'kwesçın/ soru; sorun; soru sormak; sorguya çekmek
queue /kyu:/ bekleyen kişiler, kuyruk; kuyruk olmak
quick /kwik/ çabuk, hızlı
quickly /'kwikli/ çabuk, hızlı
quiet /'kwayıt/ sakin, sessiz
quietly /'kwayıtli/ sessizce, yavaşça
quilt /kwilt/ yorgan
quite /kwayt/ tamamen, büsbütün; hayli, epey
quiver /'kwivı/ titremek
quiz /kwiz/ bilgi yarışması; kısa sınav, yoklama
quotation /kwou'teyşın/ iktibas, alıntı
quotation marks /kwou'teyşın ma:ks/ tırnak işareti
quote /kwout/ iktibas etmek, alıntılamak

R

rabbit /'rebit/ adatavşanı
race /reys/ ırk; yarış; yarışmak
rack /rek/ raf
racket /'rekit/ raket
radar /'reyda:/ radar
radiator /'reydieytı/ radyatör
radio /'reydiou/ radyo
radish /'rediş/ turp
radius /'reydiıs/ yarıçap
raft /ra:ft/ sal
rag /reg/ paçavra, bez parçası
rage /reyc/ öfke, hiddet
raid /reyd/ akın, baskın; baskın yapmak
rail /reyl/ parmaklık; demiryolu
railway /'reylwey/ demiryolu
rain /reyn/ yağmur; yağmur yağmak
rainbow /'reynbou/ gökkuşağı
rainy /'reyni/ yağmurlu
raise /reyz/ kaldırmak; yükseltmek
raisin /'reyzın/ kuru üzüm
rake /reyk/ tırmık
ram /rem/ koç
Ramadan /remı'den/ ramazan
range /reync/ sıra, dizi; sınıf, çeşit; menzil, erim
rank /renk/ rütbe
ransom /'rensım/ fidye, kurtulmalık
rapid /'repid/ hızlı
rare /reı/ nadir, seyrek
rarely /'reıli/ nadiren, seyrek olarak

rascal /'ra:skıl/ serseri, hergele, kopuk
rash /reş/ aceleci, düşüncesiz
rat /ret/ fare, sıçan
rate /reyt/ oran; hız; ölçü
rather /'ra:dı/ oldukça; tercihan
rational /'reşnıl/ mantıklı
raw /ro:/ pişmemiş, çiğ; ham
ray /rey/ ışın
razor /'reyzı/ tıraş makinesi; ustura
razor blade /'reyzı bleyd/ jilet
reach /ri:ç/ varmak, ulaşmak; yetişmek, dokunmak
react /ri'ekt/ tepki göstermek
reaction /ri'ekşın/ tepki; reaksiyon, tepkime
read /ri:d/, **read** /red/ okumak
reader /'ri:dı/ okur
ready /'redi/ hazır; istekli
real /'riıl/ hakiki, gerçek
real estate /'riıl isteyt/ taşınmaz mal
reality /ri'elıti/ gerçek; gerçeklik
realize /'riılayz/ farkına varmak, anlamak; gerçekleştirmek
really /'riıli/ gerçekten
rear /riı/ geri, arka; gerideki, arkadaki; yetiştirmek, büyütmek
reason /'ri:zın/ neden, gerekçe; akıl; muhakeme etmek, uslamlamak
reasonable /'ri:zınıbıl/ makul
reassure /ri:ı'şuı/ moral vermek, rahatlatmak
rebel /'rebıl/ asi
rebel /ri'bel/ isyan etmek, baş kaldırmak
receipt /ri'si:t/ makbuz, alındı
receive /ri'si:v/ (verileni, gönderileni) almak
receiver /ri'si:vı/ ahize, alıcı
recent /'ri:sınt/ yeni, son
recently /'ri:sıntli/ yakınlarda, geçenlerde
reception /ri'sepşın/ kabul
receptionist /ri'sepşınist/ resepsiyonist
recipe /'resıpi/ yemek tarifesi
reckless /'reklis/ dikkatsiz, düşüncesiz
reckon /'rekın/ sanmak; hesaplamak, saymak
recognize /'rekıgnayz/ tanımak
recommend /rekı'mend/ tavsiye etmek
recommendation /rekımen'deyşın/ tavsiye
record /'reko:d/ kayıt; plak; rekor
record /ri'ko:d/ kaydetmek
record-player /'reko:d-pleyı/ pikap
recover /ri'kavı/ geri almak; iyileşmek; ayılmak
recovery /ri'kavıri/ geri alma; iyileşme
recreation /rekri'eyşın/ boş zaman etkinliği, eğlence
recruit /ri'kru:t/ acemi er; askere almak
rectangle /'rektengıl/ dikdörtgen
rectangular /rek'tengyulı/ dikdörtgen biçiminde
red /red/ kırmızı
Red Cross /red 'kros/ Kızılhaç
reduce /ri'dyu:s/ azaltmak, indirmek
reduction /ri'dakşın/ azaltma; indirim
reel /ri:l/ makara, bobin
refer /ri'fö:/ başvurmak, bakmak; -den söz etmek, değinmek
referee /refı'ri:/ hakem
reference /'refırıns/ başvurma; referans
reflect /ri'flekt/ yansıtmak; düşünmek
reflection /ri'flekşın/ yansıma; yansıyan şey
reform /ri'fo:m/ reform, düzeltme; ıslah etmek, düzeltmek
refresh /ri'freş/ canlandırmak, dinlendirmek
refreshments /ri'freşmınts/ yiyecek, içecek

refrigerator /ri'fricıreytı/ buzdolabı
refuge /'refyuc/ sığınak
refuge /'refyuci:/ mülteci
refund /ri'fand/ (parayı) geri vermek
refusal /ri'fyu:zıl/ ret
refuse /ri'fyu:z/ reddetmek
regard /ri'ga:d/ olarak görmek, saymak
regarding /ri'ga:ding/ hakkında
regards /ri'ga:dz/ selam
region /'ri:cın/ bölge, yöre
register /'recistı/ sicil, kütük; liste; kaydetmek; göstermek
registered letter /recistıd 'letı/ taahhütlü mektup
regret /ri'gret/ üzülmek; pişman olmak; üzüntü; pişmanlık
regular /'regyulı/ düzenli
regulate /'regyuleyt/ düzenlemek
regulations /regyu'leyşınz/ yönetmelik, tüzük
rehearsal /ri'hö:sıl/ prova
rehearse /ri'hö:s/ tekrarlamak, yinelemek; prova etmek
reign /reyn/ hükümdarlık dönemi, devir; saltanat sürmek
rein /reyn/ dizgin
reinforce /ri:in'fo:s/ takviye etmek, güçlendirmek
reject /ri'cekt/ reddetmek
relate /ri'leyt/ ilgili olmak; anlatmak
related /ri'leytid/ ilgili, ilişkin; akraba olan
relation /ri'leyşın/ ilişki, ilgi; akraba
relationship /ri'leyşınşip/ ilişki, ilgi; akrabalık
relative /'relıtiv/ akraba
relax /ri'leks/ dinlendirmek; dinlenmek
release /ri'li:s/ serbest bırakmak; piyasaya çıkarmak; satışa sunmak
reliable /ri'layıbıl/ güvenilir
relief /ri'li:f/ ferahlama; kabartma
relieve /ri'li:v/ ferahlatmak; kurtarmak
religion /ri'licın/ din; inanç
religious /ri'licıs/ dinsel; dindar
reluctant /ri'laktınt/ isteksiz
rely /ri'lay/ güvenmek
remain /ri'meyn/ kalmak
remark /ri'ma:k/ söz; söylemek, demek
remedy /'remıdi/ çare; ilaç
remember /ri'membı/ hatırlamak, anımsamak
remind /ri'maynd/ hatırlatmak, anımsatmak
remote /ri'mout/ uzak
remove /ri'mu:v/ kaldırmak; çıkarmak
renew /ri'nyu:/ yenilemek
rent /rent/ kira; kiralamak
repair /ri'peı/ onarmak; onarım
repay /ri'pey/, **repaid** /ri'peyd/ (parayı) geri vermek, ödemek
repeat /ri'pi:t/ tekrarlamak, yinelemek
repetition /repı'tişın/ tekrar, yineleme
replace /ri'pleys/ eski yerine koymak; yenilemek, değiştirmek
replacement /ri'pleysmınt/ yerine koyma; yenileme, değiştirme
reply /ri'play/ yanıt, karşılık; yanıtlamak
report /ri'po:t/ rapor; öğrenci karnesi; rapor vermek; anlatmak
reporter /ri'po:tı/ gazete muhabiri
represent /repri'zent/ temsil etmek; göstermek
representative /repri'zentıtiv/ temsilci
reproach /ri'prouç/ suçlamak
reproduce /ri:prı'dyu:s/ doğurmak; kopyasını çıkarmak
reproduction /ri:prı'dakşın/ üreme; kopya
reptile /'reptayl/ sürüngen
republic /ri'pablik/ cumhuriyet
reputation /repyu'teyşın/ ün

request /ri'kwest/ rica; istek; rica etmek; istemek
require /ri'kwayı/ ihtiyacı olmak, gereksinmek
requirement /ri'kwayımınt/ istek; gereksinim
rescue /'reskyu:/ kurtarma; kurtarmak
research /ri'sö:ç/ araştırma; araştırmak
resemble /ri'zembıl/ benzemek, andırmak
resent /ri'zent/ içerlemek, kızmak
reservation /rezı'veyşın/ yer ayırtma
reserve /ri'zö:v/ ayırmak; yedek
reserved /ri'zö:vd/ çekingen, sıkılgan; (yer, vb.) tutulmuş, ayırtılmış
reservoir /'rezıvwa:/ su deposu; bent
residence /'rezidıns/ konut
resign /ri'zayn/ istifa etmek
resignation /rezig'neyşın/ istifa
resist /ri'zist/ karşı koymak, direnmek; dayanmak
resistance /ri'zistıns/ direnme; dayanma; direnç
resolution /rezıl'u:şın/ azim; karar
resolve /ri'zolv/ karar vermek
resort /ri'zo:t/ tatil yeri, yazlık
resources /ri'zo:siz/ mali olanaklar, kaynaklar
respect /ri'spekt/ saygı; münasebet, bakım; saygı göstermek
respond /ri'spond/ karşılık vermek; yanıtlamak
response /ri'spons/ karşılık; yanıt
responsibility /risponsı'bilıti/ sorumluluk
responsible /ri'sponsıbıl/ sorumlu
rest /rest/ dinlenme; geri kalan miktar, artan; dinlenmek; koymak, yaslamak
restaurant /'restront/ restoran, lokanta
restless /'restlis/ rahatsız, huzursuz
restoration /restı'reyşın/ onarım, yenileme; geri verme
restore /ri'sto:/ onarmak, yenilemek; geri vermek
restrain /ri'streyn/ zapt etmek, tutmak
restrict /ri'strikt/ sınırlamak, kısıtlamak
result /ri'zalt/ sonuç; sonuçlanmak (in; ile)
resume /ri'zyu:m/ yeniden başlamak
retail /'ri:teyl/ perakende satış
retire /ri'tayı/ emekli olmak
retired /ri'tayıd/ emekli
retirement /ri'tayımınt/ emeklilik
retreat /ri'tri:t/ (geri) çekilmek
return /ri'tö:n/ dönmek; geri vermek; dönüş
return ticket /ri'tö:n tikit/ gidiş dönüş bileti
reveal /ri'vi:l/ açığa vurmak, ortaya çıkarmak
revenge /ri'venc/ öç; öcünü almak
reverend /'revırınd/ (papazlar için) saygıdeğer
reverse /ri'vö:s/ tersine çevirmek; geri gitmek; ters
review /ri'vyu:/ eleştiri; dergi; (kitap, film, vb.) eleştirmek
revise /ri'vayz/ yeniden gözden geçirmek
revision /ri'vijın/ gözden geçirme
revive /ri'vayv/ canlanmak, canlandırmak
revolt /ri'voult/ başkaldırmak, ayaklanmak; iğrendirmek; ayaklanma
revolution /revı'lu:şın/ devrim
revolve /ri'volv/ dönmek
reward /ri'wo:d/ ödül; ödül vermek
rheumatism /'ru:mıtizım/ romatizma
rhyme /raym/ kafiye, uyak
rhythm /'ridım/ ritim, dizem
rib /rib/ kaburga kemiği
ribbon /'ribın/ kurdele, şerit, bant
rice /rays/ pirinç; pilav

rich /riç/ zengin, varlıklı
riches /'riçiz/ servet, varlık
riddle /'ridıl/ bilmece
ride /rayd/, **rode** /roud/, **ridden** /ridın/ binmek; binme; (at, vb. ile) gezme
ridge /ric/ sırt; tepe
ridiculous /ri'dikyulıs/ gülünç; saçma
rifle /'rayfıl/ tüfek
right /rayt/ doğru; elverişli, uygun; haklı; sağ
rind /raynd/ kabuk
ring /ring/ halka; yüzük; ring
ring /ring/, **rang** /reng/, **rung** /rang/ çalmak; telefon etmek
riot /'rayıt/ kargaşa, gürültü, patırtı; gürültü patırtı çıkarmak, karışıklık çıkarmak
ripe /rayp/ olgun
rise /rayz/, **rose** /rouz/, **risen** /'rizın/ çıkmak; yükselmek; (güneş) doğmak; yükseliş, çıkış; (güneş) doğuş
risk /risk/ tehlike; tehlikeye atmak
risky /'riski/ tehlikeli
rival /'rayvıl/ rakip
river /'rivı/ nehir, ırmak
road /roud/ cadde, sokak, yol
roam /roum/ dolaşmak
roar /ro:/ kükremek; kükreme
roast /roust/ kızartmak; kavurmak
rob /rob/ soymak, çalmak
robber /'robı/ soyguncu
robbery /'robıri/ soygun
robe /roub/ cüppe, kaftan, rop
robot /'roubot/ robot
rock /rok/ kaya; sallamak; sallanmak
rocky /'roki/ kaya dolu, kayalık
rocket /'rokit/ roket, füze
rod /rod/ değnek, çubuk
role /roul/ rol
roll /rol/ yuvarlamak; dürmek, sarmak; yuvarlanma; top, rulo; tomar; küçük ekmek; liste, kayıt
roller /'roulı/ silindir
Roman Catholic /'roumın 'ketılik/ Katolik
Romania /ru:'meynii/ Romanya
romance /rou'mens/ aşk; aşk hikâyesi
romantic /rou'mentik/ romantik
roof /ru:f/ dam, çatı
room /ru:m/ oda
root /ru:t/ kök
rope /roup/ ip; halat
rose /rouz/ gül
rot /rot/ çürümek
rotate /rou'teyt/ dönmek
rotten /'rotın/ çürük, bozuk; berbat
rough /raf/ pürüzlü, engebeli; kaba, sert
round /raund/ yuvarlak; çevresine, çevresinde
roundabout /'raundıbaut/ atlıkarınca; yuvarlak kavşak, döner ada
route /ru:t/ rota; yol
routine /ru:'ti:n/ âdet, usul, görenek
row /rou/ sıra, dizi; kürek çekmek
row /rau/ gürültü, patırtı
royal /'royıl/ krala ait; şahane
rub /rab/ ovmak; sürtmek; sürmek
rubber /'rabı/ lastik, kauçuk; silgi
rubbish /'rabiş/ süprüntü, çöp; saçmalık
ruby /'ru:bi/ yakut
rude /ru:d/ terbiyesiz, kaba
rug /rag/ kilim
ruin /'ru:in/ harap etmek, yıkmak; berbat etmek; harabe, yıkıntı
rule /ru:l/ yönetmek; (cetvelle) çizmek; kural; yasa
ruler /'ru:lı/ hükümdar; cetvel
rum /ram/ rom
rumour /'ru:mı/ söylenti
run /ran/, **ran** /ren/, **run** /ran/ koşmak; işletmek, yönetmek; çalışmak, işlemek; akmak; koşu
runner /'ranı/ koşucu
running /'raning/ akan, akar; sürek-

li; cari
runway /'ranwey/ uçak pisti
rush /raş/ acele etmek, seğirtmek; acele
Russia /'raşı/ Rusya
Russian /'raşın/ Rus; Rusça
rust /rast/ pas; paslanmak
rustle /'rasıl/ hışırtı; hışırdamak
ruthless /'ru:tlis/ acımasız
rye /ray/ çavdar

S

sabotage /'sebıta:j/ sabotaj
sack /sek/ torba, çuval; işten atmak, kovmak
sacred /'seykrid/ kutsal
sacrifice /'sekrifays/ kurban; özveri; kurban etmek; feda etmek
sad /sed/ üzgün; acıklı, üzücü
saddle /'sedıl/ eyer, semer
safari /sı'fa:ri/ safari, av
safe /seyf/ emniyette; emin; sağlam; demir kasa
safety /'seyfti/ emniyet, güvenlik
sag /seg/ bel vermek, eğilmek, sarkmak
sail /seyl/ yelken; yelkenliyle gitmek
sailor /'seylı/ denizci
saint /seynt/ aziz, ermiş
sake /seyk/ hatır
salad /'selıd/ salata
salary /'selıri/ maaş, aylık
sale /seyl/ satış
salesman /'seylzmın/ satıcı
salmon /'semın/ som balığı
saloon /sı'lu:n/ bar; meyhane
salt /so:lt/ tuz
salty /'so:lti/ tuzlu
salute /sı'lu:t/ selam; selamlamak
same /seym/ aynı; benzer, tıpkısı
sample /'sa:mpıl/ nümune, örnek
sand /send/ kum
sandal /'sendıl/ sandal, çarık
sands /sendz/ plaj, kumsal
sandy /sendi/ kumlu
sandwich /'sendwiç/ sandviç
sardine /sa:'din/ sardalye
satellite /'setılayt/ uydu
satisfaction /setis'fekşın/ memnuniyet; tatmin
satisfactory /setisf'ektıri/ memnun edici; tatminkâr
satisfy /'setisfay/ tatmin etmek; memnun etmek
Saturday /'setıdi/ cumartesi
sauce /so:s/ salça, terbiye
saucepan /'so:spın/ saplı tencere
saucer /'so:sı/ fincan tabağı
Saudi Arabia /saudi ı'reybiı/ Suudi Arabistan
sausage /'sosic/ sucuk, sosis
savage /'sevic/ vahşi
save /seyv/ kurtarmak; biriktirmek
savings /'seyvingz/ tasarruf, birikmiş para
saviour /'seyvyı/ kurtarıcı
saw /so:/ testere, bıçkı; (testereyle) kesmek
say /sey/, **said** /sed/ demek, söylemek
scab /skeb/ yara kabuğu
scaffolding /'skefılding/ yapı iskelesi
scale /skeyl/ ölçek; ölçü; cetvel; (balık, vb.'de) pul
scales /skeylz/ terazi
scandal /'skendıl/ rezalet, skandal
scar /ska:/ yara izi
scarce /skeıs/ nadir, kıt, seyrek
scarcely /'skeısli/ hemen hiç; güçlükle
scare /skeı/ korku; korkutmak
scarf /ska:f/ eşarp, kaşkol, atkı
scarlet /'ska:lit/ kırmızı, al
scatter /'sketı/ saçmak; dağıtmak
scenario /si'na:riou/ senaryo
scene /si:n/ sahne; olay yeri
scenery /'si:nıri/ manzara

scent /sent/ koku; parfüm
schedule /'şedyu:l, ske-/ program; liste
scheme /ski:m/ plan, proje, tasarı
scholar /'skolı/ bilgin; burslu öğrenci
scholarship /'skolışip/ burs
school /sku:l/ okul
science /'sayıns/ bilim
scientific /sayın'tifik/ bilimsel
scientist /'sayıntist/ bilim adamı
scissors /'sizız/ makas
scold /skould/ azarlamak
scope /skoup/ saha, alan
score /sko:/ puan, sayı; (puan, sayı) kazanmak
scorn /sko:n/ hor görmek, küçümsemek
Scorpio /'sko:piou/ Akrep burcu
scorpion /'sko:piın/ akrep
Scot /skot/ İskoçyalı
Scotland /'skotlınd/ İskoçya
Scottish /'skotiş/ İskoç
scout /skaut/ izci
scramble /'skrembıl/ sürünerek tırmanmak; (yumurtayı) çırpıp yağ ve sütle pişirmek
scrape /skreyp/ kazımak; sıyırmak
scratch /skreç/ çizik, sıyrık, tırmık; kazımak, çizmek; tırmalamak
scream /skri:m/ çığlık; çığlık atmak
screen /skri:n/ perde; ekran
screw /skru:/ vida; vidalamak
screwdriver /'skru:drayvı/ tornavida
scribble /'skribıl/ çalakalem yazmak, çızıktırmak
script /skript/ senaryo
sculptor /'skalptı/ heykeltıraş, yontucu
sculpture /'skalpçı/ heykeltıraşlık, yontuculuk; heykel, yontu
sea /si:/ deniz
seagull /'si:gal/ martı
seal /si:l/ mühür; mühürlemek
seaman /'si:mın/ denizci, gemici
search /sö:ç/ arama, araştırma; aramak, araştırmak
seaside /'si:sayd/ deniz kıyısı
season /'si:zın/ mevsim
seat /si:t/ oturacak yer; koltuk
second /'sekınd/ ikinci; saniye
secondary school /'sekındri sku:l/ orta (dereceli) okul
second-hand /sekınd'hend/ elden düşme, kullanılmış
secret /'si:krit/ gizli; sır
secretary /'sekrıtri/ sekreter
section /'sekşın/ parça; bölüm
secure /si'kyuı/ emin; sağlam
security /si'kyuriti/ emniyet, güvenlik; teminat, güvence
seduce /si'dyu:s/ ayartmak
see /si:/, **saw** /so:/, **seen** /si:n/ görmek; anlamak
seed /si:d/ tohum
seek /si:k/, **sought** /so:t/ aramak
seem /si:m/ gibi görünmek
seep /si:p/ sızmak
seesaw /'si:so:/ tahterevalli
seize /si:z/ ele geçirmek, yakalamak; zapt etmek
seldom /'seldım/ nadiren, seyrek
select /si'lekt/ seçmek
selection /si'lekşın/ seçme parçalar; seçme
self /self/ kendi
selfish /'selfiş/ bencil
sell /sel/, **sold** /sould/ satmak
seller /'selı/ satıcı
semester /si'mestı/ sömestr, yarıyıl
semicircle /'semisö:kıl/ yarım daire
semicolon /semi'koulın/ noktalı virgül
senate /'senıt/ senato
senator /'senıtı/ senatör
send /send/, **sent** /sent/ göndermek
senior /'si:nyı/ yaşça daha büyük; kıdemli
sense /sens/ duyu; zekâ, anlayış; anlam; hissetmek, sezmek; anlamak

sensitive /'sensitiv/ hassas, duyarlı
sentence /'sentıns/ cümle, tümce
separate /'seprıt/ ayrı
separate /'sepıreyt/ ayırmak; ayrılmak
September /sep'tembı/ eylül
sergeant /'sa:cınt/ çavuş; komiser muavini
serial /'siıriıl/ tefrika, dizi
series /'siıri:z/ dizi
serious /'siıriıs/ ciddi
sermon /'sö:mın/ vaaz
servant /'sö:vınt/ hizmetçi
serve /sö:v/ hizmet etmek; servis yapmak, bakmak
service /'sö:vis/ hizmet; servis
session /'seşın/ toplantı
set /set/ takım; cihaz, aygıt, alıcı; koymak; hazırlamak; ayarlamak; (güneş) batmak
settle /'setıl/ yerleşmek; yatışmak; yatıştırmak
settlement /'setılmınt/ yerleşme, yerleştirme
seven /'sevın/ yedi
seventeen /sevın'ti:n/ on yedi
seventy /'sevınti/ yetmiş
several /'sevrıl/ birkaç; birçok; çeşitli
severe /sı'viı/ şiddetli, sert
sew /sou/ dikmek
sewing /'souing/ dikiş
sewing machine /'souing mışi:n/ dikiş makinesi
sex /seks/ cinsiyet, eşey; cinsel ilişki, seks
sexy /'seksi/ seksi
shade /şeyd/ gölge; renk (tonu)
shadow /'şedou/ gölge
shaft /şa:ft/ şaft, mil
shake /şeyk/, **shook** /şuk/, **shaken** /'şeykın/ sallamak; çalkalamak; sallanmak
shall /şıl, şel/ -ceğim; -ceğiz
shallow /'şelou/ sığ
shame /şeym/ utanma, ar; utanç, ayıp
shampoo /şem'pu:/ şampuan
shape /şeyp/ biçim; biçimlendirmek
share /şeı/ pay; paylaştırmak
shark /şa:k/ köpekbalığı
sharp /şa:p/ keskin; dokunaklı, acı; açıkgöz, uyanık
sharpen /'şa:pın/ bilemek; sivriltmek
shatter /'şetı/ paramparça etmek
shave /şeyv/ tıraş olmak; tıraş etmek; tıraş
shawl /şo:l/ şal, atkı
she /şi, şi:/ (dişil) o
shed /şed/ baraka, kulübe
shed /şed/, **shed** /şed/ dökmek, akıtmak
sheep /şi:p/ (çoğulu **sheep**) koyun
sheet /şi:t/ tabaka, yaprak; çarşaf
shelf /şelf/ raf
shell /şel/ kabuk
shelter /'şeltı/ sığınak; sığınmak
shepherd /'şepıd/ çoban
sheriff /'şerif/ şerif
shield /şi:ld/ kalkan
shift /şift/ vardiya; (yerini) değiştirmek
shine /şayn/, **shone** /şon/ parlamak
ship /şip/ gemi
shipyard /'şipya:d/ tersane
shirt /şö:t/ gömlek
shiver /'şivı/ titremek
shock /şok/ şok; şoke etmek, şaşırtmak
shoe /şu:/ ayakkabı
shoot /şu:t/, **shot** /şot/ ateş etmek; (silahla) vurmak; şut çekmek; filiz, sürgün
shop /şop/ dükkân, mağaza
shopkeeper /'şopki:pı/ dükkâncı
shopping /'şoping/ alışveriş
shore /şo:/ sahil, kıyı
short /şo:t/ kısa; kısa boylu
shorten /'şo:tın/ kısalmak; kısalt-

mak
shorthand /'şo:thend/ steno
shortly /'şo:tli/ az sonra, yakında; kısaca
shorts /şo:ts/ şort
shot /şot/ silah sesi; (futbol) şut; girişim, deneme
should /şıd, şud/ -se iyi olur, gerekir, -meli, -malı; -cektim, -cektik
shoulder /'şouldı/ omuz
shout /şaut/ bağırma; bağırmak
shovel /'şavl/ kürek
show /şou/, **showed** /şoud/, **shown** /şoun/ göstermek; gösteri; sergi
shower /şauı/ duş; sağanak
shrewd /şru:d/ işini bilir, açıkgöz
shrimp /şrimp/ karides
shrink /şrink/, **shrank** /şrenk/, **shrunk** /şrank/ küçülmek, çekmek; daraltmak, büzmek
shrub /şrab/ funda, çalı
shudder /'şadı/ irkilmek, titremek
shut /şat/, **shut** /şat/ kapamak; kapanmak
shutter /'şatı/ kepenk, panjur
shy /şay/ utangaç, sıkılgan
sick /sik/ midesi bulanmış; hasta
sickness /'siknis/ hastalık
side /sayd/ taraf; yan; kenar
sigh /say/ iç çekiş; iç çekmek
sight /sayt/ görüş; manzara, görünüm
sightseeing /'saytsi:ing/ turistik yerleri gezip görme
sign /sayn/ işaret; belirti, iz; tabela; imzalamak
signal /'signıl/ işaret, sinyal
signature /'signıçı/ imza
significance /sig'nifikıns/ anlam; önem
significant /sig'nifikınt/ anlamlı; önemli
silence /'saylıns/ sessizlik
silent /'saylınt/ sessiz
silk /silk/ ipek
silly /'sili/ aptal; saçma, gülünç
silver /'silvı/ gümüş
similar /'similı/ benzer
similarity /simi'lerıti/ benzerlik
simple /'simpıl/ basit, yalın; kolay
simplify /'simplifay/ sadeleştirmek, kolaylaştırmak
sin /sin/ günah
since /sins/ -den beri
sincere /sin'siı/ samimi, içten
sincerely /sin'siıli/ içtenlikle
sing /sing/, **sang** /seng/, **sung** /sang/ şarkı söylemek; ötmek
singer /'singı/ şarkıcı
single /'singıl/ tek; tek kişilik; bekâr
single ticket /singıl 'tikit/ gidiş bileti
singular /'singyulı/ tekil
sink /sink/, **sank** /senk/, **sunk** /sank/ batmak
sink /sink/ mutfak lavabosu
sip /sip/ yudum; yudumlamak
sir /sö:/ efendim; efendi
siren /'sayırın/ canavar düdüğü, siren
sister /'sistı/ kız kardeş
sister-in-law /'sistırinlo:/ görümce; yenge; baldız; elti
sit /sit/, **sat** /set/ oturmak
site /sayt/ yer
sitting room /'siting rum/ oturma odası
situation /siçu'eyşın/ konum, yer
six /siks/ altı
sixteen /siks'ti:n/ on altı
sixty /'siksti/ altmış
size /sayz/ boy; hacim, oylum; (ayakkabı, vb.) numara, beden
skate /skeyt/ paten; patenle kaymak
skeleton /'skelitın/ iskelet
sketch /skeç/ kroki, taslak
ski /ski:/ kayak; kayak yapmak
skid /skid/ yana kaymak
skilful /'skilfıl/ becerikli, usta
skill /skil/ beceri, ustalık
skin /skin/ deri, cilt

skinny /skini/ bir deri bir kemik, sıska
skirt /skö:t/ etek
skull /skal/ kafatası
sky /skay/ gök, gökyüzü
skyscraper /'skayskreypı/ gökdelen
slack /slek/ gevşek
slam /slem/ (kapıyı) çarparak kapamak; yere vurmak
slander /'sla:ndı/ iftira; iftira etmek
slang /sleng/ argo
slap /slep/ şamar, tokat; tokat atmak
slaughter /'slo:tı/ hayvan kesmek; katliam
slave /sleyv/ köle
slavery /'sleyvıri/ esaret, kölelik
sleep /sli:p/, **slept** /slept/ uyumak; uyku
sleepy /'sli:pi/ uykulu
sleeve /sli:v/ elbise kolu, yen
slender /'slendı/ fidan gibi, narin, incecik
slice /slays/ dilim; dilimlemek
slide /slayd/, **slid** /slid/ kaymak; kaydırmak; kaydırak
slight /slayt/ hafif, önemsiz
slim /slim/ narin, incecik
sling /sling/ askı
slip /slip/ kaymak; hata, yanlışlık
slipper /'slipı/ terlik
slippery /'slipıri/ kaygan
slit /slit/, **slit** /slit/ yarmak; yarık, yırtık
slogan /'slougın/ slogan, parola
slope /sloup/ bayır, yokuş; eğim
slot /slot/ delik, yarık
slow /slou/ yavaş
slowly /'slouli/ yavaş (yavaş)
sly /slay/ kurnaz
smack /smek/ şamar, şaplak; şaplak atmak
small /smo:l/ küçük
smart /sma:t/ zarif, şık; zeki, kurnaz
smash /smeş/ (şangırtıyla) parçalamak
smell /smel/, **smelt** /smelt/ koklamak; kokmak; koku
smile /smayl/ gülümsemek; gülümseme
smoke /smouk/ duman; sigara içmek
smooth /smu:t/ düz, pürüzsüz
smuggle /'smagıl/ kaçakçılık yapmak; gümrükten kaçırmak
smuggler /'smaglı/ kaçakçı
snack /snek/ hafif yemek
snail /sneyl/ salyangoz
snake /sneyk/ yılan
snap /snep/ (birdenbire) kopmak, kırılmak
sneer /snii/ alay etmek
sneeze /sni:z/ aksırmak
snob /snob/ züppe
snore /sno:/ horlamak
snow /snou/ kar; kar yağmak
so /sou/ öyle, böyle; bu yüzden; pek, çok; demek (ki)
soak /souk/ sırılsıklam etmek
soap /soup/ sabun
soar /so:/ (fiyat, vb.) yükselmek, fırlamak
sob /sob/ hıçkıra hıçkıra ağlamak
sober /'soubı/ ayık
soccer /'sokı/ futbol
social /'souşıl/ toplumsal
society /sı'sayıti/ toplum; topluluk; sosyete
sock /sok/ kısa çorap
socket /'sokit/ priz
sofa /'soufı/ kanepe
soft /soft/ yumuşak
soften /'sofın/ yumuşamak; yumuşatmak
soil /soyl/ toprak; kirletmek
solar /'soulı/ güneşe ait, güneş
soldier /'soulcı/ asker
sole /soul/ dilbalığı; (ayakkabı, vb.) taban; tek, biricik
solemn /'solım/ ciddi; kutsal
solid /'solid/ katı; som, masif; katı cisim

solo /soulou/ solo
soloist /'soulouist/ solist
solution /sı'lu:şın/ çözüm
some /sam/ birkaç; biraz; bazı, kimi
somebody /'sambıdi/ birisi
somehow /'samhau/ her nasılsa; nasıl olsa; her nedense
someone /'samwan/ birisi
somersault /'samıso::lt/ takla; takla atmak
something /'samting/ bir şey
sometime /'samtaym/ günün birinde, gelecekte
sometimes /'samtaymz/ bazen
somewhere /'samweı/ bir yerde, bir yere
son /san/ oğul
song /song/ şarkı, türkü
soon /su:n/ yakında; birazdan; hemen
sore /so:/ ağrılı, acıyan; yara
sorrow /'sorou/ acı, üzüntü
sorry /'sori/ üzgün; pişman
soul /soul/ ruh, can
sound /saund/ ses; gibi gelmek; ses çıkarmak
soup /su:p/ çorba
sour /sauı/ ekşi
source /so:s/ kaynak
south /saut/ güney
southern /'sadın/ güney
souvenir /'su:vıniı/ hatıra (eşya)
sovereign /'sovrin/ hükümdar
Soviet /'sovyet/ Sovyet
sow /sou/, **sowed** /soud/, **sown** /soun/ tohum ekmek
space /speys/ uzay
spaceman /'speysmın/ astronot, uzayadamı
spaceship /'speysşip/ uzaygemisi
spade /speyd/ bahçıvan beli
Spain /speyn/ İspanya
span /spen/ karış
Spanish /'speniş/ İspanyol; İspanyolca
spanner /'spenı/ somun anahtarı
spare /speı/ yedek, fazla; esirgemek; vermek
spark /spa:k/ kıvılcım
spark plug /'spa:k plag/ buji
sparkle /'spa:kıl/ parıldamak
sparrow /'sperou/ serçe
speak /spi:k/, **spoke** /spouk/, **spoken** /'spoukın/ konuşmak
spear /spiı/ mızrak, kargı
special /'speşıl/ özel
specialist /'speşılist/ uzman
specialize /'speşılayz/ uzmanlaşmak
specially /'speşıli/ özellikle
species /'spi:şi:z/ tür, cins
specific /spı'sifik/ kesin, açık; özel
specimen /'spesimın/ nümune, örnek
spectacles /'spektıkılz/ gözlük
spectator /spek'teytı/ seyirci, izleyici
speech /spi:ç/ konuşma; söylev
speed /spi:d/ hız
spell /spel/ harflerini söylemek
spend /spend/, **spent** /spent/ harcamak; geçirmek
sperm /spö:m/ meni
sphere /sfiı/ küre; yuvar
spice /spays/ baharat
spicy /'spaysi/ baharlı
spider /'spaydı/ örümcek
spill /spil/, **spilt** /spilt/ dökmek
spin /spin/, **spun** /span/ dönmek; bükmek, eğirmek
spinach /'spinic/ ıspanak
spine /spayn/ belkemiği, omurga
spinster /'spinstı/ evlenmemiş yaşlı kız
spiral /'spayırıl/ helezon, sarmal
spirit /'spirit/ ruh, can; ispirto; alkol
spiritual /spiriçuıl/ manevi, tinsel
spit /spit/ **spat** /spet/ tükürmek; tükürük
spite /spayt/ kin; **in spite of** -e rağmen, -e karşın

splash /spleş/ (su, çamur, vb.) sıçratmak
splendid /'splendid/ muhteşem, görkemli
splendour /'splendı/ ihtişam, görkem
split /split/, **split** /split/ yarmak; yarılmak; yarık, çatlak
spoil /spoyl/, **spoilt** /spoylt/ bozmak; şımartmak
spoilt /spoylt/ şımarık
spokesman /'spouksmın/ sözcü
sponge /spanc/ sünger
sponsor /'sponsı/ kefil; kefil olmak
spoon /spu:n/ kaşık
sport /spo:t/ spor
sportsman /'spo:tsmın/ sporcu
spot /spot/ nokta, benek; yer
sprain /spreyn/ burkmak; burkulmak
spray /sprey/ püskürtmek; serpinti
spread /spred/, **spread** /spred/ yaymak; (yağ) sürmek
spring /spring/ ilkbahar; yay; memba, pınar
spring /spring/, **sprang** /spreng/, **sprung** /sprang/ sıçramak
sprinkle /'sprinkıl/ saçmak, serpmek
sprout /spraut/ çimlenmek, bitmek
spy /spay/ casus; gözetlemek
squad /skwod/ ekip, takım
square /skweı/ kare, dördül; meydan, alan
squash /skwoş/ meyve suyu; ezmek
squeeze /skwi:z/ sıkmak
squirrel /'skwirıl/ sincap
stab /steb/ bıçaklamak
stability /stı'bilıti/ istikrar, değişmezlik
stabilize /'steybilayz/ dengede tutmak, değişmezleştirmek
stable /'steybıl/ sabit, değişmez; ahır
stack /stek/ yığın; yığmak
stadium /'steydiım/ stadyum
staff /sta:f/ kadro, personel
stage /steyc/ sahne; aşama, evre
stagger /'stegı/ sendelemek, sallanmak
stain /steyn/ leke; lekelemek
stairs /steız/ merdiven
stake /steyk/ kazık, direk
stale /steyl/ bayat
stall /sto:l/ satış yeri, tezgâh, büfe
stamp /stemp/ pul; damga; pul yapıştırmak; damgalamak
stand /stend/, **stood** /stud/ ayakta durmak, dikelmek; tahammül etmek, katlanmak; durak; tribün
standard /'stendıd/ standart
star /sta:/ yıldız
stare /steı/ uzun uzun bakmak
start /sta:t/ başlamak; başlangıç
starve /sta:v/ açlıktan ölmek
state /steyt/ hal, durum; devlet; eyalet; belirtmek, bildirmek, anlatmak
statement /'steytmınt/ ifade, söz
statesman /'steytsmın/ devlet adamı
station /'steyşın/ istasyon
stationary /'steyşınri/ sabit, yerinde duran
stationery /'steyşınri/ kırtasiye
statue /'steçu:/ heykel, yontu
statute /steçu:t/ yasa
stay /stey/ kalmak
steady /'stedi/ sabit, oynamaz; düzenli
steak /steyk/ biftek
steal /sti:l/, **stole** /stoul/, **stolen** /'stoulın/ hırsızlık yapmak, çalmak
steam /sti:m/ buhar, buğu
steel /sti:l/ çelik
steep /sti:p/ dik, yalçın
steer /stiı/ (bir taşıtı) sürmek
steering wheel /'stiıring wi:l/ direksiyon
stem /stem/ ağaç gövdesi; sap
step /step/ adım; basamak; önlem; üvey
stepfather /'stepfa:dı/ üvey baba
stepmother /'stepmadı/ üvey ana

stern /stö:n/ sert, acımasız
stew /styu:/ yahni, kapama; hafif ateşte pişirmek
steward /'styu:ıd/ kamarot; erkek hostes
stewardess /'styu:ıdes/ hostes
stick /stik/, **stuck** /stak/ yapışmak; saplanmak; yapıştırmak; sopa, değnek
sticky /'stiki/ yapışkan
stiff /stif/ sert, katı; zor, güç
still /stil/ hâlâ; daha (da); yine de; sessiz, durgun
stimulate /'stimyuleyt/ uyarmak, canlandırmak
sting /sting/, **stung** /stang/ (arı, vb.) sokmak
stingy /'stinci/ cimri
stir /stö:/ karıştırmak
stitch /stiç/ dikiş; dikmek
stock /stok/ stok; stok yapmak
stocking /'stoking/ uzun çorap
stomach /'stamık/ mide
stone /stoun/ taş
stool /stu:l/ tabure
stop /stop/ durdurmak; durmak; durak; nokta
store /sto:/ stok; mağaza, dükkân; ambar, depo; depolamak
storeroom /'sto:rum/ depo, ambar
storey /'sto:ri/ (binada) kat
stork /sto:k/ leylek
storm /sto:m/ fırtına
stormy /'sto:mi/ fırtınalı
story /'sto:ri/ hikâye, öykü
stove /stouv/ soba; fırın
straight /streyt/ düz; doğru
straightaway /streytıwey/ derhal
strain /streyn/ germek, zorlamak
strait /streyt/ (coğrafi) boğaz
strange /streync/ acayip, garip
stranger /'streyncı/ yabancı
strangle /'strengıl/ boğmak
strap /strep/ kayış
straw /stro:/ saman
strawberry /'stro:bri/ çilek
stream /stri:m/ çay, dere
street /stri:t/ cadde, sokak
strength /strengt/ kuvvet, güç
strengthen /'strengtın/ güçlendirmek
stress /stres/ gerginlik, sıkıntı; vurgu; vurgulamak
stretch /streç/ uzatmak, germek; uzamak
stretcher /'streçı/ sedye
strict /strikt/ sert, sıkı
strike /strayk/, **struck** /strak/ vurmak; grev yapmak; grev
striker /'straykı/ grevci
string /string/ sicim, ip; (çalgıda) tel
strip /strip/ soymak; soyunmak
stripe /strayp/ çizgi, çubuk, yol
striped /straypt/ yol yol, çizgili
striptease /'stripti:z/ striptiz
stroke /strouk/ vuruş; okşama; okşamak
stroll /stroul/ gezinmek, dolaşmak
strong /strong/ güçlü; sağlam; sert
structure /'strakçı/ yapı
struggle /'stragıl/ mücadele; çaba; mücadele etmek; çabalamak
stubborn /'stabın/ inatçı
student /'styu:dınt/ öğrenci
studio /'styu:diou/ atölye, işyeri; stüdyo
studious /'styu:dıis/ çalışkan
study /'stadi/ öğrenim; inceleme; çalışma odası; okumak, öğrenim görmek; incelem
stuff /staf/ madde; eşya; doldurmak
stuffy /'stafi/ havasız
stumble /'stambıl/ tökezlemek
stupid /'styu:pid/ aptal
sturdy /'stö:di/ gürbüz
style /stayl/ üslup, biçem
subconscious /sab'konşıs/ bilinçaltı
subject /'sabcikt/ konu; ders; özne; tebaa, uyruk

subjunctive /sıb'canktiv/ dilek kipi
submarine /'sabmıri:n/ denizaltı
submit /sıb'mit/ arz etmek, sunmak; boyun eğmek
subordinate /sı'bo:dinıt/ tabi, bağlı
subscribe /sıb'skrayb/ abone olmak
subscriber /sıb'skraybı/ abone
subsequent /'sabsikwınt/ sonraki
substance /'sabstıns/ madde
substitute /'sabstityu:t/ yerine koymak
subtract /sıb'trekt/ çıkarmak
suburb /'sabö:b/ banliyö
subway /'sabwey/ yeraltı geçidi; metro, tünel
succeed /sık'si:d/ başarmak
success /sık'ses/ başarı
successful /sık'sesfıl/ başarılı
such /saç/ böyle, öyle; o kadar, bu kadar; bu tür
suck /sak/ emmek
sudden /'sadın/ ani
suddenly /'sadınli/ aniden, birdenbire
suffer /'safı/ acı çekmek; zarar görmek
sufficient /sı'fişınt/ yeterli
suffocate /'safıkeyt/ boğmak; boğulmak
suffix /'safiks/ sonek
sugar /'şugı/ şeker
suggest /sı'cest/ önermek
suggestion /sı'cesçın/ öneri
suicide /'su:isayd, syu:-/ intihar
suit /su:t/ yakışmak, uymak; takım
suitable /'su:tıbıl/ uygun
suitcase /'su:tkeys/ valiz, bavul
sulk /salk/ küsmek, somurtmak
sultan /'saltın/ sultan
sum /sam/ toplam, tutar
summer /'samı/ yaz
summon /'samın/ gelmesini istemek, çağırmak
sun /san/ güneş
sunbathe /'sanbeyd/ güneşlenmek
sunday /'sandey, -di/ pazar (günü)
sunflower /'sanflauı/ ayçiçeği
sunlight /'sanlayt/ güneş ışığı
sunny /'sani/ güneşli
sunrise /'sanrayz/ güneşin doğuşu
sunset /'sanset/ güneşin batışı
sunshine /'sanşayn/ güneş ışığı
super /'su:pı/ süper, çok güzel
superior /su:'piırıı/ daha yüksek, üstün
superlative /su:'pö:lıtiv/ enüstünlük derecesi
supermarket /'su:pıma:kit/ süpermarket
supersonic /su:pı'sonik/ sesten hızlı
superstition /su:pı'stişın/ batıl itikat, boş inanç
supervise /'su:pıvayz/ denetlemek, gözetlemek
supper /'sapı/ akşam yemeği
supply /sı'play/ tedarik; miktar, stok; tedarik etmek, sağlamak
support /sı'po:t/ destek, desteklemek
suppose /sı'pouz/ varsaymak; sanmak
suppress /sı'pres/ bastırmak, önlemek
supreme /su:'pri:m/ en yüksek, yüce
sure /şuı/ emin; kesin; muhakkak, kuşkusuz
surely /'şuıli/ elbette, kuşkusuz
surf /sö:f/ sörf yapmak
surface /'sö:fis/ yüzey
surgeon /'sö:cın/ cerrah
surgery /'sö:cıri/ cerrahlık; muayenehane
surname /'sö:neym/ soyad
surpass /sı'pa:s/ üstün olmak, geçmek
surprise /sı'prayz/ sürpriz; şaşkınlık; şaşırtmak
surrender /sı'rendı/ teslim olmak
surround /sı'raund/ sarmak, kuşatmak

surroundings /sı'raundingz/ çevre
survive /sı'vayv/ hayatta kalmak
survivor /sı'vayvı/ sağ kalan, kurtulan
suspect /sı'spekt/ şüphe etmek, kuşkulanmak
suspect /'saspekt/ sanık
suspend /sı'spend/ asmak; ertelemek
suspender /sı'spendı/ çorap askısı, jartiyer
suspicion /sı'spişın/ kuşku
suspicious /sı'spişıs/ kuşkulanan, kuşkucu; kuşkulu
swallow /'swolou/ yutmak, yudumlamak; kırlangıç
swamp /swomp/ bataklık
swan /swon/ kuğu
swear /sweı/, **swore** /swo:/, **sworn** /swo:n/ yemin etmek; küfretmek
sweat /swet/ ter; terlemek
sweater /'swetı/ süveter, kazak
Sweden /'swi:dın/ İsveç
sweep /swi:p/, **swept** /swept/ süpürmek
sweet /swi:t/ tatlı
swell /swel/, **swelled** /sweld/, **swollen** /swoulın/ şişmek
swelling /'sweling/ kabarma, şişlik
swift /swift/ hızlı
swim /swim/, **swam** /swem/, **swum** /swam/ yüzmek; yüzme
swimmer /'swimı/ yüzücü
swimming /'swiming/ yüzme
swimming pool /'swiming pu:l/ yüzme havuzu
swindle /'swindıl/ dolandırmak
swing /swing/, **swung** /swang/ sallanmak; salıncak
switch /swiç/ düğme, anahtar, şalter; (radyo, ışık, vb.) açmak, kapamak
Switzerland /'switsılınd/ İsviçre
sword /so:d/ kılıç
syllable /'silıbıl/ hece
symbol /'simbıl/ simge
sympathetic /simpı'tetik/ başkalarının duygularını paylaşan
sympathy /'simpıti/ başkalarının duygularını paylaşma, anlayış
symptom /'simptım/ belirti
synonym /'sinınim/ eşanlamlı (sözcük)
synonymous /si'nonimıs/ eşanlamlı, anlamdaş
synthesis /'sintisis/ sentez, bireşim
synthetic /sin'tetik/ sentetik
Syria /'sirii/ Suriye
syringe /sı'rinc/ şırınga
syrup /'sirıp/ şurup
system /'sistım/ sistem, dizge
systematic /sistı'metik/ sistemli, dizgeli

T

table /'teybıl/ masa; tablo, çizelge
tablet /'teblit/ tablet
tack /tek/ raptiye
tackle /'tekıl/ ele almak, uğraşmak
tact /tekt/ nezaket, düşüncelilik, sezinç
tactful /'tektfıl/ ince düşünceli, sezinçli
tactless /'tektlis/ patavatsız, düşüncesiz
tag /teg/ etiket
tail /teyl/ kuyruk
tailor /'teylı/ terzi
take /teyk/, **took** /tuk/, **taken** /'teykın/ almak; götürmek
tale /teyl/ masal, öykü
talent /'telınt/ yetenek
talk /to:k/ konuşmak; konuşma
tall /to:l/ uzun boylu; boyunda
tame /teym/ evcil; evcilleştirmek
tangerine /tencı'ri:n/ mandalina
tangle /'tengıl/ düğüm
tank /tenk/ tank; depo
tanker /'tenkı/ tanker

tap /tep/ hafifçe vurmak; musluk
tape /teyp/ bant, şerit
tape-recorder /'teyp-riko:dı/ teyp
tar /ta:/ katran
target /'ta:git/ hedef
tarmac /'ta:mek/ asfalt
tart /ta:t/ turta
task /ta:sk/ iş, görev
taste /teyst/ tat; tatmak
tax /teks/ vergi
taxi /'teksi/ taksi
tea /ti:/ çay
teach /ti:ç/, **taught** /to:t/ öğretmek
teacher /'ti:çı/ öğretmen
teacup /'ti:kap/ çay fincanı
team /ti:m/ takım
teapot /'ti:pot/ çaydanlık, demlik
tear /tiı/ gözyaşı
tear /teı/, **tore** /to:/, **torn** /to:n/ yırtmak; yırtılmak
tease /ti:z/ takılmak, sataşmak
technical /'teknikıl/ teknik
technician /tek'nişın/ teknisyen
technology /tek'nolıci/ teknoloji
teenager /'ti:neycı/ 13-19 yaş arasındaki genç, yeniyetme
teeth /ti:t/ dişler
telegram /'teligrem/ telgraf, telyazı
telegraph /'teligra:f/ telgraf, telyazı
telephone /'telifoun/ telefon; telefon etmek
telephone booth /'telifoun bu:t/ telefon kulübesi
telephone box /'telifoun boks/ telefon kulübesi
telephone directory /'telifoun dayrektri/ telefon rehberi
telescope /'teliskoup/ teleskop
television /'telivijn/ televizyon
tell /tel/, **told** /tould/ söylemek; anlatmak
temper /'tempı/ huy, mizaç
temperature /'temprıçı/ ısı
temple /'tempıl/ tapınak
temporary /'temprıri/ geçici
tempt /tempt/ baştan çıkartmak, ayartmak
temptation /temp'teyşın/ baştan çıkarma, ayartma; baştan çıkarıcı şey
ten /ten/ on
tenant /'tenınt/ kiracı
tend /tend/ eğiliminde olmak
tendency /'tendınsi/ eğilim
tender /'tendı/ yumuşak, körpe; nazik, duyarlı
tennis /'tenis/ tenis
tense /tens/ zaman
tent /tent/ çadır
term /tö:m/ süre; dönem; sömestr, yarıyıl; koşul
terminal /'tö:minıl/ son durak
terrace /'terıs/ taraça, teras; set
terrible /'terıbıl/ korkunç; berbat
terrify /'terifay/ dehşete düşürmek
territory /'teritri/ ülke; bölge
terror /'terı/ terör
terrorist /'terırist/ terörist
test /test/ denemek, sınamak; sınav yapmak; test, sınav; deneme, sınama
testify /'testifay/ tanıklık etmek
testimonial /testi'mouniıl/ bonservis
testimony /'testimıni/ tanıklık; ifade
text /tekst/ metin
textbook /'tekstbuk/ okuma kitabı
textile /'tekstayl/ tekstil
then /dın, den/ -den, -dan
thank /tenk/ teşekkür etmek
thankful /'tenkfıl/ müteşekkir, minnettar
thanks /tenks/ teşekkürler
thank you /'tenk yu/ teşekkür ederim
that /det/ şu, o
that /dıt, det/ -en, -an, -dığı, -diği
thaw /to:/ erimek; eritmek
the /dı, di, di:/ (belirli artikel, belgili tanımlık) bu, şu; o
theatre /'tiıtı/ tiyatro
theft /teft/ hırsızlık

their /dı, deı/ onların
theirs /deız/ onlarınki
them /dım, dem/ onları, onlara
theme /ti:m/ tema, konu
themselves /dım'selvz/ kendileri
then /den/ o zaman, (ondan) sonra; öyleyse
theory /'tiıri/ teori, kuram
there /deı/ orada, oraya
therefore /'deıfo:/ bu yüzden
thermometer /tı'momitı/ termometre
these /di:z/ bunlar
they /dey/ onlar
thick /tik/ kalın; yoğun; sık
thief /ti:f/ hırsız
thigh /tay/ kalça, but
thin /tin/ ince; zayıf; seyrek
thing /ting/ şey
things /tingz/ eşya; ortalık, olaylar, koşullar
think /tink/, **thought** /to:t/ düşünmek; sanmak
thinker /'tinkı/ düşünür
third /tö:d/ üçüncü
thirst /tö:st/ susaklık
thirsty /'tö:sti/ susamış
thirteen /tö:'ti:n/ on üç
thirty /'tö:ti/ otuz
this /dis/ bu
thorn /to:n/ diken
thorough /'tarı/ tam, eksiksiz
thoroughly /'tarıli/ tamamen, adamakıllı
those /douz/ şunlar
though /dou/ -e rağmen, -e karşın
thought /to:t/ düşünce
thoughtful /'to:tfıl/ düşünceli
thousand /'tauzınd/ bin
thread /tred/ iplik
threat /tret/ tehdit
threaten /'tretın/ tehdit etmek
three /tri:/ üç
thrill /tril/ heyecanlandırmak
thriller /'trilı/ heyecan verici oyun, film, roman
throat /trout/ boğaz, gırtlak
throne /troun/ taht
through /tru:/ içinden, arasından
throughout /tru:'aut/ her yanında; süresince
throw /trou/, **threw** /tru:/, **thrown** /troun/ atmak, fırlatmak
thumb /tam/ başparmak
thunder /'tandı/ gök gürültüsü
Thursday /'tö:zdi/ perşembe
thus /das/ böylece, böyle
tick /tik/ doğru işareti
ticket /'tikit/ bilet
tickle /'tikıl/ gıdıklamak
tide /tayd/ gelgit; akıntı
tidy /'taydi/ derli toplu, düzenli; derleyip toplamak, düzeltmek
tie /tay/ kravat; bağlamak
tiger /'taygı/ kaplan
tight /tayt/ sıkı, gergin
tighten /'taytın/ sıkmak; kısmak
tile /tayl/ kiremit; çini; fayans
till /til/ kasa; kadar, dek
tilt /tilt/ yan yatırmak, eğmek
timber /'timbı/ kereste
time /taym/ zaman; süre; an; defa, kez
timetable /'taymteybıl/ ders programı; (tren, vb.) tarife
timid /'timid/ utangaç, çekingen
tin /tin/ teneke (kutu); kalay
tiny /'tayni/ küçücük
tip /tip/ uç; bahşiş; tavsiye; bahşiş vermek; eğmek
tire /tayı/ yormak
tired /tayıd/ yorgun
tissue /'tişu:/ ince kumaş; kâğıt mendil
title /'taytıl/ başlık, ad
to /tı, tu:/ -e, -a; -mek, -mak
toad /toud/ karakurbağası
toast /toust/ kızarmış ekmek
toaster /'toustı/ ekmek kızartma makinesi

tobacco /tı'bekou/ tütün
today /tı'dey/ bugün
toe /tou/ ayak parmağı
together /tı'gedı/ birlikte
toilet /'toylit/ tuvalet
tolerance /'tolırıns/ hoşgörü; tahammül, dayanma
tomato /tı'matou/ domates
tomb /tu:m/ mezar
ton /tan/ ton
tone /toun/ (renk, ses) ton
tonic /'tonik/ tonik
tongs /tongz/ maşa
tongue /tang/ dil
tonight /tı'nayt/ bu gece, bu akşam
tonsil /'tonsil/ bademcik
too /tu:/ de, da; fazla, çok
tool /tu:l/ alet
tooth /tu:t/ (çoğulu **teeth** /ti:t/) diş
toothache /'tu:teyk/ diş ağrısı
toothbrush /'tu:tbraş/ diş fırçası
toothpaste /'tu:tpeyst/ diş macunu
toothpick /'tu:tpik/ kürdan
top /top/ tepe; doruk; örtü, kapak
topic /'topik/ konu
torch /to:ç/ el feneri
torment /to:'ment/ şiddetli acı, eziyet
tornado /to:'neydou/ kasırga
torpedo /to:'pi:dou/ torpil
torrent /'torınt/ sel
tortoise /'to:tıs/ kaplumbağa
torture /'to:çı/ işkence; işkence etmek
toss /tos/ atmak
total /'toutıl/ toplam
touch /taç/ dokunma; taç; dokunmak; değmek
tough /taf/ sert; dayanıklı, güçlü
tour /tuı/ tur, gezi; gezmek
tourism /'tuırizm/ turizm
tourist /'tuırist/ turist
tournament /'tuınımınt/ turnuva
tow /tou/ yedekte çekmek
towards /tı'wo:dz/ -e doğru
towel /tauıl/ havlu
tower /tauı/ kule
town /taun/ şehir, kent; kasaba
toy /toy/ oyuncak
trace /treys/ iz; kopya etmek, çizmek; izini takip etmek
track /trek/ iz; patika, keçiyolu; pist, koşuyolu
tractor /'trektı/ traktör
trade /treyd/ ticaret
trader /'treydı/ tüccar
tradition /trı'dişın/ gelenek
traditional /trı'dişınıl/ geleneksel
traffic /'trefik/ trafik
tragedy /'trecıdi/ trajedi, ağlatı; felaket, facia
tragic /'trecik/ acıklı, korkunç
trailer /'treylı/ römork; (gelecek programı) tanıtma filmi, parça
train /treyn/ tren; eğitmek, yetiştirmek; antrenman yapmak
trainer /'treynı/ antrenör, çalıştırıcı
training /'treyning/ eğitim; antrenman, çalışma
traitor /'treytı/ hain
tram /trem/ tramvay
tramp /tremp/ serseri
transfer /trens'fö:/ taşımak; aktarmak; taşıma; transfer
transform /trens'fo:m/ değiştirmek, dönüştürmek
transistor /tren'zistı/ transistor
transit /'trenzit/ geçiş
transition /tren'zişın/ geçiş, değişim
transitive /tren'zıtiv/ geçişli (eylem)
translate /trens'leyt/ tercüme etmek, çevirmek
translation /trens'leyşın/ çeviri
translator /trens'leytı/ çevirmen
transmit /trenz'mit/ göndermek; iletmek; geçirmek, yaymak
transparent /trens'perınt/ saydam
transport /trens'po:t/ taşımak; /'trenspo:t/ taşıma, taşımacılık
trap /trep/ kapan, tuzak

travel /'trevıl/ seyahat, yolculuk; seyahat etmek, gezmek
traveller /'trevılı/ yolcu
tray /trey/ tepsi
tread /tred/ (ayakla) basmak; çiğnemek
treason /'tri:zın/ ihanet, hainlik
treasure /'trejı/ define; hazine
treasury /'trejıri/ devlet hazinesi
treat /tri:t/ davranmak; ele almak, işlemek; tedavi etmek
treatment /'tri:tmınt/ davranış; tedavi
treaty /'tri:ti/ antlaşma
tree /tri:/ ağaç
tremble /'trembıl/ titremek
tremendous /tri'mendıs/ kocaman
trial /trayıl/ duruşma; deneme, sınama
triangle /'trayengıl/ üçgen
tribe /trayb/ kabile, oymak, boy
trick /trik/ hile, dolap; numara, oyun
trigger /'trigı/ tetik
trim /trim/ (keserek) düzeltmek; derli toplu, düzenli, temiz
trio /'tri:ou/ üçlü
trip /trip/ kısa gezi, gezinti
triumph /'trayımf/ zafer, utku
troops /tru:ps/ askerler
tropical /'tropikıl/ tropikal
trouble /'trabıl/ üzüntü, tasa; dert, sıkıntı; zahmet; rahatsız etmek; zahmet etmek
trousers /'trauzız/ pantolon
trout /traut/ alabalık
truck /trak/ kamyon
true /tru:/ gerçek
truly /'tru:li/ gerçekten
trumpet /'trampit/ borazan
trunk /trank/ gövde
trunks /tranks/ erkek mayosu
trust /trast/ güvenmek; güven
trustworthy /'trastwö:di/ güvenilir
truth /tru:t/ gerçek
try /tray/ çalışmak, kalkmak; denemek; sınamak; çalışma, uğraşma; deneme
tube /tyu:b/ tüp
tuberculosis /tyu:bö:kyu'lousis/ verem
tuck /tak/ sokmak, takmak
Tuesday /'tyu:zdi/ salı
tug /tag/ çekmek, asılmak
tuition /tyu:'işn/ öğretim; okul ücreti
tulip /'tyu:lip/ lale
tumble /'tambıl/ düşmek, yuvarlanmak; düşürmek
tumbler /'tamblı/ bardak
tumour /'tyu:mı/ ur
tune /'tyu:n/ hava, beste, ezgi
tunnel /'tanıl/ tünel
turban /'tö:bın/ sarık
turbulence /'tö:byulıns/ çalkantılı hava; çalkantı
turkey /'tö:ki/ hindi
Turkey /'tö:ki/ Türkiye
Turkish /'tö:kiş/ Türk; Türkçe
turn /tö:n/ dönmek; döndürmek; yöneltmek; dönüşmek dönüş; dönemeç; sıra; nöbet
turner /'tö:nı/ tornacı
turning /'tö:ning/ dönemeç
turning point /'tö:ning poynt/ dönüm noktası
turnip /'tö:nip/ şalgam
turnover /'tö:nouvı/ sermaye devri, ciro
turnstile /'tö:nstayl/ turnike
turquoise /'tö:kwoz/ türkuvaz, firuze
turtle /'tö:tıl/ deniz kaplumbağası
tutor /'tyu:tı/ özel öğretmen
TV /ti:'vi:/ TV
tweezers /'twi:zız/ cımbız
twelve /twelv/ on iki
twenty /'twenti/ yirmi
twice /tways/ iki defa; iki misli
twilight /'twaylayt/ alaca karanlık, tan

twin /twin/ ikiz
twist /twist/ bükmek, kıvırmak; çevirmek; döndürmek; bükme; dönüş; dönemeç
two /tu:/ iki
type /tayp/ tip, tür; örnek; daktiloyla yazmak
typewriter /'taypraytı/ daktilo
typhoid /'tayfoyd/ tifo
typical /'tipikıl/ tipik
typist /'taypist/ daktilo (yazan kimse)
typhoon /tay'fu:n/ tayfun
typhus /'tayfıs/ tifüs
tyrant /'tayrınt/ zalim hükümdar, tiran
tyre /tayı/ dış lastik

U

ugly /'agli/ çirkin
ulcer /'alsı/ ülser, yara
ultrasonic /altrı'sonik/ sesten hızlı
ultraviolet /altrı'vayılit/ morötesi
umbrella /am'brelı/ şemsiye
umpire /'ampayı/ hakem
unable /a'neybıl/ yapamaz, -emez, -amaz
uncertain /an'sö:tın/ belirsiz
uncomfortable /an'kamfıtıbıl/ rahatsız
unconscious /an'konşıs/ habersiz; baygın
uncover /an'kavı/ (örtüsünü, kapağını) açmak; ortaya çıkarmak
under /'andı/ altında, altına; -den az
undergo /andı'gou/, **underwent** /andı'went/, **undergone** /andı'gon/ uğramak, geçirmek;
undergraduate /andı'grecuıt/ üniversite öğrencisi
underground /'andıgraund/ yeraltı; metro, altulaşım
underline /andı'layn/ altını çizmek
underneath /andı'ni:t/ altında, altına
understand /andı'stend/, **understood** /andı'stud/ anlamak
undertake /andı'teyk/, **undertook** /andı'tuk/, **undertaken** /andı'teykın/ üstlenmek, yüklenmek
underwear /'andıweı/ iç çamaşır
undo /an'du:/, **undid** /an'did/, **undone** /an'dan/ çözmek, açmak
undoubted /an'dautid/ kesin, kuşkusuz
undress /an'dres/ soymak; soyunmak
uneasy /a'ni:zi/ huzursuz, tedirgin
unemployed /anim'ployd/ işsiz
unemployment /anim'ploymınt/ işsizlik
uneven /a'ni:vın/ pürüzlü, engebeli
unexpected /anik'spektid/ beklenmedik, umulmadık
unfair /an'feı/ haksız, adaletsiz
unfasten /an'fa:sın/ çözmek, açmak
unfold /an'fould/ (katını) açmak
unfortunately /an'fo:çınıtli/ maalesef, ne yazık ki
unfriendly /an'frendli/ dostça olmayan, soğuk
ungrateful /an'greytfıl/ nankör
unhappy /an'hepi/ mutsuz
unhealthy /an'helti/ sağlıksız
uniform /'yu:nifo:m/ üniforma
union /'yu:niın/ birleşme; birlik
unique /yu:'ni:k/ biricik, tek; eşsiz
unit /'yu:nit/ ünite; birim
unite /yu:'nayt/ birleştirmek; birleşmek
United States (of America) /yu:'naytid steyts/ Amerika Birleşik Devletleri
universal /yu:ni'vö:sıl/ evrensel
universe /'yu:nivö:s/ evren
university /yu:ni'vö:siti/ üniversite
unjust /an'cast/ haksız, insafsız
unkind /an'kaynd/ acımasız, sert, kı-

rıcı
unknown /an'noun/ bilinmeyen, tanınmayan
unless /an'les/ -mezse, -medikçe
unlike /an'layk/ -ın aksine
unload /an'loud/ (yükünü) boşaltmak
unlock /an'lok/ (kilidini) açmak
unlucky /an'laki/ talihsiz, şanssız
unnecessary /an'nesısri/ gereksiz
unpack /an'pek/ (paket, vb.) açmak, boşaltmak
unpleasant /an'plezınt/ nahoş, tatsız
unreasonable /an'ri:zınıbıl/ makul olmayan, mantıksız
unreliable /anri'layıbıl/ güvenilmez
unsatisfactory /ansetis'fektri/ tatmin etmeyen, yetersiz
unskilled /an'skild/ beceriksiz; niteliksiz
unsuitable /an'su:tıbıl/ uygunsuz
untidy /an'taydi/ düzensiz, dağınık
untie /an'tay/ çözmek
until /an'til/ -e kadar, -e dek
unused /an'yu:zd/ kullanılmamış
unusual /an'yu:juıl/ olağan olmayan, alışılmamış; nadir, ender; acayip
unwell /an'wel/ rahatsız, keyifsiz
unwilling /an'wiling/ isteksiz
unwind /an'waynd/, **unwound** /an'waund/ çözmek, açmak
unwise /an'wayz/ akılsız
up /ap/ yukarı, yukarıda
upon /ı'pon/ üzerinde, üzerine
upper /'apı/ üst, üstteki
upright /'aprayt/ dik, dikey
upset /ap'set/ devirmek; üzmek; berbat etmek, bozmak
upstairs /ap'steız/ üst kata, yukarıya; üst katta, yukarıda
urge /ö:c/ teşvik etmek, zorlamak
urgent /'ö:cınt/ acil, ivedi
us /ıs, as/ bizi, bize
usage /'yu:zic/ kullanım
use /yu:z/ kullanmak
use /yu:s/ kullanım; yarar
used to /'yu:st tı/ (eskiden) -erdi, -ardı **be used to** -e alışık olmak
useful /'yu:sfıl/ yararlı
useless /'yu:slis/ (işe) yaramaz
usual /'yu:juıl/ her zamanki, alışılmış, olağan
usually /'yu:juıli/ genellikle
utensil /yu:'tensıl/ kap; alet
utilize /'yu:tilayz/ yararlanmak, kullanmak
utmost /'atmoust/ en uzak, en son, en büyük
utter /'atı/ ağza almak, söylemek; tam, bütün bütün

V

vacancy /'veykınsi/ boşluk; açık kadro
vacant /'veykınt/ boş; münhal, açık
vacation /vı'keyşın/ tatil
vacuum /'vekyuım/ vakum, boşluk
vacuum cleaner /'vekyuım kli:nı/ elektrik süpürgesi
vacuum flask /'vekyuım fla:sk/ termos
vague /veyg/ belirsiz
vain /veyn/ boş, sonuçsuz; kendini beğenmiş
valid /'velid/ geçerli
valley /'veli/ vadi
valuable /'velyuıbıl/ değerli
value /'velyu:/ değer; değer biçmek
valve /velv/ supap, valf
vampire /'vempayı/ vampir
van /ven/ üstü kapalı yük arabası
vanguard /venga:d/ öncü
vanish /'veniş/ gözden kaybolmak
vapour /'veypı/ buhar, buğu
variety /vı'rayıti/ değişiklik, çeşitlilik; çeşit, tür
various /'veıriıs/ çeşitli, değişik

varnish /'va:niş/ cila; vernik; cilalamak; verniklemek
vary /'veıri/ değişmek; değiştirmek
vase /va:z/ vazo
vast /va:st/ engin
veal /vi:l/ dana eti
vegetable /'vecıtıbıl/ sebze
vehicle /'vi:ikıl/ taşıt; araç
veil /veyl/ örtü, peçe
vein /veyn/ damar
velvet /'velvit/ kadife
ventilator /'ventileytı/ vantilatör
venture /'vençı/ tehlikeye atmak; göze almak
verandah /vı'rendı/ veranda
verb /vö:b/ fiil, eylem
verdict /'vö:dikt/ jüri kararı
verify /'verifay/ doğrulamak, gerçeklemek
verse /vö:s/ şiir, koşuk; beyit, kıta
version /'vö:şın/ yorum; bir şeyin değişik biçimi
versus /'vö:sıs/ -e karşı
vertical /'vö:tikıl/ dikey, düşey
very /'veri/ çok
vessel /'vesıl/ kap; gemi, tekne
vest /vest/ fanila
veterinary /'vetırinıri/ veterinerlikle ilgili
veto /'vetou/ veto; veto etmek
via /vayı/ yolu ile, üzerinden
vibrate /vay'breyt/ titremek; titretmek
vice- /vays/ yardımcı, ikinci
vice /vays/ mengene
vice versa /'vaysı vö:sı/ ve aksi, tersine
vicinity /vi'sinıti/ civar, çevre
victim /'viktim/ kurban
victory /'viktıri/ zafer, utku
video /'vidiou/ video
video player /'vidiou pleyı/ oynatıcı video
videotape /'vidiouteyp/ video bandı
videotape recorder /'vidiouteyp rikodı/ video
view /vyu:/ manzara, görünüm; görüş, düşünce
vigorous /'vigırıs/ güçlü, dinç
vile /vayl/ kötü, çirkin; pis
village /'vilic/ köy
villager /'vilicı/ köylü
villain /'vilın/ (oyundaki) kötü adam
vine /vayn/ bağ kütüğü, asma
vinegar /'vinıgı/ sirke
vineyard /'vinya:d/ üzüm bağı
violate /'vayıleyt/ bozmak
violence /'vayılıns/ şiddet; zorbalık
violent /'vayılınt/ şiddetli, ters
violet /'vayılıt/ menekşe; menekşe rengi
violin /vayı'lin/ keman
virgin /'vö:cin/ bakire, erden
virginity /vö:'ciniti/ bekâret
virtue /'vö:çu:/ fazilet, erdem
visa /'vi:zı/ vize
visibility /vizı'biliti/ görüş mesafesi
visible /'vizıbıl/ görülebilir, görünür
vision /'vijın/ görme, görüş; hayal, rüya
visit /'vizit/ ziyaret; ziyaret etmek
visitor /'vizitı/ ziyaretçi
vital /'vaytıl/ yaşam için gerekli, çok önemli
vitamin /'vitımin/ vitamin
vivid /'vivid/ canlı, güçlü
vocabulary /vou'kebyulıri/ sözcük dağarcığı
vodka /'vodkı/ votka
vogue /voug/ moda
voice /voys/ ses
volcano /vol'keynou/ yanardağ
volleyball /'volibo:l/ voleybol
volt /voult/ volt
voltage /'voultic/ voltaj
volume /'volyum/ hacim, oylum; cilt, kitap
voluntary /'volıntri/ isteyerek yapılan, gönüllü
volunteer /volın'tiı/ gönüllü

vomit /'vomit/ kusmak
vote /vout/ oy; oy vermek
voter /'voutı/ seçmen
vowel /vauıl/ sesli harf, ünlü
voyage /'voyic/ deniz yolculuğu
vulgar /'valgı/ terbiyesiz, kaba
vulture /'valçı/ akbaba

W

wag /weg/ sallamak
wage /weyc/ ücret
wagon /'wegın/ yük arabası
waist /weyst/ bel
waistcoat /'weystkout/ yelek
wait /weyt/ beklemek
waiter /'weytı/ garson
waitress /'weytris/ kadın garson
wake /weyk/, **woke** /wouk/, **woken** /'woukın/ uyanmak; uyandırmak
walk /wo:k/ yürümek, yürüyüş
wall /wo:l/ duvar
wallet /'wolit/ cüzdan
wallpaper /'wo:lpeypı/ duvar kâğıdı
walnut /'wo:lnat/ ceviz
wander /'wondı/ dolaşmak, gezinmek
want /wont/ istemek; gereksinim, yokluk
war /wo:/ savaş
ward /wo:d/ koğuş
warden /'wo:dın/ muhafız; bekçi
wardrobe /'wo:droub/ gardırop
warehouse /'weıhaus/ depo, ambar
wares /weız/ eşya, mal
warm /wo:m/ sıcak, ılık
warmth /wo:mt/ sıcaklık
warn /wo:n/ uyarmak
warning /'wo:ning/ uyarı
warrant /'worınt/ yetki; ruhsat
was /wız, woz/ -di, -dı
wash /woş/ yıkamak; yıkanmak
washable /'woşıbıl/ yıkanabilir
washbasin /'woşbeysın/ lavabo
washing machine /'woşing mışi:n/ çamaşır makinesi
washing-up /'wo:şingap/ bulaşık yıkama
waste /weyst/ harcamak, çarçur etmek; israf, çarçur
watch /woç/ kol saati, cep saati; nöbet; nöbetçi; bakmak, izlemek; göz kulak olma
watchman /'woçmın/ bekçi, gözcü
watchword /'woçwö:d/ parola
water /'wo:tı/ su; sulamak; sulanmak
waterfall /'wo:tıfo:l/ çağlayan
waterproof /'wo:tıpru:f/ su geçirmez
watt /wot/ vat
wave /weyv/ dalga; sallamak
wax /weks/ balmumu
way /wey/ yol; yan, yön; bakım, yön
we /wi, wi:/ biz
week /wi:k/ zayıf, güçsüz
wealth /welt/ servet, varlık
wealthy /'welti/ zengin, varlıklı
weapon /'wepın/ silah
wear /weı/, **wore** /wo:/, **worn** /wo:n/ giymek; takmak
weary /'weıri/ yorgun
weather /'wedı/ hava
weave /wi:v/, **wove** /wouv/, **woven** /'wouvn/ dokumak, örmek
wedding /'weding/ nikâh; düğün
Wednesday /'wenzdi/ çarşamba
week /wi:k/ hafta
weekend /'wi:kend/ hafta sonu
weekly /'wi:kli/ haftalık
weigh /wey/ tartmak; ağırlığında olmak, gelmek
weight /weyt/ ağırlık
welcome /'welkım/ hoş geldin(iz)
well /wel/ iyi
were /wı, wö:/ -diler, -dılar
west /west/ batı
western /'westın/ batı
wet /wet/ yaş, ıslak; yağmurlu
whale /weyl/ balina
what /wot/ ne, hangi

whatever /wo'tevı/ her ne
wheat /wi:t/ buğday
wheel /wi:l/ tekerlek
when /wen/ ne zaman
whenever /we'nevı/ her ne zaman
where /weı/ nerede; nereye
wherever /weı'revı/ her nerede; her nereye
whether /'wedı/ -meyip -mediği, -mayıp -madığı
which /wiç/ hangi
while /wayl/ esnasında, -ken
whisky /'wiski/ viski
whisper /'wispı/ fısıltı; fısıldamak
whistle /'wisıl/ düdük; ıslık; düdük çalmak; ıslık çalmak
white /wayt/ beyaz
who /hu:/ kim, kimi; -en, -an
whoever /hu:'evı/ her kim; kim olursa olsun
whole /houl/ bütün, tüm
wholesale /'houlseyl/ toptan
whom /hu:m/ kimi, kime; -diği, -dığı
whose /hu:z/ kimin; ki onun, -en, -an
why /way/ niçin, neden
wide /wayd/ geniş
widow /'widou/ dul kadın
widower /'widouı/ dul erkek
width /widt/ en, genişlik
wife /wayf/ (çoğulu **wives** /wayvz/) karı, eş
wild /wayld/ vahşi, yaban
will /wil/ -cek, -cak; irade; vasiyetname
willing /'wiling/ istekli
win /win/, **won** /wan/ kazanmak
wind /waynd/, **wound** /waund/ kurmak; sarmak, dolamak
wind /wind/ rüzgâr
window /'windou/ pencere; vitrin
windscreen /'windskri:n/ (oto) ön cam
windy /'windi/ rüzgârlı
wine /wayn/ şarap
wing /wing/ kanat; (oto) çamurluk
wink /wink/ göz kırpmak
winner /'winı/ kazanan
winter /'wintı/ kış
wipe /wayp/ silmek
wiper /'waypı/ (oto) silecek
wire /wayı/ tel
wise /wayz/ akıllı
wish /wiş/ istemek; dilemek; istek; dilek
with /wid/ ile; -li, -lı
within /wi'din/ içinde
without /wi'daut/ -siz, -sız; -meksizin, -meden
wolf /wulf/ (çoğulu **wolves** /wulvz/) kurt
woman /'wumın/ (çoğulu **women** /wimin/) kadın
wonder /'wandı/ hayret etmek, şaşmak; merak etmek; hayran olmak; hayret, şaşkınlık; harika, mucize
wonderful /'wandıfıl/ harika, şahane
wood /wud/ odun; tahta
wooden /'wudın/ tahta, ahşap
wool /wul/ yün
woolen /'wulın/ yünlü
word /wö:d/ kelime, sözcük; söz
work /wö:k/ iş; eser, yapıt; çalışmak
worker /'wö:kı/ işçi
workman /'wö:kmın/ işçi
workshop /'wö:kşop/ atölye
world /wö:ld/ dünya
worldwide /'wö:ldwayd/ dünya çapında, yaygın
worm /wö:m/ solucan, kurt
worry /'wari/ kaygı; kaygılandırmak; kaygılanmak
worse /wö:s/ daha kötü
worsen /'wö:sın/ kötüleştirmek; kötüleşmek
worship /'wö:şip/ tapmak
worst /wö:st/ en kötü
worth /wö:t/ değer
worthless /'wö:tlis/ değersiz
worthy /'wö:di/ layık, değer

would /wıd, wud/ -cekti, -caktı; -erdi, -ardı; -er misiniz, -ar mısınız
wound /wu:nd/ yara; yaralamak
wrap /rep/ sarmak
wreckage /'rekic/ enkaz, yıkıntı
wrestle /'resıl/ güreş, güreşmek
wrestler /'reslı/ güreşçi
wrist /rist/ bilek
write /rayt/, **wrote** /rout/, **written** /'ritın/ yazmak
writer /'raytı/ yazar
writing /'rayting/ yazı
wrong /rong/ yanlış; haksız; yanılmış; ters; hata, kusur, kötülük

Y

yacht /yot/ yat
yard /ya:d/ yarda
yawn /yo:n/ esnemek
year /yiı/ yıl
yearly /'yiıli/ yıllık
yeast /yi:st/ maya
yell /yel/ bağırmak, haykırmak
yellow /'yelou/ sarı
yes /yes/ evet
yesterday /'yestıdey, -di/ dün
yet /yet/ henüz; daha, ancak, yine de
yield /yi:ld/ teslim olmak, boyun eğmek; (ürün) vermek
yoghurt /'yogıt/ yoğurt
yoke /youk/ boyunduruk; bağ
yolk /youk/ yumurta sarısı
you /yu:/ sen; siz; seni, sana; sizi, size
young /yang/ genç; yavru
your /yo:/ senin, sizin
yours /yo:z/ seninki; sizinki
yourself /yı'self, yo:'self/ kendin
yourselves /yı'selvz, yo:'selvz/ kendiniz
youth /yu:t/ gençlik; genç (adam)

Z

zebra /zi:brı/ zebra
zebra crossing /zi:brı 'krosing/ yaya geçidi
zero /'ziırou/ sıfır
zigzag /'zigzeg/ zikzak
zinc /zink/ çinko
zip /zip/ fermuar; fermuarla açmak ya da kapamak
zip fastener /'zip fa:snı/ fermuar
zipper /'zipı/ fermuar
zone /zoun/ bölge
zoo /zu:/ hayvanat bahçesi